K. O. Schmidt
Erfolgsdynamik

K. O. Schmidt

Erfolgsdynamik

Der Schlüssel zum Glück

DREI EICHEN VERLAG

D–8300 Ergolding

Vorliegendes Buch erschien in der ersten Auflage unter dem Titel
DYNAMISIERUNG – Der Schlüssel zum Glück.
Aus Gründen der besseren Verständlichkeit hat sich der Verlag entschlossen, einen neuen Titel zu wählen.

CIP-Titelaufnahme der Deutschen Bibliothek

Schmidt, Karl O.:
Erfolgsdynamik: Der Schlüssel zum Glück /
K. O. Schmidt. – 2. Aufl. –
Ergolding: Drei-Eichen-Verl., 1990
1. Aufl. u.d.T.: Schmidt, Karl O.:
Dynamisierung, der Schlüssel zum Glück
ISBN 3-7699-0504-0

ISBN 3-7699-0504-0
Verlagsnummer 504

© 1972 by Drei Eichen Verlag, D-8300 Ergolding

Nachdruck, auch auszugsweise, die fotomechanische Wiedergabe, die Bearbeitung als Hörspiel, die Übertragung durch Rundfunk, die Übernahme auf Datenträger sowie die Übersetzung in andere Sprachen bedürfen der ausdrücklichen Genehmigung des Drei Eichen Verlages, D-8300 Ergolding.
2. Auflage 1990
Druck und Bindung: Ebner Ulm

Inhaltsübersicht

	Seite
Zum Geleit	9

I. Teil: Dynamisiere dich selbst!

1. Stufe: Weniger Arbeit — mehr Erfolg 13

Richtig denken — richtig arbeiten 15
Richtig denken spart Mühe 17
Was heißt ›richtig arbeiten‹? 19
Positive Arbeits-Dynamik 22
Dynamischer Fortschritt 24
Vom Ideal zur Wirklichkeit 26
Viel vorhaben heißt viel vor sich haben 29
Gescheite scheitern nicht 31

2. Stufe: Planungstechnik und Erfolgsdynamik . . . 34

Zielkonzentration und Wille 36
Notwendigkeit der Konzentration 39
Dynamik der Zielkonzentration 41
Geheimnis der Sammlung 43
Rechte Einstellung 46
Rechte Planung 48
Technik + Dynamik 50

Rechte Vor-Verwirklichung 53
Sicherung der Zielerreichung 55
Lust wirkt Gelingen 57
Überlegenheit des Erfolgsdynamikers 60

3. Stufe: Überwindung von Arbeits-Hemmungen . . 63

Arbeits-Unlust 65
Nicht anfangen können 67
Tote Punkte beim Schaffen 70
Arbeits-Sklaverei 72
Arbeits-Besessenheit 74
Entmüdung durch Entspannung 76
Mißstimmungen 79
Positive Selbstumstimmung 81
Kunst des Nichtmühens 84
Arbeits-Erleichterung 86
Atemholen der Seele 88
Schwungrad der Schaffensfreude 91
Vorteile der Teilung 93
Arbeits-Dynamisierung 96

4. Stufe: Erfolghaben — leicht gemacht 99

Der innere Abstand 101
Gelassenheit macht stark 103
Befolgung der Erfolgsgesetze 106
Motor, nicht Rädchen sein! 108
Arbeitserfolge durch Spezialisierung 111
Produktive Umweltkontakte 113
Entfaltung der Führungskraft 116
Arbeits-Kultur 118
Heilkraft der Arbeit 120
Erlöserkraft der Arbeit 123

Selbstdynamisierung 125
Selbst-Besinnung 128
Wiedergewinnung der Mitte 130
Geniale Produktivität 132
Der innere Inspirator 135
Leistungs-Potenzierung 137
Entfaltung des inneren Schöpfertums 140
Partnerschaft mit der inneren Führung 142

II. Teil: Dynamik des Glücks

1. Stufe: Das Geheimnis des Glücks 149

Jeder seines Glückes Schmied? 149
Geheimnis des Glücks 151
Das Herz entscheidet 153
Schach der Angst! 155
Frei von Furcht 157
Die innere Macht 159
Entsorgung des Bewußtseins 161
Der Sorgen Herr werden 163
Wandlung der Verhältnisse 166
Erfolg — Folge rechten Denkens 168
Sonne im Herzen 170
Das Gesetz der Fülle 172
Zum Glücklichsein berufen 175
Vergänglichkeit des Leides 177
Stark sein im Schmerz 179
Wende der Not 180
Seelische Selbsterhellung 183
Vergiß das Beste nicht! 185
Der Mut zur Kraft 187

Entfaltung der Kraft 189
Der Imperativ des Glücks 191
Aktive Lebensbejahung 193
Armut — Arm an Mut 195
Erreichbarkeit des Reichtums 197
Fülle von innen 199

2. Stufe: Entfaltung der Glückskraft 202

Gesetz des Gelingens 202
Antennen des Glücks 204
Wie man ein Glückspilz wird 206
Der positive Mensch 208
Geistige Hilfstruppen 210
Schöpferische Bildekräfte 212
Real-Idealismus 215
Weisheit der Freude 217
Zauberkraft des Lächelns 219
Magnetismus des Selbstvertrauens 221
Sei ein Glücks-Sender! 223
Steigerung der Glückskraft 225
Richtig sehen lernen 227
Das Reich der Fülle 229
Auf der Sonnenseite des Lebens 231
Der Sonnensinn der Seele 233
Die innere Sonne 235
Ewige Gegenwart 237
Gestalter der Zukunft 239
Kraft aus der Stille 241
Wintersonnenwende der Seele 243
Das größte Abenteuer 245
Das innerste Selbst 248
Die Stimme der Stille 250
All-Harmonie 252

Zum Geleit

»Wir sind alle viel reicher, als wir ahnen. Aber man hat
uns gewöhnt, von Borg und Bettel zu leben und uns mehr
durch andere helfen zu lassen, als uns selbst zu helfen.
Montaigne

So viele blicken verdrossen oder enttäuscht ins Leben und
tragen schwer an der Bürde des Daseins, weil sie noch nicht
erkannt haben, daß Beruf, Arbeit und Leben oft nicht leicht
sind, daß man sich's aber leichter machen kann.

Ob uns etwas belastet oder belustigt, beschwert oder beschwingt, hängt vom Blickwinkel ab, unter dem wir es betrachten. Was den einen an sich zweifeln, verzagen und versagen läßt, weckt in anderen neue Kräfte und läßt sie mutig weiterschreiten und siegen. Gesicht und Gewicht der äußeren Verhältnisse werden von der inneren Haltung bestimmt.

Jeder trägt so viel, wie er innerlich annimmt. Wenn sein sorgenvolles Gieren und Trachten abnimmt, wird sein Leben erträglicher und ertragreicher. Je lichter er das Leben sieht, desto leichter wird es. Das erfuhr noch jeder, der seine Ängste fahren ließ und von Abwehr auf Bejahung umschaltete.

Dabei tritt ein weiteres ein: Jede bejahte und bewußt erfüllte Aufgabe weckt neue Gaben auf — latente Talente und Kräfte, die sonst unentfaltet bleiben, nun aber zu Helfern werden bei der Selbstdynamisierung und Lebensmeisterung.

Was vom *Leben* gilt, trifft auch auf die *Arbeit* zu, die ja den Hauptinhalt unseres Daseins und die wichtigste Glücksquelle bildet: Erhöhte Leistung erwächst weniger aus Mehr-

Arbeit, sondern weit mehr aus weniger Arbeit. Dieses scheinbare Paradoxon erklärt sich aus der Tatsache, daß jeder Fortschritt, Erfolg und Gewinn zwei Voraussetzungen hat: rechtes Denken *und* rechtes Wirken, die Hand in Hand gehen müssen.

Wer zu viel nachdenkt und zu wenig handelt, bleibt als Träumer und Mini-Leister zurück. Wer zu wenig denkt und zuviel arbeitet, bringt es infolge teilweisen Kräfteleerlaufs gleichfalls nicht weit. Nur wer Denken und Handeln planvoll, zielbejahend und glückvertrauend koordiniert, wird seine Ideale verwirklichen, die Wirklichkeit idealisieren und alles, was kommt, seinem Lebensglück dienstbar machen.

Mit anderen Worten: Erfolg und Glück erlangen wir nicht, indem wir verkrampft und verbissen hinter ihnen herjagen, sondern dadurch, daß wir in der Jagd innehalten und uns den uns zukommenden und auf uns zukommenden Glücks- und Erfolgsmöglichkeiten offenhalten.

Es gibt nicht nur eine Technik des Lebens und des Glücks, sondern darüber hinaus *eine Dynamik des Glücks*, die mit der Selbstdynamisierung beginnt und Zufriedenheit, Glück und Reichtum zu lebendigen Wirklichkeiten in unserem Leben macht.

Zu dieser Selbst- und Glück-Dynamik werden hier Wege gewiesen. KOS

I. Teil

Dynamisiere dich selbst!

I. Stufe: Weniger Arbeit — mehr Erfolg

> Rechte Selbstbesinnung und Selbstermutigung erhöht die Erfolgskraft, führt zu zielbewußterem Schaffen und besserem Gelingen, weil sie den Menschen innerlich wacher und fähiger macht, mit abnehmender Mühe zunehmend mehr zu vollbringen.

In jedem Menschen steckt ein Genie des Erfolges. Er muß nur den inneren Funken entfachen, seine Schöpferkraft aktivieren und lernen, mit einem Minimum an Anstrengung ein Maximum an Leistungen und Erfolgen zu erzielen.

Um das zu erreichen, muß er die Grunderkenntnisse *positiver Arbeitsdynamik* richtig anzuwenden lernen. Denn *Erfolg* ist das, was gesetzmäßig erfolgt, sowie man richtig denkt, richtig schafft und richtig lebt.

Schon *Taylor*, der Vater der (noch rein mechanistischen) *Rationalisierung*, erkannte, daß rechte Planung und Organisation Zeit, Kraft und Geld spart und Mehrleistung ermöglicht. In der Tat arbeiten die meisten Menschen unrationell und unproduktiv, weil sie ihre Kraft und Zeit und ihre Arbeitswerkzeuge, vor allem aber ihren Geist nicht optimal einsetzen und nützen. Und warum nicht? Weil sie nicht vorher überlegen und planen und weder sich selbst noch ihre Arbeit rationalisieren und organisieren.

Aber mit der Rationalisierung allein ist es nicht getan. Gleich wichtig ist die *Irrationalisierung* des Schaffens durch Anerziehung positiver psychischer Automatismen und Erfolgsgewohnheiten.

Und noch ein Drittes muß damit einhergehen: die *Selbst-*

dynamisierung durch bewußte Aktivierung der schöpferischen Potenzen des Unter- und Überbewußtseins, der geistigen Kräfte und der jeweiligen besonderen genialen Anlagen des Wesenskraftfeldes. Geschieht das, dann wird mit immer weniger Mühe immer mehr erreicht.

Weniger Arbeit — mehr Erfolg! heißt also nicht, daß man versucht, für schlechtere Arbeit, also weniger Leistung, möglichst viel zu fordern, also durch Trägheit voranzukommen. Sondern es heißt, alles Wirken richtig denkend leichter und erfolgbringender zu machen, wobei der Gewinn nicht nur in der Ersparnis von Zeit, Kraft und Mitteln besteht, sondern weit mehr noch im Wachstum der schöpferischen Energien und Fähigkeiten, des Fortschrittstempos und der Erfolgs-Chancen.

Denn wer richtig arbeitet, hat Zeit und Kraft frei für das Auffinden neuer Möglichkeiten des Vorwärtskommens, die andere nicht wahrnehmen, und für die Erlangung besonderer Erfolge. Mit dieser wächst seine innere Wachheit und Schaffensintensität, die ihrerseits erhöhte Leistungen und Fortschritte zur Folge haben. Damit ist der Erfolgskreislauf gesichert.

Im Grunde gibt es kein Leben und keine Welt ohne Arbeit. Auch das Paradies besteht aus Arbeit — aus freiem Schaffen, das Spiel und Lust ist. Arbeit ist die Voraussetzung jeden Fortschritts, jeder Vervollkommnung. *Wir schaffen nicht nur, um zu leben, sondern um gesund, stark und glücklich zu werden und zu bleiben.*

Mit den alten Parolen ›Arbeiten und nicht verzweifeln‹ und ›Fleiß um jeden Preis‹ gelangen wir aber nicht zu freiem und frohem Schöpfertum. An die Stelle des alttestamentlichen »Im Schweiße deines Angesichts sollst du dein Brot essen« tritt heute die neue Losung des dynamischen Zeitalters, in dessen Morgenröte wir leben:

»*Arbeit ist weder Fluch noch Strafe, sondern ein Mittel der Selbstverwirklichung. Alles Wirken ist sichtbar gemachte Liebe. Wir sind berufen und fähig, uns und andere durch unser Schaffen reicher, tüchtiger und glücklicher zu machen, also dahin zu wirken, daß die Arbeit zu einem Segen für alle wird!*«

Sehen wir zu, auf wieviele Weisen die Arbeit von Fron und Stumpfsinn befreit, wie Bewußtheit und Beschwingtheit in sie hineingetragen wird und wie man sie dynamisiert und erfolgträchtig macht.

Richtig denken — richtig arbeiten

Wer wähnt, daß andere leichter vorankämen und dort Erfolg hätten, wo er selbst vor unübersteigbaren Mauern steht oder von Widrigkeiten unten gehalten wird, der schaltet damit, *falsch denkend*, eben den Faktor aus, der die Erfolgreichen vorwärtsträgt: den Glauben an sich selbst und an seine allem Äußeren überlegene Innenkraft.

Wer hingegen erkennt und bejaht, daß er aus eigener Kraft zu Leistung und Erfolg gelangen und den ihm gebührenden Platz an der Sonne erringen wird, der *denkt richtig* und hat alle Aussicht, auf seinem Gebiet ein Könner, Schöpfer und Meister zu werden. Wer so sein eigener Werk-Meister ward, erweist sich am Ende als Künstler in seinem Fach, als freier Schaffer, als Herr der Arbeit.

Dahin gelangt, wer sich nicht von wesensungemäßen Fremdgedanken der Schwäche, Unsicherheit und Minderwertigkeit beirren, hemmen und lähmen läßt, sondern seiner Menschenwürde, Souveränität und inneren Freiheit bewußt bleibt. Er verwirklicht, was *Carlyle* kommen sah: »Ein gewisses *Rittertum der Arbeit,* eine edle Humanität und praktische Göttlichkeit der Arbeit wird noch auf dieser Erde realisiert werden.«

Alle Lebensweisheit lehrt, daß wir keine Sklaven sind — auch nicht der Arbeit. Negatives Denken nur trübte unsere Sinne und verdunkelte unser Dasein. Lichtet und ändert sich unser Denken, dann wandelt sich unser Wirken und unsere Welt.

»*Wer hat, dem wird gegeben*«; wer aber keinen rechten Gebrauch von dem macht, was er hat, wird auch das verlieren. Haben wir Mut, wird uns die Kraft dazu gegeben. Haben wir Vertrauen, wird auch der Erfolg unser. Positiv dynamisch denkend, werden wir magnetisch für alles, was uns stärker, reicher und glückfähiger macht.

Wie der Geist des Lebens und des Alls kein Sklave des von ihm Gewirkten, des Kosmos, ward, sondern sein Herr und Lenker bleibt, so auch wir Menschen als Kinder des Unendlichen und als Teile und Erben der gleichen Macht, die im All pulst und wirkt und sich auch durch uns schöpferisch betätigen will:

Wir sind weder Objekt der Umwelt noch Produkt der Verhältnisse, sondern Schöpfer und Geschöpf unseres Denkens. Alles Außen wird von innen her bedingt, bestimmt, gesteuert. Lernen wir darum, unser Heil in uns selbst zu suchen und zuerst uns selbst zu ordnen, den genialen Funken in uns zu entfachen und von innen her Herren unserer Arbeit und bewußte Schmiede unseres Schicksals zu werden!

Erfüllen wir uns täglich von neuem mit dieser kraftweckenden und mutmehrenden Gewißheit, daß wir das sind und werden, was wir richtig denkend aus uns machen. Und lernen wir, den *Gedanken der Kraft* bewußt zu unterbauen durch rechte Anwendung der *Kraft der Gedanken*. Denn jeder Gedanke ist seinem Wesen nach eine Potenz-Änderung — ein zielhafter dynamischer Anstoß von weitreichender Resonanzwirkung. Er setzt latente Energien in aktive Tatkräfte um.

Tun und Denken, sagt *Goethe*, »Denken und Tun — das ist die Summe aller Weisheit. Sie wurden von jeher anerkannt und geübt. Beide müssen sich wie Ein- und Ausatmen im Leben ewig fortbewegen. Wie Frage und Antwort soll eines nicht ohne das andere stattfinden.«

Geschieht das, dann erwächst aus rechtem Denken das rechte Werk. Das rechte Werk wiederum rechtfertigt den Glauben und fördert die Vervollkommnung und fortschreitende Dynamisierung und Selbstverwirklichung des Menschen. Nichts anderes meinte Ruskin mit seinem Rat: »Allein durch Arbeit wird unser Denken schöpferisch, und allein durch rechtes Denken wird unsere Arbeit zu einem Quell des Glücks und Erfolgs und zu einer Stufenleiter, die uns zu den Höhen wirklichen Lebens hinanführt.«

Richtig denken spart Mühe

Nach dem Energiegesetz ist *Arbeit* das Produkt aus Kraft und Weg. Die *Arbeit* des *Menschen* ist — einerlei, ob sie Betätigung körperlicher oder geistiger Kräfte, ob sie selbständiges Wirken ist oder nicht — Offenbarung seines Selbstverwirklichungsdrangs, zugleich ein Gradmesser seiner Fähigkeit zur Sinnerfüllung seines Lebens und zur Werteschaffung im Dienste des Ganzen.

Bereichernd und beglückend wird seine Arbeit im Maße ihrer *Bewußtheit*, wobei das rechte Denken beim Schaffen Kraft und Weg, Zeit und Material sparen hilft, also bewirkt, daß *mit weniger Mühe mehr vollbracht wird*.

Alle Bestrebungen der Arbeitspsychologie und -rationalisierung, die Beobachtung der Arbeitskurven, der Ermüdungserscheinungen, der Arbeits-Ablenkungen und -Hemmungen, der Gewöhnung und der psychodynamischen Arbeits-Antriebe dienen der Leistungserhöhung bei gleichzeitigem Abbau des körperlichen und seelisch-geistigen Kräfteleerlaufs. Sie zielen also gleichfalls darauf ab, durch richtig Denken *vor* und *bei* der Arbeit unnötiges Mühen auszuschalten.

Wie wichtig das ist, läßt sich laufend beobachten. Da ist der eilige Geschäftsmann, dessen Wagen mitten auf der Straße stehen blieb: er springt hastig hinaus, wuchtet die Motorhaube empor, prüft die Zündkerzen, nimmt in wachsender Wut den halben Motor auseinander, bis er sich, völlig erschöpft, ins Auto setzt, auf die Benzinuhr schaut und feststellt, daß das Benzin ausgegangen ist . . .

. . . Er hätte sich Aufregung und Mühe erspart, wenn er zuerst gedacht, nach den nächstliegenden Ursachen Ausschau gehalten und einen vorbeifahrenden Wagen angehalten hätte — oder wenn er, noch früher, alles vorausbedacht und vor der Abfahrt getankt hätte . . .

Richtig denken beim Arbeiten heißt zuerst: den bestmöglichen Ablauf der Arbeit im voraus überlegen, ordnen und festlegen, durch rechte Planung aller Einzelheiten mit dem geringsten Aufwand an Kraft, Zeit und Material den höchstmöglichen Effekt und Erfolg sichern.

Es heißt weiter: durch Arbeitsteilung, rechte Arbeitsstimmung, Entwicklung der nötigen Ausdauer und durch bewußten Einsatz aller schöpferischen Fähigkeiten die einzelnen Arbeitsetappen Schritt um Schritt hastlos und nach dem Grundsatz: ›Jedesmal besser als vorher‹ erfolgreich meistern und sich so als Könner und Spitzenleister erweisen.

Und es heißt schließlich: jede Bewegung bewußt vollziehen, mit allen positiven Gedanken ausschließlich und konzentriert beim jeweiligen Werk sein; denn ›was man mit Interesse tut, das geht nochmal so schnell und gut‹.

Eben in dieser *Bewußtheit des Schaffens* äußert sich, was *Schiller* das Wesen und die Würde des Menschen nennt: »Da ist's ja, was den Menschen zieret, und dazu ward ihm der Verstand, daß er im inneren Herzen spüret, was er erschafft mit seiner Hand.«

Wer sein Herz, seine Seele, seinen Willen in sein Werk legt, legt auch den Erfolg hinein. Weil er, so denkend, auch die gewöhnlichsten Dinge ungewöhnlich gut erledigt, offenbart er sich am Ende als Meister der Arbeit und des Lebens. Mit jeder Zunahme seiner Schaffensfreudigkeit nehmen Mühe und Zeitaufwand ab und Glück und Erfolg zu.

Das liegt im Wesen des Menschen begründet. Wenn schon jeder *Gedanke* bewegte Energie ist, jeder *positive* Gedanke zielhaft gesteuerte Verwirklichungskraft, wieviel mehr dann sein Schöpfer, der *Mensch*, dessen Wesenskraft an Dynamik, Wirkstärke und Reichweite zunimmt, je wacher und wachsamer, bewußter und tatfreudiger er wirkt und je mehr schöpferische Energien er demzufolge der Zielerreichung und Erfolgsverwirklichung dienstbar macht.

Was heißt ›richtig arbeiten‹?

Zwei Menschen können die gleiche Arbeit ungleich vollbringen: der eine müht und quält sich ab, bringt wenig zuwege und ist am Ende erledigt; der andere schafft froh und leicht, hat Erfolg und fühlt sich am Ende ledig und frei zu neuem Wirken.

Arbeit an sich sichert noch keinen Erfolg, sondern erst recht getane Arbeit. Den hundert Weisen, etwas falsch anzugehen, steht jeweils *eine* gegenüber, es *recht zu machen*. Entscheidend ist das ›Gewußt, wie‹.

Richtig arbeiten hat — zunächst allgemein gesprochen — 12 Voraussetzungen: man muß bewußt, denkend, positiv, freudig, mit Interesse und Liebe, konzentriert, rhythmisch, zielstrebig, ausdauernd, geistbewußt und erfolgbejahend schaffen. Vergegenwärtigen wir uns, was das bedeutet:

Bewußt arbeiten meint, daß wir mit unserem ganzen Wesen und Wollen dabei sind und uns so in unserer Arbeit auswirken und verwirklichen, daß wir vor uns selbst wie vor dem Geist des Lebens bestehen können.

Denkend arbeiten meint, daß wir jedes Werk mit lebendigen Gedanken begleiten und mit wachem Geist vollbringen. »Den schlechten Mann muß man verachten, der nie bedacht, was er vollbringt.« Rechtes Denken und Vorausdenken erspart Leerlauf und verhütet Mißlingen.

Positiv arbeiten heißt, daß wir an allem das Lichte, Gute, Beglückende sehen und in jedes Werk den Geist des Optimismus und die Kraft des Erfolges hineintragen. Dann kommt ›kein Segen dem der Arbeit gleich‹ und man spürt, wie man mit dem Werk wächst.

Freudig arbeiten heißt, mit Blüthgen, »unser ganzes Wirken und Leben mit einem ständigen Inhalt von Freude erfüllen«, also stets guten Mutes, fröhlichen Herzens, zufrieden und mit innerer Befriedigung schaffen. Dann schenkt die Arbeit uns Trost und Frieden, Harmonie und Beglückung.

Mit Interesse arbeiten heißt das, was wir tun, leichter machen und so mit weniger Mühe Besseres leisten. Eine Arbeit, mit Interesse getan, ist mehr wert als zehn Arbeiten, die teilnahmslos oder widerwillig und darum unzureichend erledigt werden.

Liebend arbeiten: Wer mit Lust und Liebe wirkt, wandelt mühsames Schuften in frohes Schaffen. Werkliebe weckt zudem schlummerndes Schöpfertum, gibt auch der unbedeutenden Arbeit Sinn und Wert.

Konzentriert arbeiten heißt das, was man tut, jederzeit ganz und ausschließlich tun, mit höchster Aufmerksamkeit und Hingabe. Während der Arbeit darf kein Gedanke sich mit anderen Dingen, Problemen und Sorgen beschäftigen, da jedes Nebenausdenken beim Schaffen zu Fehlgriffen und Mißgeschicken führt. Es gilt wie Newton zu denken, der auf die Frage, wie er seine Erfolge erreichte, antwortete: »Dadurch, daß ich an nichts anderes dachte.«

Rhythmisch arbeiten: Jede Arbeit wird leichter und angenehmer, wenn sie dem inneren Rhythmus des Menschen angeglichen, mit dem ruhig-rhythmischen Gleichmaß unseres innersten Wesens erfüllt und so zu einem Teil unseres Lebensrhythmus wird. Rhythmisierung der Arbeit wirkt ermüdungsverhindernd und leistungssteigernd.

Zielstrebig arbeiten kann nur, wer nach vorbedachtem Plan und Programm schafft. Wo Ziel und Weg vorausbestimmt sind, ist auch die kleinste Bewegung ein Schritt nach vorn.

Ausdauernd arbeiten: Ein unermüdlich Zielstrebiger leistet mehr als ein Genie, dem die Zähigkeit der Zielverfolgung fehlt. Im Grunde äußert sich Genialität, wie Carlyle sagt, in der Fähigkeit, unermüdlich ausdauernd zu wirken.

Geistbewußt arbeiten heißt, daß wir unser Werk bewußt veredeln, vermenschlichen, durchgeistigen und heiligen und mit ihm zugleich uns selbst kultivieren, erhöhen und vervollkommnen.

Erfolgbejahend arbeiten heißt, daß wir jedes Werkziel im Blick auf den sicheren Sieg zu einem Teil unseres Lebensziels und jedes Werk durch optimale Leistung zu einem Meisterwerk machen und so uns selbst mit jeder bejahten und vollzogenen Leistung immer aufs neue als Herrn der Arbeit und als Meister des Lebens erweisen und bewähren.

Positive Arbeits-Dynamik

Die Lehre vom Wechselspiel der physischen Kräfte, die bei den Bewegungsänderungen der Körper auftreten, nennen wir *Dynamik*. Sinngemäß bezeichnen wir die Lehre vom Wechselspiel der seelisch-geistigen Energien beim Denken, Fühlen, Glauben, Wollen und ihren Fernwirkungen als *Psycho-Dynamik*. Beide sind Erfahrungswissenschaften. Die Folgerungen, die aus tausendfachen Beobachtungen für die *Arbeits- und Erfolgsdynamik* gewonnen wurden, stimmen mit den Tatsachen — die ja immer eine Sache der Tat sind — und mit den Erfahrungen aller Erfolgreichen überein.

Wie die *Newton*schen Axiome (Grundgesetze) vom Wesen und Wirken der Kräfte im Mittelpunkt der Dynamik stehen, so die Wirkgesetze der seelisch-geistigen Energien in der Psychodynamik. Und wie nach einem Grundsatz der Dynamik der Antrieb einer Kraft gleich dem Zuwachs ihrer Bewegungsgröße ist, so besagt ein Leitsatz der Psychodynamik, daß das Durchsetzungs- und Verwirklichungsvermögen eines Gedanken-, Willens- oder Tatimpulses, also seine ›Erfolgskraft‹, im Verhältnis zur Zunahme der Gedankenkonzentration und -intensität wächst.

Machen wir uns zunächst mit diesem Satz vertraut:

Wenn wir eine Last heben wollen, spannen wir, um stärker zu sein als die Last, Willen und Muskeln an. Hier wie bei jeder Arbeit ist erste Erfolgsvoraussetzung die planvolle Steuerung und Konzentration aller Kräfte darauf. Aber die meisten Menschen handeln nicht nach diesem selbstverständlichen Satz:

Überall werden Kräfte unweise vergeudet statt gesammelt, Energien wirkungslos verpufft. Überall beobachten wir Energiemangel infolge Dekonzentration oder unzureichende Beherrschung der Kräfte aus Mangel an Selbstbeherrschung mit der Folge häufigen Kräfteleerlaufs, Versagens und Unterlegenseins ...

... Aus dem gleichen Grunde erweisen sich so viele Menschen in Beruf und Leben als Objekte und Sklaven fremder Wünsche, Dinge und Wesen, weil sie den ersten Grundsatz positiver Geistes- und Arbeitsdynamik mißachten und infolgedessen nicht zu bewußter und souveräner Selbstgestaltung ihres Schicksals gelangen.

Wie will einer das Leben beherrschen, solange er weder sich selbst kennt und beherrscht noch seine Kräfte zielbewußt zu sammeln und zu steuern vermag? Wie will er äußerer Schwierigkeiten und Hindernisse Herr werden, solange er nicht die primären inneren Unstimmigkeiten und Hemmungen meistert? Wie will er Arbeit und Leben erfolgreich gestalten, wenn er nicht einmal die eigenen Psycho-Energien zu bändigen und planvoll einzusetzen weiß?

Richtig geschult, verfügt der Mensch über unbegrenzte Entfaltungsmöglichkeiten und eine Vielzahl positiver Bilde- und Verwirklichungskräfte.

Rilke hat recht, wenn er klarstellt, daß »man mit einer entschlossenen Arbeit Mächte aufweckt, die nun ihrerseits selbst an einem zu arbeiten beginnen«. Denn bewußte Kraftsammlung auf ein Werk aktiviert in der Tat zusätzlich bisher latente Energien und befähigt den Menschen, immer größeres zu vollbringen.

Wenn *Wissen* allein Macht wäre, gäbe es auf diesem Planeten mehr glückliche als unglückliche Menschen ... Aber in Wirklichkeit verleiht erst die Vereinigung von *Wissen und Können* in Form *positiver Arbeitsdynamik* wachsende Macht und Erfolgskraft. Alle Kenntnisse, Kräfte und Fähigkeiten werden produktiv erst, wenn sie bewußt programmiert, planvoll auf ein Ziel, eine Aufgabe gesammelt und positiv gesteuert und betätigt werden.

Ungesammelte Energien sind totes Kapital. Weil Kräfte nicht besitzen und nicht nützen praktisch auf das gleiche hinausläuft, *leben* so viele Menschen nicht eigentlich; sie sind nur da und vegetieren mit einem Bruchteil ihrer möglichen Kräfte und Fähigkeiten lustlos dahin. Sie denken mechanisch, leben statisch, treten auf der Stelle, statt *dynamisch* zu denken, zu leben und schöpferisch wirkend fortzuschreiten.

Dabei genügt oft ein selbstbesinnender, kraftweckender Ruck, um sie aus ihrem entschluß- und kraftlosen Halbwachsein herauszureißen und zu lebendiger Kraftbewußtheit und positiver Arbeitsdynamik zu inspirieren.

Dynamischer Fortschritt

Arbeit ist das Element des Fortschritts. Aber wenn zwei dasselbe tun, ist es doch nicht das gleiche. Einer tritt mühsam werkelnd auf der Stelle; ein anderer schreitet scheinbar mühelos vorwärts.

Ein Blick auf den Schreibtisch kann den Unterschied bewußt machen: Da ist der betriebsame Geschäftsmann, auf dessen Arbeitstisch sich Briefe, Angebote, Prospekte, Notizen, Entwürfe zu Bergen häufen. Mit lärmender Geschäftigkeit jagt er in seinem Betrieb herum, überwacht alles selbst, erledigt nörgelnd jeden Brief, jede Kleinigkeit selbst und wird nie fertig, hat nie Zeit, am wenigsten für sich selbst, und bleibt weit hinter seinem Wettbewerber zurück...

... Dieser, dessen Schreibtisch jeden Abend leer ist, zeigt nie Eile und hat für alles Wesentliche Zeit. Er kennt seinen Betrieb bis ins kleinste, ohne in ihm aufzugehen, und bewirkt, daß alles wie ein Uhrwerk geräuschlos nach dem Organisationsplan abläuft und dem Erfolg dient.

Die Arbeitstechnik des ersteren ist die des Durchschnitts und bringt auch nur Durchschnittliches zuwege.

Die Arbeitsdynamik des anderen ist die der Spitzenleister und genialen Naturen, die *Gracians* Rat befolgen: »Ohne Fleiß und Talent bleibt man erfolglos; mit nur einem kommt man langsam voran, rasch hingegen, wenn man beide weise vereint.«

Kennzeichen dieser Vereinigung ist die Geräuschlosigkeit. Nur das Kleine macht Lärm; alles Große zieht wie die Sonnen und Planeten lautlos seine Erfolgsbahn, die auch die Unzulänglichkeit des Körpers oder des Werkzeugs nicht ernstlich aufhalten kann. Das bewies unter anderen der Königsberger Philosoph Immanuel *Kant*, der trotz seiner Schwachbrüstigkeit in stiller planvoller Arbeit das gewaltige Gebäude seiner Philosophie Stein um Stein errichtete. Wie alle genialen Naturen war er ein Arbeitsdynamiker:

»Das einzige Mittel, seines Lebens froh und dabei doch lebenssatt zu werden, ist das Ausfüllen der Zeit durch planmäßig fortschreitende Beschäftigungen, die einen großen beabsichtigten Zweck zur Folge haben. Je mehr du *gedacht* und getan hast, desto länger hast du gelebt. Ein solcher Beschluß geschieht (und endet) mit Zufriedenheit.«

Das ist das A und O des *dynamischen Fortschritts*, wie es später Trine ähnlich formulierte: »Wir wollen stets bedenken, daß planvolle Arbeit in Richtung auf bestimmte und nützliche Ziele eine unerläßliche Bedingung des Lebensglücks und Erfolg ist.« Das wird einem bewußt, sowie man sich gewöhnt, zuerst richtig zu denken, dann mit Hilfe der größeren Fernsicht und Weisheit des Überbewußtseins zielbewußt zu planen und danach dynamisch zu handeln — in Zusammenarbeit mit der inneren Führung.

Wir handeln richtig, wenn wir spüren, daß der Genius nicht nur *in uns*, sondern *durch uns* wirkt. Dann bewahrheitet sich Geibels Wort: »Ein Segen ruht im schweren Werke. Dir wächst, wie du's vollbringst, die Stärke.«

Was sich dabei als Ganzes vollzieht, ist, auseinandergezogen und einzeln betrachtet, sechserlei: 1. das rechte Denken, schriftliche Ordnen und Planen, 2. die vertrauende Nachinnenwendung und willige Zusammenarbeit mit dem inneren Helfer, 3. das stille Reifen des Plans, gefördert vom Gefühl der Dankbarkeit für die Klärung und bestmögliche Lösung des Problems von innen her, 4. das wachsende innere Wachwerden für Antworten, Eingebungen, Inspirationen, Weisungen von innen, 5. die Schritt-um-Schritt-Verwirklichung des Erfolgsplans durch die täglichen Zielsetzungen, die getragen sind von der Konzentration auf die das dynamische Schaffen begleitende Gewißheit ständig wachsender Leistungs- und Erfolgskraft. All das geht 6. einher mit geistesgegenwärtiger Aufgeschlossenheit für die sich nun einstellenden wegverkürzenden günstigen Zufälle und Erfolgsgelegenheiten. Die letzteren werden mit Recht als die sicheren Anzeichen jenes *dynamischen Fortschritts* gewertet, der das Produkt aus rechtem Denken und dynamischem Handeln ist.

Vom Ideal zur Wirklichkeit

Zu den mächtigsten Waffen im Daseinskampf, deren sich die meisten mehr schlecht als recht bedienen, gehören Gedanken und Wünsche, Glaube und Wille. Sie sind wirklich, weil sie wirken. Jede Idee, jedes Wunschbild, alle Glaubens- und Willensimpulse, die wir in unserem Bewußtsein nähren und ausstrahlen, gewinnen Leben und beginnen nach ihrer

Verdinglichung, Verkörperung, Materialisation, Verwirklichung zu streben. Mit jeder Wiederholung wächst ihre Gefühlsladung und Durchsetzungskraft, die mit zunehmender Wucht dazu beiträgt, daß wir das werden, was wir vorwiegend denken, und dorthin gelangen, wo wir uns im Geiste am häufigsten sehen.

Weil alle Ideen und Ideale, Vorstellungsbilder und Willensimpulse nicht nur das Bestreben, sondern auch das Vermögen besitzen, sich im Rahmen des natur- und geistgesetzlich Möglichen zu realisieren, gilt es zuerst und vor allem, jederzeit, gerade bei der *Arbeit*, unsere Gedanken zu überwachen und nur Vorstellungen und Empfindungen in uns Raum zu geben, deren Verwirklichung uns erwünscht ist, hingegen allen den Zugang zu unserem Innern zu verweigern, deren Auswirkung uns und anderen Leid bringen würde.

Aus dem gleichen Grunde tun wir gut, uns bei allem, was wir erstreben und wirken, an höchste Vorbilder zu halten — nicht, um ihnen nachzuahmen, sondern um vom Vorbild allmählich zum *Wunsch- und Idealbild unserer selbst* und unseres Lebens weiterzuschreiten.

Wenn wir einem großen Vorbild nacheifern und dabei zugleich ständig das leuchtende Idealbild unserer selbst vor Augen haben, wie wir sein möchten — stark und gesund, leistungsfähig und erfolgreich —, wird die akkumulierte Realisationskraft der inneren Vorstellungen eine mit der Zeit immer stärker spür- und erkennbare Umstellung in unserem Körper wie in den äußeren Verhältnissen herbeiführen.

Gleichzeitig fühlen wir uns den Unbilden und Widrigkeiten des Alltags wie den Hindernissen beim Schaffen zunehmend gewachsen und überlegen. Denn, wie Jean Paul treffend feststellt, »wer irgend ein Ideal, das er ins Leben ziehen will, in seinem Innern hegt und nährt, ist dadurch gegen die Gifte und Schmerzen der Zeit gefeit«.

Das ist so, weil die Hingabe an ein Ideal oder ein Werk und die bewußte Zielannäherung laufend bislang schlummernde Energien und Fähigkeiten aktiviert, unser Wesenskraftfeld und unser Wirken auf eine höhere Ebene erhebt und uns über die Unzulänglichkeiten des Alltags hinaushebt.

Man könnte den *Menschen* definieren als *ein Wesen, das Ideale in Wirklichkeiten umzuwandeln vermag:* er besitzt als Naturanlage die Kraft und Fähigkeit, sich selbst, seine Umwelt und sein Leben vom Geiste her, durch rechtes Denken und Wünschen, Glauben und Wollen weithin zu wandeln und zu bestimmen. Er muß nur lernen, sich die unsichtbaren Heinzelmännchen der Gedanken optimal dienstbar zu machen, indem er seinen Seelensender und -empfänger ständig auf Aufnahme und Ausstrahlung positiver Impulse geschaltet hält, auf ausschließliche Bejahung des Guten, das er zu sein, zu schaffen, zu erreichen wünscht.

Geschieht das, dann nimmt er laufend Kräfte auf und übt Wirkungen aus, die zu störungsfreier Verwirklichung seiner Ideale führen.

Und da man damit am besten im Kleinen beginnt, handelt der weise, der seinen Tageslauf so einrichtet, daß ihm am Abend und Morgen Zeit bleibt zur Besinnung auf das tagsüber Gewirkte und Erreichte und zur Sammlung der Gedanken auf die Planung und Zielsetzung des neuen Tages. Denn, wie *Mulford* sagt, »aus Luftschlössern entstehen die Paläste der Erde«: aus bejahenden Gedanken und positiven Zielsetzungen erblüht das neue, größere, wirkliche Leben, das immer höher führt.

In der Tat hat der Mensch, mit einem Wort Wilhelm Raabes, »nichts Besseres als dieses ständige Streben nach oben; ohne dasselbe bleibt er Erde, von Erde genommen; mit diesem Streben aber und durch dasselbe richtet er sich aus der Leibeigenschaft des Staubes auf« und steigt zu den Sternen.

Viel vorhaben heißt viel vor sich haben

Eines der Übel unserer Zeit und die Ursache wachsender Unzufriedenheit ist die Tendenz, möglichst rasch so viel wie möglich zu verdienen, um so früh wie möglich den Rest des Daseins zu genießen . . .

Die so denken, wissen nicht, daß, wer mit dem Schaffen, dem Werteschaffen aufhört, sein eigenes Aufhören einleitet, während der, der viel vorhat, viel vor sich hat — an Kraft und Lebensdauer, an Fortschrittsmöglichkeiten und Erfolgen.

Das *Alter* ist dabei bedeutungslos, wie die vielen Erfolgreichen beweisen, die erst in den höheren Lebensjahren zu voller Selbstdynamisierung und zu jenen Höchstleistungen gelangten, die sie Erfolge anziehen ließen wie der Magnet die Eisenfeilspäne.

Sowie und solange einer sich einem Werk ganz hingibt, auf Jahrzehnte hinaus plant und mutig neue Aufgaben und Verantwortungen übernimmt, tut er sein Bestes, um jung und gesund, leistungsstark und erfolgreich zu bleiben und das Glück an sich zu fesseln. Er entdeckt dabei, wie sein Körper zunehmend williges und intelligentes Werkzeug des ewig vorwärtsstrebenden Geistes wird, und wie nicht die Jahre, sondern die Gedanken Umfang und Inhalt seines Lebens bestimmen. Wie eine laufende Maschine keinen Rost, so setzt der dynamische Schaffende weder Staub noch Kalk an.

Hingegen heißt geistig stillstehen oder auf der Stelle treten auch Körper und Leben zum Stillstand bringen. Dagegen hilft nur, daß man sich alle paar Jahre oder Jahrzehnte neue Ziele setzt, neue Aufgaben stellt. Man hat dann, je mehr man vorhat, um so mehr vor sich und schaltet automatisch auf die aufsteigende Kurve einer neuen Schaffens- und Lebensperiode um, deren Höhe und Länge weithin von seinem Denken, Glauben und Wollen bestimmt wird.

Einer der vielen Erfolgreichen, die dies beachteten, war der amerikanische Schriftsteller, Erfinder und Staatsmann Benjamin *Franklin*. Als junger Mensch begann er seine Lebenszielsetzung und Selbstdynamisierung mit der planmäßigen Entfaltung der ein erfolgreiches Leben verbürgenden Charaktereigenschaften: Selbstbeherrschung und Gelassenheit, Schaffensfreude und Ordnungsliebe, Aufrichtigkeit und Gerechtigkeit. Er ging daran, sich eine nach der anderen durch beharrliche Übung zur Gewohnheit zu machen, zur zweiten und schließlich zur ersten Natur:

»Ich hielt es für nötig, meine Aufmerksamkeit nicht zu zersplittern, indem ich alle diese Eigenschaften gleichzeitig übte; ich konzentrierte mich vielmehr *nach*einander jeweils auf nur *eine* von ihnen und schritt erst dann zur nächsten fort, nachdem ich mir diese Eigenschaft ganz zu eigen gemacht hatte.«

Auf die gleiche Weise ging er bei der Verfolgung seiner Lebensziele vor. Er widmete sich unter Konzentration aller Kräfte *nacheinander* den einzelnen Zielen und Aufgaben, dabei richtig denkend, planend und ökonomisch und erfolgdynamisch handelnd. Und weil er auf diese Weise ständig auf ein höchstes Ziel hin *in Bewegung blieb* und jederzeit bereit war, neuen Situationen zu begegnen und sie gelassen zu meistern, sich neue Ziele zu setzen, neue Pläne zu fassen, neue Aufgaben zu lösen, stieg er immer rascher und leichter empor.

Dazu ist *jeder* fähig — einerlei, wie alt er ist: er kann jederzeit die Bilanz seines bisherigen Daseins ziehen und *ein neues Leben beginnen*. Er kann feststellen, was unerreicht blieb, durch rechtes Denken und dynamisches Wirken aber erreicht werden kann, um alsdann in bewußtem Zusammenwirken mit dem inneren Planer und Helfer alle Kräfte, Mittel und Möglichkeiten zielbewußt in den Dienst des Aufstiegs zu stellen.

Er wird dann seine täglichen Zielsetzungen und jede einzelne Handlung von vornherein im Gewißsein seines Zielgelenktseins von innen her mit dem Geist des Gelingens erfüllen und sich so den immer rascheren und leichteren Aufstieg zu den Höhen des Lebens sichern.

Gescheite scheitern nicht

Jeder Erfolg ist eine Folge rechter Arbeitstechnik und -dynamik: die eine programmiert Ein- und Ausgang, die andere Gang, Schwung und Wert des Werks. Die technische Seite meint Ludwig *Börne:* »Beim Beginn eines Unternehmens und unweit des Ziels ist die Gefahr des Mißlingens am größten; wenn Schiffe scheitern, geschieht es nahe dem Ufer.« — Dies Wort birgt eine dreifache Lebenserfahrung:

Schon beim Beginn läuft ein Unternehmen Gefahr, zu scheitern, wenn es nicht weise vorausbedacht, geplant und vorbereitet ist. Gleiches gilt von jedem Werk-Tag: wer ihn schon am Abend zuvor in allen Teilen vorausgeplant und die einzelnen Aufgaben zeitlich, arbeitstechnisch und erfolgsdynamisch festgelegt hat, verringert die Gefahr des Scheiterns auf ein Minimum. Weil er mögliche Hindernisse und Schwierigkeiten und die Mittel zu ihrer Überwindung voraus-bedacht hat, sind Kopf und Hände frei für rasches Erfassen neuer Wendungen, Fassen neuer Entschlüsse und entschiedenes Zufassen bei neuen Möglichkeiten. Er kann darum seine Konzentrationskraft ganz dem widmen, was er gerade tut, und ihm optimalen Erfolgsschwung verleihen.

Unweit des Ziels ist die Gefahr wiederum groß, weil Nichtplaner kurz vorm Ziel gern die ›Sonntagsstimmung‹ einschalten: ›Jetzt ist's fast geschafft, nun kommt's nicht mehr so sehr darauf an‹, sich gehen lassen, das Steuer loslassen und angesichts des nahen Ufers, des fast greifbaren Erfolgs scheitern . . . Anders der Erfolgsdynamiker: da er die letzte Etappe seines Weges mit der gleichen Sorgfalt vorausgeplant hat wie die erste und mit der gleichen Schwungkraft und Siegüberzeugtheit durchschreitet, läßt er das Steuer erst aus der Hand, wenn sein Lebensschiff am Ufer des Erfolgs angelegt hat und fest vertaut ist.

Damit wird das Dritte berührt: die *Arbeitsdynamik*.

Während der weniger Gescheite, der erst während der Arbeit oder gar nicht nachdenkt und plant, sich auf dem Zielweg leicht ablenken und beirren läßt, ist der Planbewußte durch Zielsetzung und Werkkonzentration immun gegenüber Störungen und Ablenkungen — außer solchen, die ihn beim Schaffen mit neuer Kraft und Freude und erhöhtem Schwung durchpulsen und die Zielerreichung erleichtern.

Ob einer gescheit ist, offenbart er dadurch, daß sein Lebensschiff als Folge bewußter Selbstdynamisierung und zielgewisser Steuerung dorthin fährt, wohin er es haben will, statt steuerlos dahinzutreiben und unerwartet an einer Klippe zu zerschellen.

Warum scheitert der Ungescheite? Weil Wille und Werk nicht durch weise Vorausplanung und Kräftekonzentration eindeutig, einheitlich und entschieden auf sein Ziel gesammelt sind, sondern von Anfang an gespalten waren und darum — buchstäblich — in *Scheite*, in Stücke gingen, zersplitterten und scheiterten.

Gescheit sein heißt somit — buchstäblich —: die Scheite, die Einzelkräfte und -tendenzen des Denkens und Fühlens, Glaubens und Wollens zu einer geschlossenen Einheit zusammenzubinden, zu bündeln, zu verbünden und so geeinten Wesens und Tatwillens dem konzentriert bejahten Ziel zuzusteuern.

Am Ende des Weges zeigt sich dann: Wer gescheit ist, scheitert nicht.

Dies Ziel wird um so leichter erreicht, je bewußter man von vornherein mit dem inneren Planer und Helfer zusammenwirkt, sich von ihm inspirieren und siegwärts leiten läßt. Um so gelassener und entschiedener erfüllt man dann alles Denken und Tun des Tages mit dem Geist des Gelingens und der Dynamik des Erfolgs.

Das bedeutet, daß man seine Arbeit nicht nur *rationalisiert*, sondern durch Kooperation mit der inneren Führung zugleich *irrationalisiert* und *dynamisiert* und so unter Ausscheidung jeder Möglichkeit des Scheiterns die Erlangung optimaler Erfolge mit den geringsten Mitteln und auf dem kürzesten Wege sicherstellt.

II. Stufe: Planungstechnik und Erfolgsdynamik

»Die wahre Tugend ist, daß man zu jeder Frist
getreulich tut, wozu man taugt und tüchtig ist.«
Rückert

Was Arbeitsrationalisierung bedeutet, verdeutlichen auf einfachste Weise zwei Frauen, die Wäsche zum Trocknen aufhängen: die eine macht hundert Bückbewegungen, um jedes Wäschestück einzeln aus dem Korb am Boden aufzuheben und an der Leine aufzuhängen. Die andere hat den Korb auf ein Wägelchen gestellt, das sie an einer am Gürtel befestigten Schnur mühelos mit sich zieht und das ihr das Bücken erspart.

Hier wie überall wird die Mühe durch rechtes Denken und Handeln verringert. Alles Nötige *vor* einer Arbeit bedenken und ordnen heißt sie vereinfachen, verkürzen und erleichtern. Wer denkt, ehe er handelt, findet bessere Wege und Methoden, den Arbeitserfolg zu sichern.

Da die Bedingungen, unter denen man am erfolgreichsten schafft, bei jedem Menschen andere sind, gilt es, das einem gemäßeste System der Arbeitsmeisterung herauszufinden und optimal zu nutzen. Praktisch gleicht jedes Werk einer *Reise*, die nur zum Ziele führt und befriedigt, wenn sie recht vorausgeplant und vorbereitet ist und programmgemäß verläuft. Das *Zielwissen* genügt nicht; ebenso notwendig ist die Findung und Festlegung des kürzesten *Zielwegs* und die Planung der einzelnen Zieletappen und Erfolgshandlungen.

Und da ein erfolgreiches *Leben* das Produkt aller recht

gemeisterten *Tage* und Tagewerke ist, ist *tägliche Zielsetzung* das unerläßliche Fundament des Lebensglücks. Und diese wieder ergibt sich nur aus einer klar umrissenen Lebenszielsetzung. *Morgenstern* mahnt hier mit Recht:

»Wer vom Ziel nicht weiß / kann den Weg nicht haben / wird im selben Kreis / all sein Leben traben / kommt am Ende hin / wo er hergerückt / hat der Menge Sinn / nur noch mehr zerstückt.«

Wer im Leben vorankommen will, muß, wie Jean Paul klarstellt, »das Ziel früher kennen als den Weg«. Anfang jeder Erfolgsplanung ist die Zielsetzung. Ein Hauptmerkmal der Versager im Lebenskampf ist der Mangel an Zielsetzung: sie wollen und erstreben zumeist nur, was ihnen gerade vor Augen steht, heute dies, morgen jenes. Was dabei herauskommt, ist kein gerader, zielgerichteter und sinnerfüllter Lebenslauf, sondern ein Zickzackkurs, der auf und ab und zumeist mehr ab- als aufwärts führt...

Hierin unterscheidet sich der erfolgarme Tor vom weisen Lebensmeister: »Am Ende sieht's ein Tor, ein Klüg'rer in der Mitte, und nur der Weise sieht das Ziel beim ersten Schritte.«

Wer um sein Lebensziel weiß, sich in der Kunst der Planungstechnik und Arbeitsdynamik übt und bei der Zielansteuerung nicht nach links und rechts oder gar rückwärts blickt, der macht sich das Vorankommen und Erfolgreichsein zunehmend leichter. Er findet von selbst die kürzesten Wege zu den Teilzielen, rückt dort, wo die Ziellosen und von der Zeit Gejagten verzagen und versagen, stets rascher und müheloser seinem höchsten Lebensziel näher und gelangt nicht nur zu Teilerfolgen, sondern macht sich selbst und sein Leben als Ganzes zu einem Erfolg.

Voraussetzung ist, daß er schon vorher seiner selbst, seiner Neigungen und Eignungen bewußt und gewiß wurde und sich demgemäß ein Lebensziel setzte, das seinem inneren Wollen und Können entspricht.

Denn nur wer schafft, wofür er geschaffen ist, gelangt zu Spitzenleistungen, die ihn ständig höhertragen. Er hat ein Ziel vor sich, das sein Dasein lebenswert und sein Schaffen dynamisch macht und ihn in ständigem Wachstum dem eigentlichen Ziel seiner Lebensreise näherkommen läßt: der Selbstverwirklichung und höchsten Sinnerfüllung seines Lebens.

Sehen wir zu, was das im einzelnen bedeutet und zur Folge hat.

Zielkonzentration und Wille

Um etwas zu erreichen, müssen wir es als Ziel vor uns sehen und es nicht nur glühend ersehnen, sondern auch ausschließlich wollen und zielbewußt darauf hinsteuern. Bloßes *Wünschen* gleicht dem Dahintreiben in einem Boot, das man durch ruckweises Bewegen des Oberkörpers glaubt voranbringen zu können. Das *Wollen* hingegen gleicht dem Ergreifen der Ruder, mit denen das Boot auf ein Ziel hin in Bewegung gesetzt wird.

Wie die Leistung der Ruder von der Kraft und Geschicklichkeit des Ruderers abhängt, so der Arbeitserfolg von der Zielkonzentration der Gedanken, die hinter dem Willen stehen. Wenn das Boot falschen Kurs nimmt, sind nicht die Ruder schuld, sondern der Ruderer. Wenn wir unser Ziel verfehlen, liegt das nicht am Willen, sondern am Mangel an Zielkonzentration.

Die Zielkonzentration ist für den Willen das, was der elektrische Strom für den Motor ist: der Antreiber und Beweger.

Rechte Zielkonzentration beginnt mit der Entspannung. Sie ist zuerst ein Ruhigwerden. Im Ruhigwerden gelangen wir zur Selbstbesinnung. Selbstbesonnen, hören wir auf, uns von den Dingen und Geschehnissen jagen zu lassen. Wir hindern unsere Gedankenkräfte und Willensstrebungen daran, auf Nebenbahnen abzugleiten, und sammeln sie auf ein Ziel.

Wie das Teleskop die Entfernung überbrückt, so verringert die Zielkonzentration den Abstand zwischen uns und unserem Wunschziel. Und wie das Mikroskop alles vergrößert, so vergrößert die Zielkonzentration für unseren Blick den Gegenstand unseres Wollens so, daß wir unerwartete Möglichkeiten der Verwirklichung erkennen und ergreifen können.

Diese Zielkonzentration steigern wir, wenn wir sie in dem Augenblick vornehmen, in dem der Strom unseres Bewußtseins seine letzten Gedanken und Wünsche in die Bucht des Unterbewußtseins und von dort in das große Meer des Überbewußtseins hinausfließen läßt —: abends, vor dem Einschlafen. Wir nehmen unser größtes Wunschziel konzentriert mit hinüber in das umfassendere Leben und Weben des Schlafes, damit es seiner Verwirklichung rascher entgegenreift. Wir lassen uns mit ihm ans andere Ufer, zum Land der Erfüllung, hinübertragen ...

Tun wir dies Nacht für Nacht, dann werden wir bald mit der gleichen Sicherheit, mit der wir im Traume dorthin schweben, wohin unser Herz sich wendet, im Alltag über Schwierigkeiten und Hindernisse hinweggleiten, uns zu den besonnten Höhen des Glücks wachsender Wunscherfüllung und Willensverwirklichung erheben und — dankbar ob der immer deutlicher verspürten Beratung, Hilfe und Führung von innen — erkennen, daß Der, der uns das Wollen gab, uns auch die Kraft und das Können verlieh.

Je entschiedener die Zielkonzentration, desto erfolgträchtiger werden unsere bewußten und unbewußten Haltungen und Handlungen, desto mehr Kräfte quellen aus den Tiefen des Un- und Überbewußten herauf und helfen uns, dem gesetzten Ziel näherzukommen und zu erreichen, was wir uns vornehmen.

Das bedeutet, daß unsere Zielsetzung für den nächsten Tag von vornherein mit dem Impuls und Geist des Gelingens erfüllt wird. Wir legen dann nicht nur das Arbeitsprogramm des kommenden Tages in der Reihenfolge der einzelnen Aufgaben, in ihrem zeitlichen Ablauf und ihrer Verbindung untereinander im voraus fest, sondern *dynamisieren* diese Zielsetzung durch die bis zum Einschlummern festgehaltene Bejahung:

»*Ich sehe Ziel und Plan des morgigen Arbeitstages klar vor mir und werde alle Aufgaben mit Lust und Liebe erfüllen und meistern. Was immer ich anfasse, gelingt mir!*«

Die Erfahrung lehrt, daß solche Zielkonzentration allen Gedanken und Willensimpulsen vermehrte Durchsetzungskraft verleiht, dem Schaffen des neuen Tages von vornherein erhöhte Klarheit, Lustbetontheit und Erfolgsgewißheit gibt und darüber hinaus deutlich macht, daß die Dinge und Umstände uns immer sichtbarer entgegenkommen.

Wenn wir dann am Morgen mit der frohen Gewißheit erwachen: »*Heute bin ich in allem und in jeder Hinsicht erfolgreich!*« und dies auch an den kommenden Tagen genau so handhaben, wachsen wir von selbst in jenes neue Leben hinein, das uns immer höher führt und uns zunehmend befriedigt und beglückt.

Notwendigkeit der Konzentration

Wie der griechische Philosoph *Diogenes* seine Mitbürger zum Selbstdenken anzuregen suchte, indem er mittags auf dem Markt von Athen mit der Laterne nach *Menschen* suchte, so suchen wir heute nach jenen, die zu sich selbst heimkehren, *sich selbst dynamisieren* und ihrer inneren Kraft bewußte *Vollmenschen* werden wollen.

Wir suchen Menschen, die den schlummernden Genius in sich erwecken und Meister ihres Lebens werden wollen. Wir mahnen sie: *Sammelt euch* — aber nicht zu Haufen, zur Masse, weil jede Ver-sammlung die Sammlung verhindert, sondern als Einzelne, als schöpferische Individualitäten!

Denn der heutige Mensch braucht nichts dringender als die Einkehr bei sich selbst, die Einswerdung mit sich selbst, die innere Sammlung, die *Konzentration* seiner in alle Richtungen zerstreuten Kräfte.

Weil er sich und seine Kräfte an unzählige zumeist nichtige Dinge hingegeben hat und infolgedessen nicht nur dekonzentriert, sondern *dezentriert* und darum seiner selbst und seiner Macht unbewußt ist, muß er seiner Wesensmitte, seines *Selbst*, erst wieder bewußt werden, seine seelische Bodenständigkeit wiedergewinnen, um über den Dingen zu stehen und die Innen- wie die Außenwelt selbstgewiß und souverän zu meistern.

Für alles mögliche hat der Mensch heute Zeit, nur nicht für das Wesentliche, allein Glückverbürgende: für sich selbst, für die Sammlung seiner schöpferischen Kräfte, für jene *Konzentration*, die sein Wollen und Wirken erst planvoll und erfolgreich macht. Nur der in sich Gesammelte, Geeinte und auf sein Werk Konzentrierte hat sich und sein Leben in der Hand, während den Ungesammelten die Wesen und Dinge der Umwelt in der Hand haben ...

Nun weiß jeder, was Konzentration *ist*, aber nur wenige wissen, wie man es *macht*. Dabei kann jeder jederzeit feststellen, wie stark oder schwach sein Konzentrationsvermögen entwickelt ist: er braucht sich nur hinzusetzen, Körper und Gedanken zu entspannen und zu versuchen, *einen einzigen Gedanken eine Minute lang festzuhalten.*

Er wird dann entdecken, wie sich nach einer oder einigen Sekunden immer mehr andere Gedankenbilder in das Blickfeld seines Bewußtseins drängen, die zuerst die Randzone bevölkern und um so eher und störender in die Mitte rücken, je mehr er gewöhnt war, sich tagsüber vom Strom der Gedanken, Gefühle und Wünsche treiben zu lassen.

. . . Natürlich bemüht er sich, den vorgenommenen Gedanken festzuhalten. Aber je mehr er dabei den Willen anstrengt und sich verkrampft, desto mehr unerwünschte Nebengedanken stellen sich ein. Geräusche werden ihm bewußt, gefühlsbetonte Vorstellungen stellen sich vor ihn hin oder dämmern im Hintergrund des inneren Blickfeldes. Sorgen und Wünsche melden sich und lassen den Ausgangsgedanken der Konzentration auf der immer schiefer werdenden Ebene negativer Empfindungen wie eine Lawine abwärts rollen, bis er dem inneren Auge im Durcheinander der ihn umschwirrenden Nebengedanken entschwunden ist . . . Am Ende entdeckt er, daß er mit seinen Gedanken bereits ›ganz wo anders‹ ist.

Da haben wir einen Gradmesser für die Stärke des Konzentrationsvermögens, das um so geringer ist, je kürzer die Zeitspanne zwischen dem Beginn der Sammlung und dem Auftauchen der ersten Nebengedanken ist. Sie verlängert sich, sowie und je mehr man sich in der Konzentration *übt*.

Und wenn man das eine Weile getan hat, entdeckt man, wieviel mehr man leistet, wieviel rascher man schaltet und schafft, wieviel zielsicherer, geistesgegenwärtiger und er-

folgreicher man wird, wieviel bewußter — selbstbewußter und wirklichkeitswacher — man lebt und wieviel gerüsteter und überlegener man dem Dasein und Schicksal gegenübersteht, wenn man in der Kunst der Konzentration voranschreitet und sie mit der Zeit zu meistern lernt.

So wichtig ist es, daß wir uns mit der Dynamik der Zielkonzentration vertraut machen und mit all dem, was zu ihr hinführt.

Dynamik der Zielkonzentration

Als Prozeß innerer Ordnung bedeutet Konzentration nicht nur bewußte Gedankenschaltung und Kräftesammlung, sondern zugleich auch planvolle Steuerung der *Gedankenassoziationen* und rechte Entscheidung darüber, welche Gedanken bei der Sammlung mitklingen dürfen und welche nicht. Aus dieser Gedanken-Kontrolle wiederum erfließt die Lenkung und Beherrschung der Gefühle und der Willensstrebungen und, im Zusammenhang damit, die allmähliche Reinigung des Unterbewußtseins von negativen Komplexen.

Praktisch bedeutet das stufenweises Freiwerden von hemmenden Furchtgefühlen und anderen negativen Tendenzen, wachsende Herrschaft über die Empfindungen und Funktionen auch des Körpers und damit wieder stärkere Nerven und erhöhte Immunität gegenüber nervösen Störungen.

Gedankenkonzentration ist somit ein unerläßliches Seelendiätetikum und die beste Arbeitshygiene. Sie erhält den leibseelischen Organismus jugendlich frisch, spannkräftig und einsatzbereit, fördert die innere Stabilität und Sicherheit und hilft, Disharmonien in positive Werte umzuwandeln. Im gleichen Maße, in dem es im Innern lichter wird, wird wiederum die Meisterung des äußeren Lebens leichter. Die

Sammlung der inneren Kräfte führt zur Verwesentlichung allen Tuns.

Mit Recht sagt *Damaschke*, daß über den Wert eines Menschen und sein Glücksvermögen in erster Linie »sein *Wille* entscheidet: die innere Zucht, die ihn lehrt, das Maß seiner Kräfte zu erkennen und alles *einem Ziele* unterzuordnen — einem Ziele, das es allerdings auch wert sein muß, daß man ihm alle Kräfte weiht.«

Wenn damit der *Wille* unterstrichen wird, werde das recht verstanden: Willensdynamik ist kein Kraftmeiertum, sondern von jedermann mit Erfolg erreichbar, da sie aus Gedankenerziehung und Zielkonzentration erwächst.

Eben dies wird von manchen mißverstanden: statt daß sie in der Sammlung ihre Kräfte lösen, sie richtig schaltend zielwärts lenken, zum Strömen und dynamischen Wirken bringen, meinen sie, ihren Willen wie einen Muskel *spannen* und anstrengen zu müssen... Und dann wundern sie sich, daß sie durch die Willens-Verkrampfung nach dem ›Gesetz der das Gegenteil bewirkenden Anstrengung‹ erfolghindernde Kräftefehlschaltungen auslösen oder ihre Energien und Fähigkeiten blockieren...

Dynamische Zielkonzentration ist kein Willenskrampf, sondern klares, planvoll geordnetes, kraftbewußtes und zugleich spannungsfreies Gesammelt- und Zielgerichtetsein. Es ist kein gewaltsames Stillstehen und starres Fixieren des Zielgedankens, indes der Strom der Dinge und Geschehnisse an einem vorüberflutet. Es ist vielmehr ein besinnlich-gelassenes *ziel-hingegebenes Weiterschreiten*, wobei der Blick von allem abgezogen bleibt, das nicht zum Ziel hinweist oder hinführt.

Solche Ziel-Konzentration ist der Hingabe des Liebenden verwandt: kein krampfiges Anklammern und giervolles Besitzenwollen, sondern willige Zielaufgeschlossenheit und positive Bereitschaft für alles, was der Zielerreichung dienlich ist.

Bei solcher Zielkonzentration steht hinter dem Zielgedanken die Wunschkraft und der Wille und dahinter die Zielbejahung, hinter dieser das Vertrauen zur Innenkraft und die Gewißheit der Zielerreichung. Durch diese Kettenschaltung aller Kräfte zu einem geschlossenen Kreis erlangt der Zielgedanke dynamische Verwirklichungskraft und der Wille durch die Gleichrichtung mit dem Wollen der inneren Führung und dem dahinterstehenden All-Willen jene steuernde Macht, die alle Hindernisse überwindet und das Gesetz der Fülle zum Wirken bringt.

Eben dies meint Seneca's Wort: »Den Wollenden leiten die Geschicke, den Nichtwollenden schleppen sie mit sich.« Wir berühren damit das eigentliche Geheimnis der Sammlung.

Das Geheimnis der Sammlung

Die Aneignung und rechte Anwendung der *Erfolgs-Faktoren* läßt sich nicht in Form eines für alle gleichermaßen gültigen starren Systems, sondern nur durch eine Vielzahl von Einzelanregungen vermitteln, aus denen der Vorwärtsstrebende das auswählt, von dem er spürt und erkennt, daß es ihm weiterhilft. So will das bisher Gesagte und das Folgende verstanden und genützt werden.

Wenn Friedrich von *Bodenstedt* fordert: »*Sammle Dich zu jeglichem Geschäfte; nie zersplittere Deine Kräfte!*«, so ist diese Vorwegnahme des ›Energetischen Imperativs‹ des Physikers Ostwald mehr als nur eine Aufforderung zur Konzentration bei der Arbeit. Denn *rechte Sammlung* ist, wie wir sahen, ein Produkt aus Gedankenkonzentration und williger Selbsthingabe an das bejahte Ziel mit der Wirkung, daß der also Gesammelte vom mühsamen *Hirndenken* zum schöpferischen *Herzdenken* fortschreitet und aus der Enge des Ichbewußtseins in die Weite des genialen Überbewußtseins hinausgelangt.

Alle Großen gingen diesen Weg bewußt oder unbewußt. Sie alle raten mit Schiller: »*Wer etwas Treffliches leisten will, hätt' gern was Großes geboren, der sammle still und unerschlafft im kleinsten Punkt die größte Kraft.*«

Wir berühren mit diesem Wort das Geheimnis der Sammlung:

»*Sammle still und unerschlafft . . .*«: Alle schöpferischen Naturen sammelten sich vor jedem Werk in Stille und Einsamkeit. Sie wußten, daß alles Große aus der Stille geboren wird. Sie überwanden in der zeitweisen Zurückgezogenheit und stillen Abgeschiedenheit nicht nur Schlaffheit und schöpferisches Unvermögen, sondern aktivierten neue Energien, Gedanken, Inspirationen, Einfälle und Pläne und wurden so fähig, neue Wege einzuschlagen, Neues zu finden und zu erfinden und Größeres als bisher zu vollbringen.

Vielen von ihnen erging es wie *Goethe*, der »ohne Einsamkeit nicht das Geringste hervorbringen konnte«. Darum achteten sie darauf, daß die Zeiten ihrer Höchstleistung immer auch Zeiten des Alleinseins und inneren Gesammeltseins waren. Zielkonzentriert, sahen sie darauf, daß ihre wesentliche Arbeitszeit mit der ihrer schöpferischen Leistungsspitze zusammenfiel und störungsfrei blieb.

Als ›Morgenarbeiter‹ wählten sie für ihr schöpferisches Werk die frühen Tagesstunden, als ›Abendarbeiter‹ die Stille der Nacht, um sich schließlich, als *Meister* der Planungstechnik und Arbeitsdynamik, ihre produktiven Stunden selbst zu schaffen, die einzelnen Leistungsspitzen zu einer endlosen Kette zu vereinigen und so *jederzeit* schöpferisch zu sein.

»... *im kleinsten Punkt die größte Kraft*«: Wer seinen Schaffensrhythmus kennt, wird zunächst die wesentlichen Arbeiten in die Stunden schöpferischer Hochstimmung verlegen und dann dafür sorgen, daß diese Zeiten durch Bejahung seines jederzeitigen Aufgelegtseins und durch dynamische Konzentration immer länger werden und schließlich seinen ganzen Arbeitstag umspannen. Das gelingt, wenn man gelernt hat, auch im ›kleinsten Punkt‹, im geringsten Werk, ›die größte Kraft‹, die ungeminderte Dynamik seines Wesenskraftfeldes, konzentriert zu betätigen und so mit immer weniger Mühe immer Größeres zu leisten.

Dabei werden, wie schon angedeutet, nicht nur die Kräfte des Wachbewußtseins, sondern auch die Potenzen der Tiefenschichten des Unter- und Überbewußtseins mit in den Schaffensprozeß eingeschaltet und das schlummernde Schöpfertum zunehmend aktiviert.

Je tiefer dabei die Sammlung wird, desto spürbarer erweitert sich das Ichbewußtsein zum genialen Überbewußtsein, und dann werden die drei ›H‹ — Hirn, Herz und Hand — zu planvoll koordinierten Organen des Genius in uns.

Wir erleben dann auf den Höhepunkten des Schaffens den Rausch des Inspiriertseins und empfinden uns im Zustand ichfreien Hingegebenseins an die übergeordnete Ebene genialer Bewußtheit als Werkzeuge einer höheren Macht. Wir erleben beglückt, wie aus dem Chaos von Einzeltatsachen, Daten, Begriffen, Informationen ein Kosmos entsteht — eine höhere Ordnung und Einheit, die zu immer höheren Lebensstufen führt, auf denen sich der Beruf zur Berufung erweitert und aus Schaffen Schöpfertum wird.

Rechte Einstellung

Rechte Einstellung führt zur Umstellung der Umstände und zur Mehrung des Beständigen in der Unbeständigkeit des Daseins. Sie ist Ausdruck innerer Standfestigkeit und Zielkonzentration, tritt als Gelassenheit, Geduld und Hastlosigkeit in Erscheinung, gibt Überlegenheit beim Kräfteeinsatz und sichert das Gelingen.

Erziehung zu rechter Einstellung ist vor allem dort unerläßlich, wo noch Ungeduld herrscht, wo man ›nicht warten kann‹, zu nervösen Reaktionen neigt, hastig ißt und arbeitet, bei Leidigem und Lästigem leicht außer sich gerät oder sonstwie zum Spielball innerer Spannungen wird.

Sie erwächst aus der Gewöhnung an Konzentration — hier vor allem aus der *Konzentration auf das Positive*, die aus unwilligem ›Ich muß‹ ein frohes ›Ich will es und schaffe es‹ macht.

Wie die Blende beim Fotoapparat übermäßige Belichtung verhindert, so mindert konzentriertes Eingestelltsein auf das Positive die Empfänglichkeit des Bewußtseins und Unterbewußtseins für störende Unlustreize. Sie bewirkt jene Ordnung im Innern, die dazu führt, daß man gemäß dem psychodynamischen Grundsatz »*Erst innen, dann außen!*« der Tat den Gedanken, der Wirkung die Ursache vorausgehen läßt und das Wichtigste zuerst tut.

»Glücklich, wer die Ursache der Dinge zu erkennen weiß«, sagt Vergil; glücklich, wer das Kausalitätsgesetz beachtet und die rechte Einstellung bewußt zum Ausgangspunkt der Umstellung der Dinge und Umstände macht.

Viele denken hier noch falsch und sagen etwa: »Wenn dies oder jenes geändert ist, werde ich froh und glücklich sein.« Der Lebenserfahrene denkt hier kausal: er nimmt zuerst die rechte Geisteshaltung ein, plant, programmiert und bejaht das Gelingen und steuert dann mutig dem Ziele zu, bis die daraus resultierende Umstellung der Umstände seiner Vorstellung entspricht.

Falsch denkt auch, wer rechte Einstellung durch Ängste und Sorgen ersetzt. Denn Negatives befürchten, heißt es *erwarten*, die Anwartschaft darauf erlangen, seine Verwirklichung fördern. Weiser handelt, wer Sorgen und Fürchten durch rechte Einstellung und sieggläubige Bejahung ersetzt. Denn nur was *zuerst innen* Vorstellung und Wirklichkeit wird, kann auch nach *außen* hin Wirksamkeit erlangen und zu sichtbarem Gewirk werden.

Psychodynamisch gesehen, ist unsere Umwelt im wesentlichen Gebilde und Spiegelbild unserer Innenwelt.

Aus der primären Idee eines Hauses erwächst der Bauplan; danach erst kann der Bau selbst beginnen und gelingen. Ebenso muß das hier Klargestellte zuerst erfaßt und innerlich vergegenständlicht werden, dann gelingt auch die äußere Nutzanwendung. Zuerst kommt die Innewerdung des Ziels, dann die Konzentration darauf; aus ihr erwächst die rechte Einstellung und daraus das vom Geist des Gelingens erfüllte zielbewußte planvolle Wirken bis zum Eintritt des Erfolges.

Wie alles Große vollzieht sich auch die rechte Einstellung und Erfolgsschaltung in der Stille, im kraftsammelnden *Schweigen*. Dieses Schweigen — nach außen durch sparsames Reden, nach innen durch Abstellung der Alltagsgedanken-Mühle und horchendes Sichoffenhalten — ist Kennzeichen aller Großen. Sie wissen, daß jede Minute, jede Stunde, im Schweigen verbracht, nicht nur wachsende Kraft und Konzentrationsfähigkeit bedeutet, sondern auch zunehmende Wachheit für das Wollen und die Weisheit der zielwärtsleitenden inneren Führung.

Manche scheuen diese schweigende Einwärtswendung: sie

geraten, in die Stille gehend, in Angst vor sich selbst statt zur Selbstbesinnung und Selbstdynamisierung, sie erschauern vor dem Abgrund, der sich scheinbar in ihrem Innern auftut, und flüchten erneut in den Leerlauf äußerer Betriebsamkeit.

Wer aber sein Geborgensein in der Stille bejaht und ausharrt, wird schließlich der inneren Lebensquellen bewußt, schöpft zunehmend Kraft aus der inneren Sammlung und tritt aus der Enge des Ichs und des Alltags hinaus in die Freiheit des neuen größeren Lebens.

Rechte Planung

Wer im Leben vorankommen will, steht vor der gleichen Aufgabe wie der Reisende, der Erfinder oder der Architekt: sie fahren nicht planlos ab, arbeiten nichts ins Blaue hinein, sondern setzen sich bestimmte Ziele und programmieren und organisieren ihren Erfolg.

Der Reisende wählt an Hand des Fahrplans den besten Weg zum Ziel; der Erfinder zielt bewußt auf eine Maschine, die genau die gewünschte Leistung vollbringt; der Architekt entwirft, berechnet und gestaltet mit den vorhandenen Mitteln und Möglichkeiten das dem gedachten Zweck am vollkommensten dienende Bauwerk.

Erfahrungsgemäß führt rechte Planung zum erwarteten Ergebnis, wenn man weiß, *was* man will, und dann das *Wie* meistert, indem man das Ziel klar umrissen vor Augen hat und den Weg dorthin schriftlich plant — zuerst in skizzenhafter Zusammenfassung aller der Zielerreichung dienlichen Daten, Mittel und Möglichkeiten, der dann die endgültige Präzisierung und Festlegung des günstigsten *Zielweges* folgt — unter Berücksichtigung möglicher Störungen und

Hindernisse und der Mittel und Wege zu ihrer Fernhaltung oder Überwindung. Ohne solche Vorausplanung keine Meisterung der einzelnen Etappen des Zielweges und der jeweiligen Aufgaben.

Rechte Planung umfaßt das besonnene Vorausbedenken und -gestalten von allem, was die Zielerreichung fördert, und die Vorausprogrammierung der bestmöglichen *Reihenfolge* der Einzelaufgaben im Rahmen des gesamten Arbeits- und Zeitplans. Dabei geht die Unterteilung wie bei einem Bauplan solange weiter, bis auch die kleinste Einzelheit ihren Platz in der Terminfolge hat.

Bei größeren Erfolgsplänen wie bei der Lebensplanung ergibt sich von selbst eine Aufgliederung nach Jahres- und Tagesplänen, wobei die auf den einzelnen Tag entfallenden Arbeiten in die jeweils am Vorabend erfolgende *Tageszielsetzung* eingebaut werden.

Einerlei, ob wir den Ausbau eines Unternehmens, die Aneignung einer Fremdsprache, die Umstellung auf einen neuen Beruf oder die Übernahme einer neuen Aufgabe im privaten oder gemeinschaftlichen, wissenschaftlichen oder wirtschaftlichen Bereich ins Auge fassen — immer ist das erste die Klarwerdung über das Ziel, das nächste die Planung des Wegs und der Mittel und Maßnahmen zur Zielerreichung, und das folgende die konsequente termingemäße Durchführung des Plans, bis das Ziel erreicht ist.

Aber die *Planungstechnik* bleibt unzulänglich, wenn sie nicht mit der entsprechenden *Arbeits- und Erfolgs-Dynamik* erfüllt wird. Diese besteht nicht nur in der beharrlichen selbstvertrauenden und siegfrohen *Bejahung des Gelingens* jeder einzelnen Arbeit wie des Gesamtwerks, sondern weit mehr noch in der bewußten Verbindung und Verbündung mit der Weisheit der inneren Führung und der Schöpferkraft des inneren Genius.

Das bedeutet die immer erneute Besinnung auf die Tatsache, daß jeder Mensch einen Genius, einen überlegenen Programmierer und Baumeister in sich trägt, dessen steuernde und helfende Mitwirkung es durch rechte Einstellung zu sichern gilt.

Die sog. ›*genialen Naturen*‹ unterscheiden sich vom Alltagsmenschen nicht durch ein *Mehr* an Gaben und Kräften, sondern dadurch, daß sie — als Folge unbewußter oder bewußter *Selbstdynamisierung* — ihres inneren Reichtums lebendiger bewußt sind und ihn recht zu nützen verstehen. Was sie *jedem*, Dir wie mir, bewußt machen können, ist dies:

»Du bist größer, als Du ahnst, reicher, als Du denkst, begabter, als Du für möglich hältst! Du mußt Deine schlummernde Genialität durch rechte Selbstbesinnung erwecken und entfalten. Setze an die Stelle des Wahns Deiner Schwäche den Glauben an Deine Genialität, entfeßle den Riesen in Dir, damit, was Du in Dir trägst, sich offenbaren kann und Dein Leben von Jahr zu Jahr reicher mache!«

Die Erreichung dieses Ziels wird jedem möglich, der sich den Weg rechter Sammlung, Einstellung, Planung, Zielsetzung und Erfolgsverwirklichung Schritt um Schritt bewußt macht.

Technik + Dynamik

Die *Planungstechnik* erleichtert die Organisation und Erlangung des Erfolgs um so sicherer, je bewußter sie mit der *Arbeitsdynamik* verbunden wird, weil dadurch die Leistung des *Verstandes* um die der schöpferischen *Vernunft* erweitert wird:

Der technische Verstand rechnet mit den greifbaren Tatsachen und Umständen, plant und ordnet, zieht Vergleiche und Schlüsse und versteht es, auch fremde Arbeitsleistung der eigenen Zielerreichung dienstbar zu machen. Die dynamische Vernunft versteht es darüber hinaus, erfolgverbürgende geistige Kräfte und schicksalgestaltende Tendenzen mit einzubeziehen, Phantasie, Inspiration und Intuition zu entwickeln und *schöpferisch-energetisch* zu wirken.

Sich diesen Unterschied bewußt machen heißt den Weg der Arbeitserleichterung beschreiten.

Zu Beginn der Zielbesinnung und Zielsetzung tun Planungstechniker und Arbeitsdynamiker das gleiche: sie verschaffen sich im Zusammenhang mit der Zielfestlegung einen Überblick über die Möglichkeiten der Zielerreichung. Beide skizzieren und programmieren den Zielweg schriftlich. Doch dann trennen sich ihre Wege vorübergehend: der erstere folgt weiter dem Weg nach außen, während der letztere sich nach innen wendet.

Während der ›*Planungstechniker*‹ an die Detailausführung geht, an die Ordnung der einzelnen Etappen des Zielwegs, an die Festlegung des Wie und Wann der Teilaufgaben und an ihren Einbau in die jeweiligen Tageszielsetzungen, tut der ›*Erfolgsdynamiker*‹ nach der Planfixierung zunächst scheinbar nichts. Er richtet den Blick nach innen, übergibt seine Planskizze in der Stille dem inneren Ordner und Baumeister und schaltet störendes Eingreifen des Ich dadurch ab, daß er sich vorübergehend einer ablenkenden anderen Aufgabe oder der Entspannung und Erholung widmet. Zugleich bejaht er nach innen: »Der Plan gestaltet sich in mir; er reift von innen her zu höchstmöglicher Vollendung!«

Die Länge der ›Reifezeit‹ läßt sich nicht vorausbestimmen. Sie endet, sowie als Antwort von innen die Erleuchtung aufblitzt, die befreiende Einsicht des ›*Ich hab's!*‹, die Gewißheit der bestmöglichen Lösung, des kürzesten Weges zum Erfolg, die eindeutig durch den gleichzeitigen spürbaren

Aufstrom innerer Kraft, Schaffensfreudigkeit und Erfolgsgewißheit gekennzeichnet ist.

Von diesem Augenblick an wird der Arbeitsdynamiker wieder nach außen hin aktiv: sein Weg ist im weiteren derselbe wie der des Planungstechnikers, wenn auch nicht der gleiche: Aus seinem von innen her zur Reife und Vollendung gelangten Erfolgsplan erwächst nun fühlbar von selbst die optimale Ausarbeitung und Verwirklichung. Selbst die Teilplanungen und Einzelzielsetzungen werden jetzt nicht mehr nur vom überlegenden, wägenden, tastenden Verstand, sondern zugleich von der durch die Mitarbeit des inneren Ordners und Baumeisters gewissermaßen hellsichtig gewordenen Vernunft durchgeführt.

Hinter der Ausführung steht nun das beglückende Gewißsein des innigen Zusammenwirkens mit dem inneren Planer und Programmierer, des Geleitetseins von der schöpferischen Intuition des Überbewußtseins oder des ›inneren Genius‹, was zur Folge hat, daß der Arbeitsdynamiker manche Einzeletappen, die sonst Schritt um Schritt gemeistert werden müssen, überbrückt oder mühelos überspringt, weil ihm kürzere Wege zum Ziel bewußt wurden und weil, als Folge des Eingreifens der inneren Führung, immer mehr günstige ›Zufälle‹, Erfolgshilfen und Glücksgelegenheiten ihm die Zielerreichung erleichtern.

Zur Zielbesinnung und Planung ist nunmehr die sonst zumeist blinde, jetzt aber sehend gewordene *innere Zielstrebigkeit* hinzugetreten, die immer deutlicher als Drang nach vorn und Zug nach oben empfunden wird und bewirkt, daß alle Kräfte und Fähigkeiten einheitlich und optimal der Zielerreichung dienstbar werden. Dieser Prozeß beginnt im Grunde schon bei der Zielsetzung.

Rechte Vorverwirklichung

Für die Zielerreichung ist schon die *Dynamik der Zielsetzung* erfolgentscheidend. Denn rechte Zielsetzung ist ihrem Wesen nach eine geistige Erfolgs-Vorwegnahme und mehr oder minder bewußte *Vorverwirklichung* nach dem schon erwähnten psychodynamischen Grundsatz: Erst innen, dann außen!

Jeder erfolgreichen Arbeit ging erfolgsbejahendes Denken und Planen voraus. Diese beiden sind die Flügel, die uns ans Ziel unserer Sehnsucht tragen. Je siegglaubiger wir schon vor Beginn eines Werkes bejahen: »*Diese Arbeit macht mir Freude; dies Werk bringt mir Glück und Erfolg!*«, desto beschwingter wird unser Schaffen und desto leichter das Vorankommen.

Jeder gefühlsbetonte positive Gedanke ist ein Aktivierungsimpuls für das computer-ähnliche Ganglienschaltsystem des Gehirns und wirkt zugleich wie Gleitöl auf alle beweglichen Teile der psychosomatischen Maschinerie und, darüber hinaus, als Auslöser latenter Talente und Kräfte, die das zielwärts gerichtete Schaffen dynamischer, schwungvoller und erfolgträchtiger machen.

Je bewußter diese gedankliche Vorverwirklichung erfolgt, desto sichtbarer bewahrheitet sich das Wort des *Paracelsus:* »Ein zielgewisser Wille und ein plastisches Vorstellungsvermögen sind die beiden Säulen, die das Tor des Tempels der Verwirklichung stützen. Ohne diese beiden kann man keinen Erfolg haben.« Das bedeutet, daß wir schon bei der Zielsetzung den Enderfolg innerlich als positive Wirklichkeit bejahend vorwegnehmen:

Wir lassen das bejahte Ziel als Erfolgsbild vor das innere Auge treten und erfüllen, durchgluten, durchgeistigen mit dieser inneren Schaltung und Haltung von vornherein unser ganzes Wollen und Wirken mit der Vision und dem Geist des Gelingens. Und wir spüren im gleichen Maße, wie sich mit unserem Denken auch unser Verhalten und Handeln nach außen und unser Leben von innen her wandelt, wie sich mit der Zunahme der Schaffensfreudigkeit zugleich günstige Umstände, Glücksgelegenheiten, Förderer und Helfer einstellen, die uns das Vorankommen weiter erleichtern.

Wir verwandeln auf diese Weise jeden neuen Tag in einen *Erfolgstag*, wenn wir diese Vorverwirklichung gewohnheitsmäßig am Vorabend vornehmen, indem wir uns unmittelbar vor dem Schlafengehen entspannen, den Rhythmus des beendeten Tages abklingen lassen, dann in der Stille auf die Zielsetzung des kommenden Tages umschalten und gewissermaßen das Geistgerüst des neuen Arbeits- und Erfolgstages als lebendiges Bild vor das innere Auge stellen und uns darauf konzentrieren. Abschließend werden wir dann im dankbaren Hinblick auf die Führung, Förderung und Hilfe von innen die Verwirklichung des innerlich als Ganzes Geschauten inbrünstig bejahen:

»Ich sehe die Aufgaben des neuen Tages als lebendige Einheit vor mir. Ich werde sie mit Lust und Liebe erfüllen, und die innere Kraft wird mir helfen, sie leicht und vollkommen zu meistern. Ich werde jede einzelne Arbeit plan- und zielbewußt beginnen und erfolgreich beenden. Ich habe morgen in jeder Hinsicht Glück und Erfolg!«

Wenn wir allabendlich mit dieser Bejahung in den Schlaf hinübergleiten, befassen sich Unter- und Überbewußtsein während der Nacht mit der Weiterverarbeitung und Realisierung dieser Erfolgsimpulse, so daß wir die vorgenommenen Arbeiten am neuen Morgen von Anfang bis Ende zielstrebig meistern.

Wir spüren dabei zugleich, mit *Trine*, daß wir »jeden Morgen unser Leben von neuem beginnen und in der Hand haben«. Und darüber hinaus sehen wir, was noch wichtiger und entscheidender ist, die Dinge und Aufgaben des Alltags mehr und mehr mit den Augen des Geistes und im Lichte der Ewigkeit, in der wir uns mitten in der Zeitlichkeit immer lebendiger mit unserem innersten Wesen verankert, verwurzelt und geborgen fühlen.

Mit dieser Innewerdung geht eine weitere praktische Erfahrung einher, der die Bibel mit den Worten Ausdruck gibt: »Den Seinen gibt's der Herr im Schlafe«, weil sich innerlich Vorausbejahtes dank der inneren Führung und Hilfe oft über Nacht realisiert.

Sicherung der Zielerreichung

Wie rechte Vorverwirklichung die Zielerreichung erleichtert und sichert, haben die Großen und Erfolgreichen seit je demonstriert. Das Beispiel, das einer von ihnen, Henry *Ford*, gab, mag hier als erstes für viele sprechen:

In seiner Lebensbeschreibung legt er dar, daß er, wenn ihm eine neue Idee kam, Papier und Bleistift zur Hand nahm und alles, was ihm im Zusammenhang damit einfiel, niederschrieb. Danach begann er mit der Zielsetzung und Wegplanung: auf einem neuen Blatt notierte er, was alles mit der ihm vorschwebenden Neuerung erreicht werden sollte, auf einem weiteren Blatt, welche Voraussetzungen zu erfüllen, welche Schwierigkeiten zu überwinden, welche Mittel und Arbeitskräfte bereitzustellen und welche sonstigen Maßnahmen zu treffen seien, um das Ziel zu erreichen. Auf einem dritten Blatt erstand sodann der eigentliche Arbeitsplan, der in rohen Umrissen das Wie und Wann der Teilaufgaben festlegte.

Aber das war nur der Anfang: die *Hirnarbeit*. Durch seine jahrzehntelange Freundschaft mit Ralph Waldo *Trine* war

Henry Ford mit der Praxis der dynamischen Psychologie vertraut und wußte, wie wichtig es ist, das Hirndenken durch das *Herzdenken* zu ergänzen, sich selbst und sein Werk nicht nur zu rationalisieren, sondern auch zu ›irrationalisieren‹ und abschließend zu dynamisieren — also neben den Fähigkeiten des Wachbewußtseins und des Intellekts die des Unter- und Überbewußtseins für die Zielerreichung einzusetzen.

Er ging demgemäß mit dem Arbeitsplan in die *Stille*, um im schweigenden Lauschen nach innen des inneren Rats teilhaftig zu werden. Er unterschied, wie auch der amerikanische Psychologe Chase Osborn es treffend charakterisierte, klar zwischen der *Logik des Hirns* und der *Metalogik des Geistes*:

»Der Geist des Menschen ist nicht, wie das Gehirn, ein Denkorgan, sondern der dahinterstehende Ordner und Regler, der die auf den Plan bezüglichen Einsichten und Intuitionen in für das Denkorgan faßbarer Form vermittelt. Zum Erfassen seiner Inspirationen wiederum ist das Wachwerden des inneren Verlangens nach Erleuchtung und Weg-Erkenntnis ebenso unerläßlich wie das bewußte Aufnehmen der Verbindung mit der inneren Führung . . .

. . . Sowie der Empfang vollzogen ist, hat das Denkorgan die Aufgabe, das Aufgenommene auszuarbeiten. Dabei zeigt sich jedesmal, daß dieser Empfang von Intuitionen direkt von der Quelle die endgültige Zielsetzung genial vereinfacht und den Zielweg verkürzt. Zugleich zeigt sich, daß mit der Erleuchtung auch die Kraft und Fähigkeit und die Ausrüstung vermittelt wird, das erschaute Ideal erfolgreich zu verwirklichen.«

Hinzu kommt, daß jeder gelungene Empfang und jede Befolgung solcher Intuitionen die künftige Aufnahme ähnlicher Weisungen aus dem Überbewußtsein erleichtert.

Neben der Einkehr in die Stille und *Meditation* vor Beginn eines Werkes mit dem Ziel der Einschaltung des Empfangs der Weisungen und Eingebungen des Geistes kannte Henry Ford auch die andere Methode der Übergabe der tagsüber gefaßten oder abends gestalteten neuen Pläne wie auch der entstandenen Probleme an den inneren Berater und Helfer im Augenblick des Einschlafens am Abend.

Dabei erlebte er immer wieder, wie sich die Vision der endgültigen Lösung und der rechten Zielerreichung dann beim Aufwachen am Morgen einstellte — verbunden mit der vitalisierenden Gewißheit des Sieges. Alles Problematische hatte sich sozusagen ›über Nacht‹ geklärt und gelöst, der Erfolgsplan hatte sich zu einem lebendigen Ganzen kristallisiert, so daß Ford — wie unzählige andere vor und nach ihm — seinerseits die alte, auch in der Bibel ausgesprochene Erfahrung bestätigen konnte: »Den Seinen gibt's der Herr im Schlafe« — nämlich denen, die ihre Pläne und Wünsche beim Einschlafen allvertrauend der Weisheit der inneren Führung anheimstellen und sich von innen her beraten und leiten lassen, um so durch bewußte Verbindung der Planungstechnik mit der wegverkürzenden Erfolgsdynamik die Zielerreichung von innen und oben her zu sichern.

Lust wirkt Gelingen

Was läßt den Wettkämpfer durchhalten und siegen? Seine lustbetonte Zielkonzentration und Erfolgsbejahung. Und was läßt so viele im Lebenskampf vorzeitig aufgeben? Ihr Mangel an Zielsetzung und freudiger Zielannäherung.

Die Erfolgreichen haben nicht nur — wie der Wettläufer — ihr Ziel ständig vor Augen, sie haben sich darüber hinaus durch Selbstdynamisierung und innere Vorverwirklichung die Zielerreichung nach bester Möglichkeit gesichert. Sie haben um so weniger Anlaß, aufzugeben, weil sie laufend erfahren, was Shakespeare aussprach: »Lust verkürzt den Weg«, was der Volksmund bestätigt: »Lust und Liebe zu einem Ding macht alle Mühe und Arbeit gering«, und was die dynamische Psychologie unterstreicht: »*Lust wirkt Gelingen!*«

Sie verknüpfen Zielsetzung, rechtes Planen und Schaffen derart mit der gläubigen Siegbejahung, daß es für sie kein Zögern und kein Zurück gibt, sondern nur ein beständiges Vorwärts und Aufwärts. Während der Alltagsmensch — als ›Statiker‹ — sich oft schon durch Kleinigkeiten hemmen, durch Mißstimmung zum Zaudern und zagenden Stillstehen verleiten läßt, wird den Erfolgreichen — als ›Dynamikern‹ — alles zum Ansporn und Antrieb.

Sie blicken nicht zurück — es sei denn, um ihren Fortschritt zu ermessen. So sah es *Goethe:* »Eine tägliche Übersicht des Geleisteten und Erlebten macht erst, daß man seines Tuns gewahr und froh wird. Fehler und Irrtümer treten bei solcher *täglichen Buchführung* von selbst hervor« — und ebenso, was wichtiger ist, die großen Linien des Fortschritts und die Möglichkeiten weiteren Aufstiegs.

Wenn Goethe von ›täglicher Buchführung‹ spricht, meint er damit das, was viele Erfolgreiche ihr geheimes ›*Erfolgstagebuch*‹ nennen, das ihnen als Mittel täglichen positiven Rück-, Über- und Ausblicks, als Sporn dynamischen Fortschritts und als zusätzlicher Erfolghelfer beste Dienste leistet:

Das Erfolgstagebuch — dessen Anlegung den Vorwärtsstrebenden empfohlen wird — hilft einem, durch die tägliche schriftliche Festhaltung der erzielten Fortschritte, auch bei der Abgewöhnung von Fehlern und Schwächen, bei der Züchtung neuer positiver Wesenszüge und bei der Ansteuerung neuer Erfolge usw., das Gute, Vorwärtsweisende, Erfolgverbürgende laufend in den Mittelpunkt des Denkens, Wollens und Handelns zu rücken. Das hat zur Folge, daß fast unmerklich *neue psychische Automatismen und geistige Dynamismen* zu Charakterzügen entfaltet, zu Gewohnheiten herangebildet werden, die das Erfolgsvermögen allseitig unterbauen und erweitern.

Das Erfolgstagebuch wird so nicht nur — gemäß der Erfahrung, daß Erfolghaben neue Erfolge begründet — zu einer inspirierenden Chronik des inneren und äußeren Wachstums, ständigen Größer- und Reicherwerdens, sondern auch zum psychologisch zweckmäßigen Mittel zur Aktivierung neuer positiver Kräfte, zur Steigerung der geistigen Wachheit und Lebenstüchtigkeit, insgesamt also zur *Selbstdynamisierung*.

Letzteres auch deshalb, weil hierbei zum großen Schwungrad der Schaffensfreudigkeit, das die *Stetigkeit* des Vorankommens gewährleistet, als *beschleunigendes* Moment die Auslösung eines ständig anschwellenden Kraftstroms von innen her hinzukommt. Der Aufstieg der Erfolgreichen gleicht infolgedessen — graphisch dargestellt — oft der immer steileren Kurve des technischen Fortschritts, der von Jahrzehnt zu Jahrzehnt an Geschwindigkeit und Breite zunimmt, weil die Vereinigung der beiden stärksten positiven Impulse der Schaffenslust und der Erfolgsbejahung keine bloße Addition, sondern eine Multiplikation der Erfolgskräfte bewirkt.

So will Goethes Wort verstanden werden, daß »jeder sein eigenes Glück unter den Händen hat, wie der Künstler eine rohe Materie, die er zu seiner Gestalt ausbilden will. Aber es ist mit dieser Kunst wie mit allem: die Fähigkeit dazu ist uns angeboren, doch sie will gelernt und sorgfältig ausgeübt sein« — mit jener Lust, die das Gelingen verbürgt.

Überlegenheit des Erfolgs-Dynamikers

Die Erfolgsdynamik, die unser Denken, Planen, Streben und Wirken erst optimal schöpferisch macht, wird in dem Maße wirksam, in welchem wir vor und während des Schaffens zu zeitweiser Entspannung, Stille und Einkehr in uns selbst gelangen.

Ein Meister der Erfolgsdynamik, *Leonardo da Vinci*, der nicht nur ein großer Maler und Bildhauer, sondern auch ein überragender Mathematiker, Techniker und Ingenieur war und manche Erfindungen späterer Jahrhunderte genial vorausahnte und auf dem Papier vorkonstruierte, sagt darüber: »Ich habe das Gefühl, daß es von Vorteil ist, nachdem ich alle für die Gestaltung eines Werkes erforderlichen Maßnahmen, Umstände und Materialien zusammengetragen und durchdacht habe, im Dunkeln im Bett zu liegen, in der Stille die Einbildungskraft spielen und nun alle Formen, Erfahrungen und Umstände vor dem Geiste erstehen zu lassen«, damit sich der eigentliche Plan, das endgültige Arbeitsprogramm von innen her gestaltet.

Er berichtet, daß er, wenn er diesen Weg ging, gewöhnlich seine Probleme beim Aufwachen am Morgen gelöst fand. Dieser innere Reifeprozeß konnte erfolgbringend ablaufen, weil er im rechten Augenblick von der *Planungstechnik* auf die höhere Ebene der *Erfolgsdynamik* umschaltete: er überließ sich im Vertrauen auf die Führung und Hilfe von innen dem Strom der Eingebungen, dem Zug schöpferischen Denkens, und er verdankte dieser positiven Schaltung und Haltung die unabsehbare Fülle seiner einmaligen Leistungen und Schöpfungen.

Viele andere Große gingen, bewußt oder unbewußt, den gleichen Weg, den der Musiker *Haydn* schlicht so umschrieb: »Wenn es mit einer Arbeit nicht voranging, zog ich mich in die *Stille* zurück, bis mir die Idee kam« — die ersehnte Lösung, die befreiende Einsicht.

Auch von Wissenschaftlern und Erfindern liegen ähnliche Zeugnisse dafür vor, daß und wie sie ihre Planungen erfolgsdynamisch unterbauten, indem sie die Hirn-Arbeit durch Hingabe an die Inspirationen des Herzens, die Intuitionen des Geistes produktiv machten und durch Abkürzung des Weges vom Plan zum Ziel ihre Erfolge sicherten.

Das kann, in Einzelfällen, so weit gehen, daß der unmittelbare Weg zur Zielerreichung intuitiv erkannt und die Arbeit von innen her so planvoll und schöpferisch wurde, daß es war, als ob nicht nur der Mensch sich auf sein Ziel hin, sondern auch das Ziel sich auf ihn hin in Bewegung setzte und der Erfolg sich von selbst einstellte ...

... Aber nur auf der Stufe des *genialen Menschen*, der mit dem inneren Führer und Schicksalslenker so eins ist, daß im Grunde dieser anstelle des Ich handelt, macht die Erfolgsdynamik die Planungstechnik unnötig. Auf den anderen Stufen gilt es, beide miteinander zu verbinden.

Die meisten erreichen das durch Selbstentspannung und horchendes *Schweigen* in der Stille des Innern, andere, Fortgeschrittenere, durch die in tiefere Bezirke des Überbewußtseins hineinführende *Meditation*, wohl das bewährteste Mittel allseitiger Selbstdynamisierung: In ihr wird der Mensch seines inneren Wachstums und Reichtums zunehmend lebendiger bewußt. Der äußere Fortschritt und Erfolg folgt dann von selbst mit dem frohen Ja zu höheren Zielsetzungen. Bisher schlummernde Kräfte und Fähigkeiten erwachen, die wieder für die diesen Gaben entsprechenden neuen Aufgaben und Erfolgsmöglichkeiten aufgeschlossen machen.

Der Erfolgsdynamiker wartet nicht mehr auf günstige Gelegenheiten, sondern schafft sie. Er weiß, daß das Glück immer da ist, wo er ist, daß der Erfolg, wenn er Tatsache werden soll, eine Sache der Tat ist, daß er in jeder Lage zur Selbsthilfe bestimmt und fähig und seines Schicksals Schmied ist.

Und er erfährt, wie dem, der sich selber hilft, die Führung und Hilfe von innen zur Seite tritt und den eigentlichen Sinn des alten Wortes offenbart: »Hilf dir selbst, dann hilft dir Gott«, der Geist des Lebens, der will, daß seine Geschöpfe ihres eigenen schlummernden Schöpfertums bewußt und froh werden.

III. Stufe: Überwindung von Arbeitshemmungen

> »Wer mit dem Leben zurechtkommen will, muß eines von zwei Dingen tun; entweder muß er Gott ergreifen und festhalten lernen mitten in seiner Arbeit — oder er muß Welt und Werke lassen. Da nun der Mensch in dieser Welt nicht bestehen kann ohne Arbeit, muß er lernen, mitten in den Dingen und Werken seines Einsseins mit Gott gewiß zu sein und unbehindert durch Geschäft und Ort in diesem Gewißsein zu leben.« *Meister Eckehart*

Wie falsches, negatives Denken, Atmen und Verhalten sich im leibseelischen Organismus als Krankheit, im Leben in Behinderungen und Mißständen auswirkt, so auch in der *Arbeit* in Gestalt von Arbeitshemmungen und -erschwerungen.

Es leuchtet ein, daß die meisten Widerstände, die hier zu überwinden sind, nicht in der Arbeit, der Aufgabe, sondern primär im Denken, im Fehlverhalten des Schaffenden liegen und darum nur *von innen her* erfolgreich abstellbar sind.

In der Tat kann man seine Arbeit mit dem gleichen Kraftaufwand durch falsche gedankliche Schaltung und Wesenshaltung zu einer Last und durch rechte Einstellung zu einem Quell wachsender Beglückungen, Fortschritte und Erfolge machen.

Erfolgsdynamisch richtig arbeiten können wir nicht, solange psychische Fehlschaltungen und Hemmungen unser Schaffen belasten und lähmen, uns vorzeitig müde, unlustig und kraftlos machen. Es darf gar nicht erst dazu kommen, daß sie sich in uns einnisten und breitmachen; denn wenn wir ihnen nachgeben, treten sie jedesmal stärker auf, und ihre Überwindung wird dann schwerer.

Es ist bei solchen Selbsthemmungen wie mit den *Brennnesseln:* Greifen wir zaghaft zu, brennen sie uns; packen wir sie hingegen mit festem Griff, dann brechen die starren Spitzen der Brennhaare ab und der Giftstoff kann nicht mehr in die Haut eindringen. Aus dem gleichen Grunde gehen wir *Hemmungen* nicht ängstlich aus dem Wege, sondern überwinden sie mit mutigem Zugriff durch positive Gedankenschaltungen und Haltungen. Wir entwurzeln dadurch die den Mißgefühlen, Arbeitshemmungen, Minderwertigkeitsgefühlen und Mißerfolgen zugrundeliegenden negativen Tendenzen und leiten die durch sie fehlgeschalteten Energien in positive Leistungsbahnen.

Viele negative Tendenzen und Arbeitshemmungen haben infolge ihrer Gefühlsbetontheit tief ins Unbewußte hinabreichende Wurzeln. Sie sind zumeist in der Kindheit und Jugend, in der das Gefühl noch das Denken überwiegt und beherrscht, durch falsche Erziehung seitens der Eltern und Lehrer, durch wiederholte negative Suggestionen wie »Dies kannst du nicht, dazu bist du zu dumm, zu ungeschickt; aus dir wird nichts, du bist ein Nichtskönner, ein Schwächling, ein Versager«, zum Teil so tief ins Unterbewußtsein eingepflanzt, daß die dadurch Gehemmten sich selbst unterschätzen, die anderen überschätzen, manchmal lebenslänglich an Unwertgefühlen leiden und es darum zu nichts bringen . . .

In Wirklichkeit braucht aber niemand zu verzagen und zu versagen. Er kann sich selber helfen! Es gibt kaum eine Wesens- und Arbeitshemmung, die nicht durch Erhellung ihres Ursprungs, durch Aufdeckung ihrer Wurzeln, durch Erkenntnis ihrer Grundlosigkeit und — noch leichter — durch Wegsehen und bewußte Hinwendung zu unentwegter positiver Selbst-, Kraft- und Glück-Bejahung überwunden und beseitigt werden kann.

Dazu werden im weiteren bewährte Handhaben und Selbsthilfen vermittelt, die dem, der sie sich dienen läßt, bewußt machen, daß seine Ängste und Sorgen unbegründet waren, daß nichts so zu bleiben braucht, wie es ist, weil alles von innen her geändert, gewandelt, schöner, besser, vollkommener werden kann.

Die Kraft zu dieser Wandlung liegt in jedem von uns, und die Methoden rechter Selbstermutigung und Selbstdynamisierung stehen uns jederzeit zur Verfügung. Wir brauchen nur mutig nach vorn, nach oben zu blicken und zu schreiten, um beglückt zu erfahren, wie unser Lebensweg zunehmend aufwärts führt zu wachsender Kraft, Freiheit und Fülle.

Arbeitsunlust

Wenn hier Mittel und Wege zur Überwindung der verschiedenen Arbeitshemmungen dargeboten werden, dann durchweg auf Grund mannigfacher Erfahrung und Erprobung im Rahmen jahrzehntelanger Lebens- und Erfolgsberatung und mit dem Ziel der Hinlenkung des Blicks des Vorwärtsstrebenden auf das Positive und auf die Tatsache, daß, was anderen half, auch ihm gute Dienste bei der Selbsthilfe und Selbstdynamisierung leisten wird.

Jeder hat schon erfahren, wie rasch Gefühle der Spannung zwischen ihm und einer Arbeit die Schaffenskraft blockieren, wie die *Arbeitsunlust* zu wachsender Selbstbelastung und Selbstquälerei führt. Wer lustlos oder widerwillig schafft, schadet sich laufend selbst:

Jede Bewegung wird durch die darangehängte Gewichte negativer Gedanken und Empfindungen behindert, erschwert, verlangsamt; Muskeln werden gespannt und verkrampft, die sonst ruhen. Gehirn- und Nervenkraft wird durch Fehlschaltungen unnütz vertan. Die zur Arbeitsmeisterung benötigte Schwungkraft und Energie nimmt ab; man braucht infolgedessen mehr Zeit und leistet dennoch weniger. Und zu alledem zieht man noch das an, was man an Negativem in die Arbeit hineindenkt, weil man Schwingungen auslöst, deren Resonanzen in Gestalt äußerer Hindernisse ihrerseits auf den Arbeitsgang hemmend einwirken.

Nun mag einer einwenden, mit Lust und Liebe zu arbeiten, lohne nicht, weil er dafür nicht bezahlt werde. Das ist falsch gedacht, weil primär *er selbst* und erst sekundär das Unternehmen, in dem er arbeitet, dadurch benachteiligt wird. Erkennt er diesen ursächlichen Zusammenhang und schaltet er auf *mehr Lust* um, dann ist die Folge leichteres Schaffen und besseres Gelingen, und die Mehrleistung prädestiniert ihn für bessere Stellung und Bezahlung, wenn nicht am jetzigen, dann an einem anderen, besseren Arbeitsplatz.

Dem, der so schaltet, geht auf, was den Erfolgreichen selbstverständlich ist: daß es unweise ist, aus Unlust schlechte, unzureichende, ärmliche Arbeit zu leisten, da die Gesinnung der Ärmlichkeit allmählich das ganze Wesen erfüllt und herabzieht und sich im weiteren in Beruf und Leben glückmindernd auswirkt.

In Wirklichkeit können wir es uns nicht leisten, unlustig, unwillig und schlecht zu arbeiten, weil diese Haltung sich zwangsläufig in unseren Verhältnissen auswirkt, auf sie abfärbt, auch wenn das erst nach Jahren — dann aber um so unerbittlicher — in Erscheinung tritt. Weiser handelt, wer hier bewußt von Unlust auf Lust umschaltet, auf die Beschwingtheit froher Selbstbejahung und Schaffensfreude, und sich entscheidet:

»*Ich leiste meine Arbeit täglich besser und mit wachsender Konzentration und Hingabe, weil ich weiß, daß jedes recht vollbrachte Werk meine Erfolgskraft und -würdigkeit erhöht und mich vorwärts und aufwärts trägt! Ich schaffe mit Freude, weil Lust Gelingen wirkt!*«

Diesen Prozeß können wir dadurch fördern, daß wir bewußt jede Arbeit, auch die geringste, grundsätzlich als wertvoll und erfolgträchtig bejahen und als Bürgen weiteren Aufstiegs werten. Keine Arbeit entbehrt uns — außer, wenn Ichsucht und Habgier die einzigen Triebfedern des Handelns sind. Keine Arbeit ist geringer als die andere — außer, wenn wir sie durch falsches Denken und Werten dazu erniedrigen.

Immer bestimmt unsere *innere Haltung* Gesicht und Gewicht, Wert, Würde und Wirkung unserer Arbeit. So ist jede Arbeit das, was wir aus ihr machen; und das niedrigste Werk, mit Lust und Liebe getan, kann uns zu höchster Vollendung führen.

Wer sich selbst einer Arbeit wegen, die er tun muß, bedauert, erniedrigt und schadet sich selbst, weil er sich eben dadurch die Kraft raubt, sie überlegen zu meistern. Wandelt er hingegen das leidige ›Ich muß‹ in ein lustbetontes ›Ich *will es* und schaffe es!‹, dann entfesselt die Lust die Kraft, das so geadelte Werk erfolgreich zu vollenden. Und dann stellen sich von selbst neue, bessere Möglichkeiten der Selbstbewährung und Kräftemehrung ein, weil die innere Führung ihn dann bereitwillig auf den besseren Platz gelangen läßt, auf dem er zeigen kann, ob er des größeren Glückes würdig ist.

Nicht anfangen können

»Glücklich ist, wer vergißt, daß die Arbeit dringlich ist«, sagen jene gern, die ihr Handeln auf das ›Morgen‹ abgestimmt haben, weil sie die Schäden nicht sehen, die sich als Folge dieser Fehlhaltung in ihrem Wesen festsetzen. Meist entdecken sie zu spät, daß die Gewohnheit des ›Nichtanfangen-Könnens‹ mit der Zeit auch den stärksten Mann in einen Schwächling verwandelt.

Es ist unser Vorteil, wenn wir der freundlichen Aufforderung Rückerts folgen: »Sag' nicht heute: *morgen* will dieses oder das ich tun! Schweige doch bis morgen still; sage dann: Dies *tat* ich nun!«

Mancher kommt hier mit der Entschuldigung, daß ihm die Arbeit im Augenblick ›nicht liege‹. Auch das zeigt, wie unweise und unökonomisch seine Einstellung zum Schaffen noch ist. Denn eben diese Haltung raubt ihm ja die Kraft, die Arbeit mühelos zu bewältigen. Der bloße Gedanke: »Die Arbeit liegt mir nicht« weckt im Unterbewußtsein als erstes Empfindungen der Unlust und des Unvermögens, als zweites Erinnerungen an frühere Versager, die noch mehr Kraft blockieren, bis schließlich das Gefühl der Unfähigkeit, die Arbeit zu leisten, sich wie ein Sargdeckel über einem schließt.

In Wirklichkeit liegt das Unvermögen lediglich in der falschen Haltung. Schalten wir nämlich statt auf das Mißgefühl des ›Nichtanfangenkönnens‹ auf die Bejahung um: »*Nun gerade! Kleinigkeit, diese Arbeit zu leisten! Darum erledige ich sie jetzt!*«, dann rufen wir mit den positiven Gedankengeistern automatisch die Schaffensfreude und die *Kraft* wach, die die Arbeit leicht und erfolgreich machen!

Psychodynamisch richtig handeln wir, wenn wir im Gewißsein, daß es keine Aufgabe gibt, die wir nicht zu meistern vermögen, jede Arbeit bereitwillig in dem Augenblick anpacken, in dem sie sich uns stellt, um unsere Anstelligkeit, Geschicktheit und Tüchtigkeit zu erproben. Je bereitwilliger wir einfach anfangen, desto eher wird uns die Wahrheit des Dichterwortes bewußt: »*Wolle* nur, was du sollst, dann *kannst* du, was du willst!«

Sagen wir darum nie »Ich kann nicht«; denn jedes ›Nicht‹ mindert die Kraft, etwas zu vollbringen. Viel Elend in der Welt kommt von diesem »Ich kann nicht«, das in Wirklichkeit entweder »Ich mag nicht« heißt, also auf Unlustgefühle zurückgeht, oder: »Ich traue mir die Kraft nicht zu«, also aus Minderwertigkeitsgefühlen entspringt, die genau so unbegründet sind.

Bejahen wir statt dessen immer, wenn ein Gefühl des ›Nichtanfangenkönnens‹ in uns aufquillt, sogleich selbstbewußt und entschieden: »Ich kann!« Denn tausendfache Erfahrung lehrt: Wer *denkt*, er kann, *der kann!* Aus der Vorstellung und Bejahung, etwas zu können, erfließt das Vermögen und die Kraft dazu.

Um diese Gewißheit und Siegüberzeugtheit immer fester im Bewußtsein und Unterbewußtsein zu verankern, tun wir gut, das psychodynamische Erfolgsmotto »Wer denkt, er kann, der kann!« auf Kärtchen zu schreiben, die wir in Brief- und Jackentaschen mit herumtragen, und über unserem Schreibtisch, in Werkstatt und Arbeitszimmer sichtbar anzubringen, um diese kraftweckende Wahrheit durch ständige Erinnerung und Wiederholung nach und nach in eine Denk- und Tat-Gewohnheit zu verwandeln.

Wenn wir uns auf solche und ähnliche Weisen immer wieder auf unser *Können* besinnen, werden wir für Mißgefühle des Nichtvermögens und Nichtanfangenkönnens ständig unempfindlicher und unzugänglicher, weil diese negativen Tendenzen nur solange lebensfähig sind, als sie durch unser Darandenken genährt werden.

Richten wir die Mundwinkel bewußt aufwärts und lächeln wir eine lästige Arbeit mit dem Gedanken an: »*Ich kann, denn ich bin immer auf dem Damm und bereit, alles zu meistern!*« dann wächst mit der Bejahung die Kraft und mit ihr die Leistung, und jedes vollbrachte Werk aktiviert zusätzliche Kräfte. Am Ende zeigt sich, daß der Arbeitsberg, vor dem wir früher zurückscheuten, nur ein Hügel ist, der nun erledigt hinter uns liegt.

Tote Punkte beim Schaffen

Zu den ebenso einfachen wie erfolgverbürgenden psychodynamischen Selbsthilfen gehört das *Handeln, als ob* man könnte. Es ist erstaunlich, wie leicht man oft tote Punkte beim Schaffen überwindet und lästige oder langweilige Arbeit dadurch meistert, daß man sich so verhält und handelt, als ob man Herr seiner selbst und seines Lebens sei und über die jeweils benötigten Kräfte und Fähigkeiten verfüge.

Zweierlei wird dabei deutlich: 1. der durch die Tatsache der leib-seelischen Wechselwirkung bedingte Umstand, daß *positive Gedankenimpulse* Körperhaltung, Befinden und Leistungseinsatz von innen her verbessern und ebenso umgekehrt die Einnahme einer *überlegenen Haltung* entsprechend positive Gedanken- und Wirkkräfte mobilisiert, 2. die Tatsache, daß jede Änderung der Selbstwertung und Lebenshaltung in Richtung *aktiver Bejahung* des Könnens die für den Erfolg erforderlichen Fähigkeiten auf den Plan ruft.

Natürlich waren diese Kräfte und Vermögen auch schon vorher da, nur waren sie durch unpsychologische, negative Einstellung gegenüber den Arbeits- und Lebensschwierigkeiten gehemmt oder blockiert. Sie wurden erst durch das ›Tun, als ob‹ aus der Erstarrung erlöst und zu schöpferischem Wirken auf die bejahte Leistung hin veranlaßt.

In der Tat kann, wer sich beim Schaffen an einem *toten Punkt* sieht, nicht weiter weiß und den Mut schwinden fühlt, den Bann des Nichtkönnens brechen, indem er dem Beispiel des *Gebirgsbachs* folgt: wie dieser sich durch ein Hindernis nicht in seinem Lauf aufhalten läßt, sondern es umspielt und umspült, mit wachsender Wucht lockert und schließlich wegschwemmt, so gilt es, sich ungeachtet der Mißgefühle so zu verhalten und zu *handeln, als ob* man könne, und gelassen weiterzuschreiten . . .

Sowie er nämlich, statt vor einem toten Punkt grübelnd, zweifelnd und zagend stillzustehen, einfach weiterschreitet mit der Einstellung, als ob es leicht sei und als ob es hier nur *eine* Möglichkeit gäbe, nämlich die, *vorwärts* zu schreiten und Erfolg zu haben, wird er entdecken, wie ihm aus dem Tun, als ob die entsprechenden Vermögen und Kräfte zuwachsen, die die Überwindung des toten Punkts in der Tat leicht machen.

Durch gelassenes ›Tun, als ob‹ kann man — und wer vermöchte das nicht! — Energiefehlleitungen, Selbstblockierungen und Leistungshemmungen abschalten, so daß bislang gestaute Kräfte und Fähigkeiten sich lösen, sich betätigen und ihre Überlegenheit erweisen. Wer das einmal erfahren hat, wird diese Methode bewußter Kraftschaltung und Leistungsaktivierung künftig nicht nur bei toten Punkten, sondern auch sonst im Leben und Beruf mit Gewinn anwenden.

Durch dieses neue Verhalten wird das angstgeborene lähmende Gefühl der Ohnmacht und der Stillstand aus Schwäche und Unvermögen von innen her aufgehoben und zugleich den durch die Stauung akkumulierten und nun wieder frei fließenden Energien ein positives Strombett geschaffen. Das Schwungrad inneren Schöpfertums und Leistungswillens wird angekurbelt und reißt uns durch seinen zunehmenden Schwung spielend über die toten Punkte hinweg vorwärts und aufwärts.

Der so erreichte neue Schwung und die dadurch entfesselte Bewegungsenergie wird dabei erfahrungsgemäß so wirkstark, daß nicht nur momentane Gehemmtheiten und Schwierigkeiten überwunden werden, sondern zusätzliche Kraftreserven aktiviert werden mit der Folge, daß man sich nach der erfolgten Umstellung zu besonderen Leistungen aufgelegt fühlt, sich vom Drang nach vorn und Zug nach oben mitreißen läßt und spürt, wie »der Mensch mit seinen höheren Zwecken, seinen erweiterten Zielsetzungen wächst« — und mit diesen die Freude am Werk und die Kraft des Vollbringens und Gelingens. Das ist besonders dort beglückend, wo einer bisher unter der Last oder ›Sklaverei der Arbeit‹ litt.

Arbeits-Sklaverei

Leben heißt arbeiten, heißt in schöpferischem Tätigsein fortschreitend sich selbst verwirklichen und zugleich zu zunehmend beglückender Sinnerfüllung des Lebens gelangen.

Niemand ist dazu verdammt, wie ein Sklave zu fronen, bis er wie ein abgearbeiteter Ackergaul im Geschirr zusammenbricht. Wo immer einer seine Arbeit haßt wie ein Leibeigener Kette und Peitsche, wo einer noch nach *Befreiung von der Sklaverei der Arbeit* verlangt, muß er, um das zu erreichen, zuerst und vor allem erkennen, daß er sich selbst zum Sklaven erniedrigte und *sich selbst* befreien muß — und kann.

Dazu wieder muß er eine Illusion zerstören, die die meisten vom Selbsttun abhält — nämlich die, daß Sklaverei, Elend und Not des Einzelnen und der Masse durch Gesetze, Parteien oder Systeme wirksam überwunden werden. Die Wandlung und Freiwerdung kommt nicht von außen, sondern von innen. Sie ist, wie alle bisherige Erfahrung zeigt, nicht durch kollektive äußere Bemühungen und Umwälzungen, von der Masse her, erreichbar, sondern nur durch die *Revolution des Denkens und Handelns des Einzelnen* im Sinne einer Umschaltung vom Negativen zum Positiven, durch die Wandlung der Gesinnung.

Nur dadurch wird er wirklich frei. Nur *dynamische Selbsthilfe* macht ihn aus einem Sklaven zum Herrn seines Schaffens und zum Meister des Lebens.

Solange einer im Herzen wie ein Bettler empfindet: »Die Vergangenheit hat mich betrogen, die Gegenwart quält mich und die Zukunft schreckt mich!«, kann er nicht frei werden. Er bleibt solange widerwilliger Sklave der Arbeit und hält sich selbst in unzulänglichen Verhältnissen fest, als er an sie glaubt und sich durch Mißgefühle des Unvermögens selbst die Kraft zum Aufstieg raubt.

. . . Aber er bleibt nur solange schwach, als er seine Ohnmacht falschdenkend beklagt. Sowie er, richtig denkend, seine latente Kraft und sein schlummerndes Schöpfertum zu entfalten lernt, wird er frei und sein Aufstieg zu den Höhen des Daseins wird unaufhaltsam.

Es ist für keinen zu spät, sich und sein Leben von Grund auf zu erneuern, neue Wege einzuschlagen, neuen Idealen, Zielen und Erfolgen zuzustreben. »Man kann viel, wenn man sich viel zutraut.« Man macht sein Schaffen fruchtbar in dem Maße, wie man seine Arbeit als Ausdruck eigenen Wollens bejaht und liebt. Auch der Geringste ist so wertvoll und vermögend wie die Größten und Reichsten. Ob er die Straße kehrt, hinter dem Schraubstock steht oder ein Kunstwerk schafft — immer ist er, wenn er es bejaht, ein Schöpfer, immer adelt er sich selbst durch sein Werk.

Lassen wir uns darum nicht länger von Gefühlen des Unwerts und Unvermögens bedrücken und hemmen, mit denen man uns von Kindesbeinen an reichlich gefüttert und angefüllt hat! Nehmen wir nichts mehr so hin, als ob es so sein und bleiben müsse! Hören wir auf, uns mit unserem Los abzufinden, und machen wir uns bewußt, daß alles gewandelt, gebessert, vervollkommnet werden kann!

Fort mit allen negativen, pessimistischen, selbstunterschätzenden, niederziehenden Gedanken und Gefühlen — auch gegenüber unserer täglichen Arbeit! Heraus aus der eingebildeten Mittelmäßigkeit oder Sklaverei! Bejahen, füh-

len und verhalten wir uns hinfort als die freien Menschen, die wir sind, als Schaffende, das heißt, als Werteschaffer!

Sowie wir nicht mehr als ›Zweitklassige‹, sondern als Erstklassige, als Könner, fühlen und handeln, werden wir auch erstklassige Erfolge davontragen.

Und machen wir nie mehr andere, die Umwelt oder irgendwelche Umstände für empfundene Mängel oder Mißgeschicke und Nöte verantwortlich, sondern erkennen und entscheiden wir, daß es bei *uns* liegt, ob wir weiter unten bleiben oder aufsteigen. Nur die lastenden Gewichte negativen Denkens und Verhaltens hielten uns unten; mit der Umschaltung auf positives Denken und bewußte Selbstdynamisierung beginnt der Aufstieg. Von da an bestimmen wir immer spürbarer *selbst* unser Los. Und wie wir bisher die primären Ursacher und Auslöser unserer Leiden waren, werden wir nun zu bewußten Schmieden unseres künftigen Glücks.

Arbeits-Besessenheit

Kein Leben ohne Arbeit! Sowie einer geistig nicht mehr rege, körperlich nicht mehr tätig ist, unterbindet er die durch rechtes Wirken bewirkte Erneuerung der Kräfte und leitet so mit der Scheidung von den Schaffenden allmählich sein Ausscheiden und Hinscheiden ein.

Das werde nicht mißverstanden: Daß wir ohne Arbeit nicht leben können, bedeutet nicht, daß wir uns von früh bis spät in wachsender Spannung und Hast pausenlos bis zur Erschöpfung mühen und abquälen. *Solche Arbeitsbesessenheit ist nur eine feinere, aber nicht minder abträgliche Form der Arbeitssklaverei.*

Wer die Arbeit zu seinem Götzen macht, sie übertreibt, sich an sie verliert, sich von ihr bestimmen läßt, statt ihren

Umfang und Ablauf, Tempo und Rhythmus selbst zu bestimmen, der macht sich zu einem Knecht statt zum Herrn der Arbeit. Besonders geistige Arbeiter geraten leicht in den Strudel und Sog der Arbeitsbesessenheit. Andere sind vor sich selbst oder vor dem Leben, vor Problemen, leidigen Situationen oder Nöten aus Ratlosigkeit in die Rastlosigkeit des Schaffens geflüchtet — und erkennen nicht oder entdecken zu spät, daß sie aus der freien Bahn selbstverwirklichenden Schaffens in die Sackgasse selbstverkrampfender unfreiwilliger Sklaverei geraten sind . . .

. . . Bald finden sie keine Befriedigung und Ruhe mehr außer in ihrer Arbeit. Wirkliche Entspannung und Erholung gelingt ihnen kaum noch. Sie sind ständig ›unter Dampf‹, unter Druck und gelangen infolge der permanenten Arbeitsspannung, des pausenlosen konzentrierten ›*Eingespanntseins*‹ (das mit freier Entladung, Auswirkung und Spannkrafterneuerung nichts mehr zu tun hat) zur *Überspannung*. Diese wieder äußert sich dadurch, daß sie zunehmend von Perioden der *Übermüdung*, der Dekonzentration und der Teilnahmslosigkeit unterbrochen wird, bis es schließlich zur ›Kesselexplosion‹ kommt, zu einem nervösen Zusammenbruch, der die Rastlosigkeit in Leerlauf versickern und enden läßt.

Frage einen Arbeitsbesessenen, warum und wozu er front. Er weiß es nicht. Nur der Freie weiß, warum und wofür er schafft, und freut sich dessen. Der Besessene spricht vielleicht von dem *Pflichtbewußtsein*, das ihn leite (und ihn in Wirklichkeit stärker antreibt als einst die Peitsche den Sklaven). Er erkennt nicht, daß Pflicht *freie Selbstverpflichtung* ist in Erfüllung der inneren Berufung, das vom frohen Gefühl der *Beipflichtung der inneren Führung* begleitet ist und das Wirken glückbringend macht.

Sein Wirken ist nicht mehr freies Schaffen, sondern Selbsttrug und Rausch. Was er in diesem Rausch erlebt, ist keine Selbstverwirklichung, sondern das Scheinglück des Süchtigen. Seine Haltung birgt die gleiche Gefahr für sein Menschsein und Menschentum wie andere Rauschmittel, weil sie die Selbstbesinnung und Selbstgewinnung, den Selbstbesitz im Rhythmus des Lebens und Schaffens verhindert.

Um den natürlichen Rhythmus des Lebens und Schaffens wiederherzustellen, sind als erstes *Entspannung und Abstandgewinnung* nötig. Ihnen folgt die Besinnung auf sich selbst, auf den Sinn des Lebens und auf das der inneren Neigung und Eignung entsprechende Ziel des Schaffens. Daran schließt sich die ebenso freie wie frohe Hinwendung auf das als wesensgemäß erkannte Ziel — im Gewißsein, daß Glück, Zufriedenheit und Erfolg von da an die freundlichen Begleiter seines Schaffens sind.

Das meinte *Feuchtersleben:* »Was einer als sein eigentliches Lebensziel erkannt hat, wonach er recht mit allen Kräften strebt, das wird ihm. Denn seine Sehnsucht ist nur der Ausdruck dessen, was seinem Wesen gemäß und erreichbar ist.«

Wer aus diesem Gewißsein heraus sein Leben und Wirken weise plant und programmiert, der wird bei allen Zielsetzungen den gesunden Wechsel der Zeiten frohen Schaffens mit solchen der Entspannung, fruchtbaren Ruhe und Erholung einplanen und einhalten und so Überspannung, Verkrampfung und vorzeitige Übermüdung von vornherein ausschalten und fernhalten.

Entmüdung durch Entspannung

Wo *Müdigkeit* lähmend und leistungsmindernd wirkt, ist dies eine Folge negativer Gefühle des Abmühens, der Mühsal, oder Abspannung infolge Übertreibung.

An sich ist die Ermüdung eine Schutzvorrichtung des leib-seelischen Organismus: ein Haltsignal der geistigen Steuerung für den Willen, die seelischen Antriebskräfte und den Nerven- und Muskelapparat, sobald der Energieverbrauch den Kraftzustrom übersteigt. Sie äußert sich durch Nachlassen der geistigen Wachheit und Kraftbewußtheit, der Konzentration, Angeregtheit und Arbeitsfreudigkeit. Sie will uns veranlassen, von der Arbeitsspannung auf der Kräfteneuschöpfung dienende *Entspannung*, auf schöpferische Pausen, auf Erholung umzuschalten.

Geschieht das nicht, dann wird aus Spannung *Überspannung*, die zum plötzlichen Abfall der Arbeitslust, zu Arbeitshemmungen, zu Mißgefühlen der Zerschlagenheit, der Kraftlosigkeit, des Unvermögens führt.

Bei *negativer* Einstellung und Gemütsstimmung, nach Enttäuschungen, bei Sorgen und Depressionen tritt dieses Schwinden der Frische und Leistungskraft um so früher ein. Bei *positiver* Geisteshaltung und Gestimmtheit hingegen nimmt die Ermüdbarkeit ab — und die *Entmüdung durch Entspannung* wird dann von selbst rechtzeitig vorgenommen.

Zwei Menschen mit gleicher Arbeit und Muskelkraft können ganz verschiedene Ermüdungszeiten und -erscheinungen aufweisen, weil das Ermüden primär nicht Folge der Anhäufung von ›Ermüdungsstoffen‹ in den Muskeln, sondern Auswirkung der das Schaffen begleitenden *negativen Gedanken* ist. Da die eigentlichen Ursachen des Ermüdens im seelisch-geistigen Bereich liegen, ist die Entmüdung letztlich ein Problem rechter Gedankenschaltung.

Jeder kann durch eigene Versuche feststellen, daß Gehirn, Nerven und Muskeln praktisch fast unermüdbar sind, wenn man a) ihr Leistungsvermögen nicht durch negatives Denken blockiert und b) von ihnen keine unangemessenen Leistungen verlangt. Recht beansprucht, beantworten sie erhöhte Arbeitsanforderungen mit gesteigerter Leistung, nicht mit Erschöpfung.

Die zu vorzeitiger Ermüdung führenden psychischen Faktoren sind neben falscher Einstellung zur Arbeit Angstgefühle, Unzufriedenheit, Sorgen und andere negative Schaltungen und Haltungen. Schon der bloße Gedanke des Müdewerdens löst Ermüdungserscheinungen aus. Die Vorstellung, daß man den Arm kaum noch heben könnte, macht den Arm blei-schwer.

Die Müdigkeit wird überwältigend, sobald man sie fürchtet, während sie schwindet, sowie man seine Gedanken auf etwas anderes konzentriert, auf eine erwartete Freude, oder auf eine andere Tätigkeit umschaltet oder gar einfach auf *Entspannung und Erholung* umstellt, die Plutarch mit Recht die Würze der Arbeit nennt.

Diese Umschaltung von Negativem, Bedrückendem, Ermüdendem, Quälendem auf Positives, Lustbetontes, Beglückendes wirkt oft unmittelbar *entmüdend* und kräfteaktivierend. So erklärt es sich, daß man eine Arbeit, die einen interessiert, befriedigt, beglückt, Tag für Tag 10, 12 und mehr Stunden hindurch unermüdlich leisten kann, die bei negativer Gestimmtheit schon nach wenigen Stunden wegen der wachsenden Mißgefühle der Anstrengung und Überarbeitung abgebrochen wird und zudem noch von der Angst vor beruflichen und wirtschaftlichen Folgen des vermeintlichen Kräfteschwunds und Versagens gefolgt und schließlich unbewußt mit psychosomatischen Ausfall- und Krankheitserscheinungen beantwortet wird ...

All das vermeiden wir, wenn wir nicht nur unsere Arbeit, sondern zuerst und vor allem uns selbst, unser Denken und Fühlen rationalisieren und dynamisieren und Störungen des Arbeitsrhythmus, des Wechsels von Spannung und Entspannung durch regelmäßige Entspannungsübungen von vornherein ausschalten. Entspannung, die durch Übung zur Gewohnheit wird, bewirkt gleichmäßigen Kraftnachstrom von innen her und wachsende Arbeits- und Leistungskraft bei abnehmender Ermüdbarkeit.

Mißstimmungen

Die Grenze der Arbeitsausdauer und Leistungskraft liegt bei jedem Menschen weit höher, als er ahnt. Sie rückt, wie jeder aus Erfahrung weiß oder durch Selbstversuche feststellen kann, *näher*, wenn das Schaffen von negativen Gedanken und *Mißstimmungen* begleitet wird, hingegen *ferner*, wenn man bewußt auf ›Positiv‹ schaltet und damit das Potential des Wesenskraftfeldes erhöht.

So mancher klagt über jene ›grauen Tage, an denen die innere Sonne sich hinter düsteren Wolken verbirgt‹, an denen man sich zu nichts aufgelegt fühlt, weil Mißstimmungen das Gemüt verdunkeln und scheinbar alle Kräfte entzweit und alle Fähigkeiten blockiert haben ... Es sind Tage, an denen sich alles gegen einen verschworen zu haben scheint und selbst die kleinen Dinge einen tückisch stolpern lassen.

Gehen wir solchen Arbeitshemmungen und Mißständen auf den Grund, dann entdecken wir, daß sie den Menschen in Wirklichkeit immer nur soweit beeinflussen, bestimmen, beherrschen und peinigen können, als er ihnen durch sein Mißgestimmtsein, also durch negatives Denken, Macht über sich gab. Und dieser Einfluß wird erfahrungsgemäß um so quälender und unüberwindlicher, je heftiger man sich dagegen sträubt und zur Abwehr verleiten läßt ...

Beachtet man hingegen die psychodynamischen Gesetzmäßigkeiten und die Grundregel: Erst innen, dann außen!, und schaltet man demgemäß statt auf Abwehr auf Entspannung und positives Denken um, begleitet von der Bejahung der eigenen Kraft und Überlegenheit, dann lösen sich die inneren Nebelwolken von selbst auf, und mit dem Wiedererscheinen der inneren Sonne wächst die seelische Heiterkeit, die Wiederaufladung mit schöpferischer Energie und die Gelassenheit gegenüber den Dingen und Aufgaben des Lebens und Berufs.

Oft kann diese Umschaltung auch von der körperlichen Seite her durch das schon erwähnte ›*Tun, als ob*‹, bewirkt werden: Wenn wir eine Ärgerspannung oder Mißlaune durch bewußte Aufwärtsrichtung der Mundwinkel beantworten, sie sozusagen anlächeln, verwandeln wir die innere Finsternis und Disharmonie in sonnige Helle und die Plagegeister negativer Gedanken in hilfsbereite Heinzelmännchen mit der Wirkung, daß uns alles leichter von der Hand geht und wir uns nicht mehr als mühselig Fronende, sondern als froh-schaffende Herren der Arbeit fühlen.

Immer wieder sollten wir uns bewußt machen, daß wir mit jedem negativen Gedanken des Ärgers, des Mißmuts, des Widerwillens, der Sorge Willen und Muskeln statt zu schöpferischer Spannung und Leistung zur Überspannung und Verkrampfung fehl-schalten, wobei der Kraftverlust durch Leerlauf vorzeitige Abspannung, Übermüdung und Unvermögen bewirkt.

Und je mehr wir uns dann noch ängstlich belauern und sorgen, desto erschöpfter werden wir und desto mehr Arbeitshemmungen und Leistungsausfälle stellen sich ein.

Dem begegnen wir, indem wir bei jedem Auftauchen von Mißstimmungen bei der Arbeit sogleich bewußt auf Entspannung und anschließende *Bejahung* umschalten:

»*Meine Arbeit macht mir Freude! Sie ist interessant und*

leicht. Ich erledige sie mit Lust und Liebe, Konzentration und Ausdauer und mit der frohen Gewißheit ständigen Fortschritts. Dieses Werk wird mein bestes! Es führt zum Erfolg!«

Mit jeder derartigen Bejahung nimmt die Anfälligkeit für Mißstimmungen und Fehlhaltungen ab und die Schaffensfreude und Konzentration, die Exaktheit, Zielgerichtetheit und Erfolgskraft der Arbeitsleistungen zu. Und im gleichen Maße, in dem sich die Ermüdungsgrenze hinausschiebt, gewahren wir in jedem neuen Werk eine Gelegenheit, unsere wachsende Leistungskraft und Tüchtigkeit zu bewähren und zu beweisen.

Schließlich fühlen wir uns fähig, jede Aufgabe zu meistern, die wir selbstvertrauend, wohlgestimmt und siegüberzeugt in Angriff nehmen. Zugleich entdecken wir nach jedem recht vollbrachten Werk statt einer Abnahme beglückt eine Zunahme unserer schöpferischen Leistungs- und Erfolgskraft.

Positive Selbstumstimmung

Für die positive Selbstumstimmung und produktive Selbstdynamisierung kann, wie *Schelling* klarstellt, »das wahre System nicht *erfunden* werden; es kann nur als ein, im göttlichen Verstand, bereits Vorhandenes *gefunden* werden«. Weil jeder Mensch seinem Wesen wie seinen Gaben nach ein Einmaliger ist, muß jeder sein *eigenes System* finden. Eben diesem Finden des eigenen Weges wollen die hier vermittelten Anregungen dienen.

Wenn es an der ›rechten Stimmung‹ für eine zu leistende Arbeit fehlt, ist das Nächstliegende die Umschaltung vom Grübeln und vergeblichen Mühen auf die *Entspannung* von Körper und Gedanken, die anschließende Einsenkung in die

Stille und die schweigende Hingabe an die Hilfe von innen. Nach einigen Augenblicken werden dem gelassen Einwärtslauschenden dann befreiende Einsichten oder produktive Impulse der inneren Führung bewußt, und mit ihnen stellt sich die *positive Gestimmtheit* ein und das Gefühl, die Aufgabe nun erfolgreich lösen zu können.

Eine andere Form der Selbsthilfe besteht darin, daß man nach erfolgter Entspannung von Körper und Gedanken Papier und Bleistift zur Hand nimmt und durch *absichtsloses Zeichnen*, wie man es unwillkürlich beim Telefonieren oder bei Sitzungen macht, auf die Mitwirkung des Unbewußten umschaltet. Nach ein paar Minuten zweckfreien Malens gelingt es dann, das aktiv gewordene Unterbewußtsein auf die zu leistende Arbeit hinzulenken mit der Wirkung, daß sich der befreiende Einfall und mit ihm die produktive Stimmung einstellt.

Statt absichtslos zu zeichnen, kann man auch alles, was in der Entspannung in einem nach Ausdruck drängt, *niederschreiben* — seien es Gedanken an unerledigte Arbeiten, an Verpflichtungen, Mißgefühle oder Einfälle. Auch dadurch wird die innere Spannung und Kräfteblockierung gelöst und die Einschaltung des Unbewußten erleichtert. Plötzlich ist dann der rettende Gedanke, der erlösende Einfall da, der innere Widerstand verschwunden und der Tatwille aktiviert, und man kann, recht gestimmt, mit der Arbeit beginnen.

Wieder ein anderer Weg ist der, daß man am offenen Fenster ein paar tiefe *Atemzüge* vornimmt, sich dabei reckt und streckt und in Gedanken alle Unlust, Müdigkeit und Mißlaune, alles Belastende und Hemmende aus sich hinaus- und Kraft, Frische und Schaffensfreude in sich hineinatmet. Je tiefer und langsamer man dabei atmet und bewußt Bauch und Lungenspitzen mit Luft anfüllt, desto tiefer reicht der Kiel der Gedankenboote, so daß der Gedankengang ruhiger und die Umschaltung auf die zu meisternde Arbeit leichter wird.

Andere erreichen gleiches durch die Hingabe an das *Schwere- und Wärmeerlebnis* in der Entspannung, beginnend beim rechten und linken Arm und den Beinen. Durch die Hingabe an die körperliche und seelische Lockerung wird dem Anlaß der Schaffensunlust die Gefühlskraft entzogen und die Umstimmung durch Bejahung der Arbeitsfreude weiter gefördert.

Noch mehr erleichtert wird diese Selbstumstimmung, wenn man über die Entspannung hinaus zur *Stille* und schließlich zur *Meditation* gelangt. In der Meditation beginnt die innere Kraft aufzuströmen, und wenn wir unsere Seelenantenne schweigend auf den Empfang produktiver Inspirationen einstellen und gelassen nach innen lauschen, erhöht sich unsere Empfangsfähigkeit für neue Einfälle, Einsichten und Lösungen.

Durch den Kontakt mit der Weisheitsquelle im Innern, mit dem Kraftzentrum schöpferischen Lebens werden die entsprechenden Intuitionen und Tatimpulse ausgelöst, so daß mit der Erkenntnis des kürzesten Weges zum Arbeitsziel auch die vorwärtstragende Schaffensfreude mit aufquillt.

Einerlei, welche Mittel und Methoden wir uns dienen lassen: in jedem Falle gilt es, dem Gedanken die *Tat* folgen zu lassen, um mit Hilfe des neugewonnenen Schwungs ein Großteil der Arbeit in einem Zug zu meistern und die Mühe zu verringern.

Wir berühren damit die Anfangsgründe der Kunst des Nicht-Mühens.

Kunst des Nicht-Mühens

»Der eine hat die Mühe, der andere schöpft die Brühe« —
dieses Sprichwort will nicht zum Verzagen verleiten, sondern die Tatsache bewußt machen, daß das Vorwärtskommen im Leben keine Muskelfrage ist, sondern ein Denkproblem. In den grauen Zellen unter der Schädeldecke wird der Kampf ums Dasein entschieden; sonst wären wir heute noch Höhlenbewohner.

Die Lebensumstände sind nicht Erfolgsvoraussetzungen, sondern nur der Rohstoff, aus dem ein ungewandter Geist bei allem Fleiß wenig, ein wacher und zielbewußter Geist mit weniger Mühe viel macht. Je gründlicher die geistige Vorbereitung und je zielbewußter Planung und Erfolgsbejahung sind, desto weniger Arbeit und Zeit, Kraft und Mittel sind nötig.

Die Kunst des *Vorankommens durch Nicht-Mühen* zielt darauf ab, mit einem Minimum an Kraft und Aufwand ein Höchstmaß an Leistungen, Fortschritten und Erfolgen zu sichern. Hier liegt eines der Geheimnisse der Großen und Erfolgreichen, die dem scheinbar paradoxen arbeitsökonomischen Grundsatz folgen: *Weniger ist mehr.* Wichtiger als Betriebsamkeit sind schöpferische Pausen.

Zahllose Fortschritte und Erfindungen sind nicht Früchte fleißigen Abmühens, sondern des — Nichtmühens. Fleißige Holzfäller verwandelten unermüdlich jahrein jahraus Bäume in Nutzholz. Ihre Muskeln waren ständig tätig, ihre Gehirne weniger. Bis einer in einer schöpferischen Pause über Möglichkeiten der Arbeitserleichterung nachdachte und die Maschinensäge erfand. Ergebnis: weniger Arbeit und mehr Erfolg!

Auch auf anderen Gebieten gilt der Satz, daß Fleiß allein nicht glücklich macht, daß auf Müheeinsparung gerichtetes

Nachdenken rascheres Gelingen mit weniger Anstrengung ermöglicht. Jede der Selbstbesinnung und dem Problem der *Arbeitserleichterung* gewidmete Minute kann ebensoviele Stunden des Mühens ersparen. Und dann fallen einem die Erfolge scheinbar von selbst in den Schoß.

Wenn der große chinesische Weise *Lao-Tse* das *Lassen* lehrte und den Leitsatz prägte: »Beim Nicht-Tun bleibt nichts ungetan«, riet er damit nicht das gedankenlose Faulsein und Nichtstun an, sondern jene spannungsfreie *Gelassenheit*, die bewirkt, daß sich die Dinge von selber besser anlassen.

Um das noch deutlicher zu sagen: Jede Leistung bedingt eine entsprechende *Anspannung* der Gedanken-, Willens- und Muskelkräfte. Diese Anspannung aber gewinnt an Wirkerfolg erst durch — Entspannung. Vor jedem Einsatz gilt es, uns zu lockern und gelassen zu werden, ehe wir uns auf unseren Willen und unsere Kraft verlassen können. Erst müssen wir innerlich von jeder Angst- und Sorgespannung ablassen, uns von allem loslösen, bevor der Willens- und Kraftstrom aus den Tiefen der Seele entlassen und ihm die Verwirklichung unserer Wünsche überlassen werden kann. *Erst müssen wir stille werden, bevor unser Tatwille stählern werden kann.*

Nur im Zustand der Spannungsfreiheit, in der schöpferischen Pause, sinken Zielbejahung und Willensstrebungen in jene Tiefen des Un- und Überbewußtseins hinab, in denen die optimal zielgerichteten schöpferischen Tat-Impulse geboren werden. Nur im Stadium spannungsloser Aufgeschlossenheit nach innen werden wir empfänglich für die Erkenntnisblitze der Seele, hellhörig für den weisheitsvollen Rat, hellfühlig für den wegweisenden Willen der inneren Führung, hellsichtig für die Möglichkeiten des Augenblicks und fähig, sie erfolgreich zu nützen.

Wird das beachtet, dann haben wir einen bedeutsamen Schritt auf dem Wege der Leistungssteigerung durch Arbeits*erleichterung* getan. Die weiteren Schritte auf diesem Wege ergeben sich dann mehr und mehr von selbst. Und im gleichen Maße wird deutlicher, wieviele Mittel und Möglichkeiten bewußter Arbeitserleichterung uns zur Verfügung stehen.

Und damit wieder werden nach und nach die Umrisse einer neuen Arbeits- und Lebenskultur erkennbar.

Arbeits-Erleichterung

Wie das *Ein*atmen vollkommener wird, wenn wir tief *aus*atmen, so wird das Schaffen leichter, wenn wir entspannt und gelassen sind. Das können wir im Alltag schon an Kleinigkeiten beobachten:

Ein Wort will uns nicht einfallen, obwohl wir uns krampfhaft zu erinnern suchen. Entspannen wir uns oder richten wir unsere Aufmerksamkeit auf etwas anderes, dann fällt uns als Folge der inneren Lockerung und Umstimmung alsbald das vergessene Wort ein. Mit verlegten und verlorenen Dingen ist es ähnlich: Entspannung und Gedankenumschaltung erleichtert das Finden.

Wenn wir uns im Augenblick eines Schrecks, einer Angst oder jähen Sorge, statt uns einengen und beirren, verkrampfen und lähmen zu lassen, bewußt innerlich lockern und weiten, tief atmend entspannen und dem Licht zuwenden, bewirken wir, statt dem Ansturm der Furchtgefühle zu erliegen, eine oft augenblickliche innere Freiwerdung und Überlegenheit gegenüber der Schwierigkeit oder Gefahr.

Wenn wir — im Examen oder vor einer schwerwiegenden Entscheidung — unruhig werden und den Kopf zu verlieren fürchten, wenn uns die einfachsten Dinge entfallen oder schwer fallen, können wir nichts besseres tun, als auf Entspannung und Gelassenheit umzuschalten und uns so zu verhalten, als ob es uns nicht berühre und nichts angehe, wie die Dinge aussehen und ausgehen. Überlassen wir die Ordnung der Dinge allvertrauend der Weisheit der *inneren Führung* und tun wir aus diesem Gewißsein gelassen das, was *uns* möglich ist, dann löst sich die Verklammerung mit den Umständen; wir sehen wieder klar und tun das Bestmögliche.

Sowie wir uns angesichts einer Arbeitsschwierigkeit im Vertrauen auf den inneren Ratgeber und Helfer lockern und gelassen so einstellen, als ob die Sorge oder Not von innen her gewendet werde, und, von dieser Bejahung erfüllt und geleitet, weiter-machen, wird alsbald der Weg ins Freie sichtbar und die Schwierigkeit bleibt hinter uns zurück.

Wer diese Entspannung noch für schwer hält, bedenke, daß er sich täglich zweimal im Zustand natürlicher Entspannung befindet: morgens beim Aufwachen und abends beim Einschlafen, und daß er sich nur diese angeborene Fähigkeit des Sich-Überlassens an die Spannungslosigkeit nutzbar zu machen und das *bewußt* zu tun braucht, was er beim Einschlafen *unbewußt* vollzieht:

Es gilt, das willensfreie Loslassen, Sichfallenlassen, Sichhingeben aus dem Gewißsein des Getragen- und Geborgenseins bei geschlossenen Augen in spannungsfreier Körperlage so oft zu üben, bis die Hingabe an das Wohlgefühl schrittweisen Schwer-, Warm- und Lockerwerdens immer leichter fällt und schließlich dem entsprechenden Gedankenimpuls von selbst folgt.

Ist diese Spannungslosigkeit und Gelassenheit erreicht, dann bewirkt jede gläubige Zielbejahung, daß alle Kräfte der Tiefe freudig daran arbeiten, den bejahten Zustand schöpferischer Hochstimmung zu verwirklichen. Das bedeutet, daß uns jedes Werk, das wir aus dieser Haltung heraus beginnen, leichter fällt, weil wir 1. instinktiv-intuitiv das jeweils Zweckmäßigste tun und den kürzesten Zielweg einschlagen, 2. von innen her durch mühesparende Einfälle gefördert und für auf unserem Wege liegende Erfolgsmöglichkeiten wach werden und 3. infolge des gleichzeitigen Aufstroms neuer Energien über zunehmende Durchsetzungs- und Tatkraft und wachsende Überlegenheit aus Erfolgsgewißheit verfügen.

Es ist gut, wenn wir darauf achten, daß dieses ›Atemholen der Seele‹ so tief und vollkommen wie möglich geschieht. Unser ganzes Schaffen wird dadurch beseelt und beschwingt, und wir spüren dann, wie wahr das Wort ist: »Wer gern arbeitet, ist ein Liebling der Götter.« Dies deshalb, weil rechte Entspannung zu erhöhter schöpferischer Konzentration führt und deutlich macht, daß mit der Leistungssteigerung durch Arbeitserleichterung eine entsprechende Erhöhung des Erfolgsvermögens einhergeht.

Diese wieder hat zur Folge, daß wir immer tatfreudiger und bewußter im Jetzt leben und uns durch das gemeisterte Heute zugleich das glückliche Morgen sichern.

Atemholen der Seele

»Wenn man die Ruhe nicht in sich selbst findet, sucht man sie vergeblich anderswo.« Was La Rochefoucauld vor dreihundert Jahren erkannte, ergänzt Pestalozzi: »Ohne innere Ruhe wallt der Mensch auf wilden Wegen. Durst und Drang nach unermeßlichen Fernen rauben ihm jeden Genuß des nahen, gegenwärtigen Segens und jede Kraft des weisen, geduldigen Geistes.«

Was beide damit klarstellen, ist, daß der ›ruhende Pol in der Erscheinungen Flucht‹, der einzige feste Halt und Zufluchtsort im ewigen Wechsel und Wandel des Daseins *in uns* ist und nur in der gelassenen Einwärtswendung, im besinnlichen Atemholen der Seele erreicht wird.

Dazu ziehen wir uns, wenn möglich, morgens und abends und immer dann, wenn wir uns bei der Arbeit unaufgelegt und müde fühlen, in einen ruhigen Raum zurück, setzen oder legen uns bequem hin, schließen die Augen, entspannen den Körper durch völliges Erschlaffenlassen aller Glieder, sammeln uns dabei auf den Gedanken: ›Mein ganzer Körper ist, von den Armen über die Beine bis zum Rumpf, *schwer wie Blei!*‹ und fühlen dabei, wie mit der Schwere und der begleitenden, den ganzen Körper erfüllenden Wärme jede Spannung und Verkrampfung dem wohligen Lassen und Gelassensein weicht.

Ist der Körper wie eine entleerte Ballonhülle zusammengesunken und entspannt, überlassen wir uns dem nun stärker verspürten ruhigen Rhythmus des *Atems*, der dem Verebben der Wellen am Meeresstrand gleicht und die innere Ausgeglichenheit und Harmonie noch fühlbarer macht. Und ebenso lassen wir mit der Abdunkelung des Bewußtseins auch den Strom der *Gedanken* im lautlosen Schweigen des Innern zur Ruhe kommen.

Nur *ein* Gedanke bleibt als Bejahung zurück: »*Ich bin entspannt, ich bin eins mit der inneren Kraft! Ich bin gesammelte Kraft!*« Mit diesen letzten Gedanken lassen wir uns in die *Stille* entsinken und von ihrer Kraft erfüllen. Im gleichen Maße weicht auch der letzte Rest von Spannung und Unrast dem gelassenen Gewißsein völligen Einsseins mit dem *Frieden des Innern*.

Hier, im Frieden des Innern, sind wir ›aus allem heraus‹, ganz bei uns selbst und der inneren Einheit und Kraft gewiß. Und mehr oder minder stark spüren wir, daß unser Wesenskraftfeld in diesem inneren *Einssein* zugleich innig mit dem überbewußten kosmisch-göttlichen Urkraftfeld verbunden ist und aus ihm gespeist wird wie eine Meeresbucht aus dem Ozean.

Wenn wir uns so — dem sagenhaften *Antäos* gleich, der aus jeder Berührung mit seiner Mutter, der Erde, stets neue Kraft empfing — mit dem Frieden des Innern und der Kraft des Schweigens vollgesogen haben, wenden wir uns erneut dem Atemstrom zu, lassen die gewonnene Kraft im Geiste mit dem Atem- und Blutstrom durch den ganzen Körper fließen und alle Zellen aufladen.

Danach öffnen wir die Augen, erheben uns, recken und strecken den Körper und wenden uns der nächstliegenden Arbeit zu im Gewißsein, daß wir sie mit der neugewonnenen Kraft souverän meistern.

Wir erhöhen den Kraftaufstrom durch auf das Gelingen unserer Arbeit gerichtete *Bejahungen*, die die erfolgverbürgenden Psychoschaltungen und positiven Haltungen auslösen, die ihrerseits das große Schwungrad zielstrebiger Schaffensfreude in Bewegung setzen und, solange wir schaffen, Dekonzentration, Kräftezerstreuung und Ermüdung fernhalten.

Wir leben nun voll bewußt im *Jetzt* und verwandeln auftauchende Arbeitsschwierigkeiten in Stufen, über die hinweg wir emporsteigen. Indem wir uns so bewußt und ausschließlich der Meisterung des Heute widmen und das Höchstmögliche aus ihm herausholen, erweisen wir uns als Meister der Arbeitsorganisation und erleben im schöpferischen Wirken beglückt, was Goethe seinem Enkel Walter über den Wert der *Minute* ins Stammbuch schrieb:

»Ihrer sechzig hat die Stunde, über tausend hat der Tag; Söhnchen, werde Dir die Kunde, was man alles leisten mag!«

Gleiches antwortete Goethe dem Kanzler Müller auf die Frage, wie er es fertig bringe, so viel zu leisten: »Der Tag ist grenzenlos lang, wenn man ihn nur zu schätzen und recht zu nützen weiß.«

Schwungrad der Schaffensfreude

»Glücklich ist, wer freudig tut und sich des Getanen freut.« *Goethe* gab mit diesem Wort einer arbeitsdynamischen Erkenntnis Ausdruck: Wer freudig schafft, leistet sein Bestes und erfüllt sein Tun mit dem Geist des Gelingens. Das Letztere auch deshalb, weil er nicht nur schon beim Tätigsein glücklich ist, *sondern durch seine positive Haltung eine ihm förderliche Umstimmung und Umstellung der Umstände bewirkt und Glücksfälle anzieht.*

Alle Erfahrung lehrt, daß freudebetontes Schaffen uns für das Glück magnetisch macht. Das läßt sich auf verschiedene Weisen erreichen, etwa dadurch, daß wir uns bei der abendlichen Zielsetzung und Programmierung des kommenden Tages und ebenso morgens beim Aufwachen bewußt für den neuen Erfolgstag hochstimmen, unsere Fähigkeit, uns und andere glücklich zu machen, bejahen und alles, was wir vorhaben, frohen Mutes mit dem Willen beginnen, unser Bestes zu geben und von Leistung zu Leistung höherzusteigen.

Ein zweiter Weg ist der, daß wir Goethes Rat folgen: »Man frage sich, *wozu man am besten tauge,* um dies an sich und in sich eifrigst auszubilden.« Das bedeutet, daß wir bei der abendlichen Zielsetzung alle Arbeiten, die uns am meisten liegen und Freude bereiten, bewußt zum Mittel- und Höhepunkt des neuen Tagewerks machen, um dann die übrigen Aufgaben wie Anhänger an eine Lokomotive daranzuhängen.

Wenn wir so vorgehen, spüren wir bald die dynamische Auswirkung: *Wir machen das, was wir lieben, leicht, und zugleich macht es uns das Vorankommen leichter.* Warum? Weil wir mit der so aktivierten Schaffensfreude — der hervorstechenden Eigenschaft der genialen Naturen — das Schwungrad des Geistes in Bewegung setzen.

Das *Schwungrad* dient bekanntlich bei Kraft- und Arbeitsmaschinen der Speicherung von Bewegungsenergie. Es gewährleistet durch sein Beharrungsvermögen auch bei unterschiedlicher Beanspruchung einer Maschine ihren gleichmäßigen Gang. Ohne Schwungrad würde die Maschine an toten Punkten, an denen die motorische Kraft unwirksam ist, und bei Schwankungen der Inanspruchnahme leicht stehenbleiben.

In ähnlicher Weise überwindet der Arbeitsdynamiker mit dem *Schwungrad der Schaffensfreude* spielend tote Punkte beim Arbeiten und kommt über Schwankungen der Arbeitsintensität, etwa bei langweiliger, langwieriger, mechanischer oder schwieriger Arbeit, ebenso leicht hinweg wie über die reizvollsten Tätigkeiten, die er mehr als Sport oder Hobby denn als Mühe empfindet. Das Ergebnis ist in jedem Falle eine durch die innere Beschwingtheit bedingte gleichbleibende überdurchschnittliche Leistung und die Sicherung des Arbeitserfolgs.

Wer das Schwungrad der Schaffensfreude auf diese Weise, in Verbindung mit rechter Planungstechnik und Arbeitsdynamik, täglich von neuem ankurbelt, sichert sich jenen gleichmäßigen, jedem Umschwung überlegenen inneren und äußeren Aufschwung und beflügelten Aufstieg, der ihn auch unbezwingbar erscheinende Gipfel erklimmen läßt.

»Um das Unmögliche bis zu einem gewissen Grade möglich zu machen«, sagt Goethe, »muß sich der Mensch nur keck mit rastlosem Streben an das scheinbar Unmögliche wagen.« Davor, daß er im Augenblick der Stagnation vor dem Wagnis zurückschreckt und sich das Gewinnen durch zögerndes Besinnen verscherzt, bewahrt ihn eben das Schwungrad der Schaffensfreude, das ihm infolge des gleichbleibenden Drangs nach vorn und Zugs nach oben nur die eine Möglichkeit läßt, sich an die Spitze zu schwingen und sich vom Schicksal segnen zu lassen, das nur den mutig Ausharrenden willkommen heißt: »Den lieb' ich, der Unmögliches begehrt.«

Mit dem Schwungrad der Arbeitsfreude wird jene gesammelte ›Andacht des Schaffenden‹ erreicht, die die Arbeit verinnerlicht, beseelt, durchgeistigt und ihn selbst in ein Magnetfeld des Glücks verwandelt.

Vorteile der Teilung

Eine Sonderform permanenter Ankurbelung des Schwungrads der Schaffensfreude ist die Kunst der *Müheerleichterung durch Teilung*. Der Wahlspruch Ludwigs des XI. »Divide et impera!« (Herrsche durch Teilung — durch Entzweiung der anderen!) löst, weil *negativ* verstanden, letztlich nur Unheil aus. *Positiv* genommen, wirkt er fördernd, wenn er nicht auf Menschen, sondern auf die *Arbeit* angewandt wird:

Rechte Arbeits-Teilung ist, wie schon gezeigt, Bestandteil der Planungstechnik und Erfolgsdynamik. Wenn zwei Menschen vor einer großen Aufgabe stehen, erschrickt der eine, fühlt sich klein und unvermögend, den Arbeitsberg je zu bewältigen, während der andere sich durch Abstandnahme die nötige Übersicht verschafft, dann plant, den Zielweg sinnvoll in Etappen aufteilt und diese anhand täglicher Zielsetzungen und mit dem Schwungrad der Schaffensfreude scheinbar mühelos und überlegen Teil um Teil meistert.

Was ihm den Erfolg sichert, ist der Umstand, daß der Schwung der Schaffensfreude, die jeden Tag und die jeder Stunde zugemessenen Teil-Arbeiten erfüllt und zugleich miteinander verbindet, ihn spüren läßt, wie die eigene Kraft um die der gemeisterten Teile wächst. Das wirkt so inspirierend, daß er sich auch an das unmöglich Scheinende wagt und — gewinnt.

Das Wort ›unmöglich‹ ist ein Lieblingswort jener, die schon beim Anblick großer Aufgaben entmutigt aufgeben: »Das kann niemand schaffen! Das ist unrealisierbar! Das geht über Menschenkraft hinaus!« Später schütteln sie verwundert den Kopf, wenn der Arbeitsdynamiker das ›Unmögliche‹ durch rechte Planung, Teilung und unverdrossene beschwingte Zielannäherung meistert und ihnen vom Gipfel des Erfolges zuwinkt...

Den gleichen Weg geht, wer durch rechte Teilung dafür sorgt, daß seine Tagesarbeit abwechslungsreich bleibt — etwa dadurch, daß er die Tätigkeits*art* allstündlich wechselt, nach jeder Stunde eine schöpferische Fünfminutenpause einschaltet, so das Schwungrad der Schaffensfreude allstündlich neu ankurbelt und Langeweile und Ermüdung fernhält. Erfahrungsgemäß wandelt im *rhythmischen Wechsel* erfolgende Arbeitsteilung Last in Lust.

Eines von vielen Beispielen dieser Art gab der Theologe und Schriftsteller Prof. Adolf von *Harnack:*

»Ich habe wochenlang Abschriften gemacht, Texte verglichen, Wörterstatistik getrieben und trockene Tabellen zusammengestellt. Was mir dabei die Arbeitsfähigkeit und -freude erhielt, war neben der täglichen Berechnung des Fortschritts der organisierende *Rhythmus,* den ich ihr gab, sowie kleine *Änderungen der Arbeitsweise,* die wie eine Abwechslung wirkten. Auf diese Abwechslungen, Freuden und Gemütswerte muß der Arbeitende bedacht sein. Er muß *er-*

finderisch werden, um seine Arbeit zu beleben und zu vergeistigen.«

Nun geht es aber nicht darum, die Arbeitsteilungs- und -dynamisierungsweisen der genialen Schaffenden nachzuahmen; vielmehr muß jeder die *seinem* Wesen und seinen jeweiligen Aufgaben optimal angepaßten Methoden herausfinden, dann durch Übung und Gewöhnung zu einem Teil seines Verhaltens, seines Charakters machen und dabei zugleich den Schwung des inneren und äußeren Fortschritts und Aufstiegs durch entsprechende Bejahungen ständig steigern: »*Auch diese Teilarbeit ist leicht! Auch dies werde ich erfolgreich bewältigen! Und nun diese Arbeit, dann bin ich bereits halb über den Berg! Diese Arbeit geht mir leicht von der Hand! Ich sehe schon, daß das Ganze gut wird!*« und so fort.

Macht man auf diese Weise die einzelnen Teile leicht, dann wird auch das Ganze leicht. Und dann fühlt man sich fast wie ein ›perpetuum mobile‹.

Nach dem Gesetz von der Erhaltung der Energie ist ein ›perpetuum mobile‹ — eine *Maschine*, die, einmal in Gang gesetzt, von sich aus ohne weitere Kraftzufuhr dauernd Arbeit leistet — unmöglich. Auch der *Mensch* kann ohne physische Energiezufuhr durch Luft und Nahrung und ohne seelischen Kraftzustrom durch positive Gedanken-, Wunsch- und Willensimpulse nicht dauernd Arbeit leisten ... Aber es gibt eine *dritte Kraft*, die das Schwungrad der Schaffensfreude und Arbeitsausdauer auch beim vorübergehenden Ausfall der physischen und psychischen Energien in Gang hält: die *geistige Energie*, die der Arbeitsdynamiker in sich aktiviert und die ihn zu einem *Meister der Teile vom Ganzen her* macht.

Arbeits-Dynamisierung

Das griechische Wort ›*dynamis*‹ bedeutet nicht nur Kraft, sondern allgemein Vermögen, Können, Fähigkeit, Talent, Herrschaft, Wert, Wesensmacht. Ein ›*Dynamiker*‹ ist demgemäß ein durch seine Talentiertheit und Tüchtigkeit vielvermögender einflußreicher und machtgebietender Mensch.

So gesehen, ist ein ›*Arbeits-Dynamiker*‹ ein durch potenzierte Schaffenskraft hervorragender, dem Genialen verwandter Hochleister und Arbeitsmeister, der dem Grundsatz der Erfolgreichen folgt: »Meine Arbeit ist mein Hobby, mein Steckenpferd.« Er aktiviert den in ihm lebendigen Spiel-, Sport- und Schaffenstrieb bewußt in seiner täglichen Arbeit statt außerhalb derselben. Und er spürt, wie die so vollbrachte Aufgabe ihn lebendig erhält und *spielend* gemeistert wird.

Wie das *Spiel* zweckfreie Tätigkeit ist, die ihren Sinn in sich selbst trägt und um ihrer selbst willen geübt wird, so ist das Schaffen des Arbeitsdynamikers kein Mühen, sondern dem Zweckstreben überlegene freie schöpferische Kraftbetätigung. Als lustbetontes Kräftemessen ist es zugleich erholsam, weil Tätigsein und Muße, Spannung und Entspannung hier eine harmonische Einheit bilden.

Eben diese dynamische Haltung befreit das Tagewerk von der Alltagsenge, gibt ihm einen mehr festlichen Charakter und erfüllt jede Handlung mit dem Geist sportlichen Spiels und zugleich daseinsfroher Sorgenfreiheit, das getragen ist vom Gewißsein inneren Einklangs mit den schöpferischen Kräften des Lebens.

Rechte Arbeits-Dynamisierung ist die dem schaffenden Menschen gemäßeste Form positiver Selbstverwirklichung und optimaler Sinnerfüllung des Lebens — Erfüllung des innersten Sehnens, Wünschens und Glaubens. Das Primäre ist hier nicht die äußere, sondern die *innere Bewegtheit:* sie zielt auf fortschreitende Entfaltung latenter Talente und schöpferischer Potenzen des Unter- und Überbewußtseins im Dienste der Arbeits- und Schicksalsmeisterung.

Das Handeln wird hier zu schöpferischer Handlung, wobei der Handelnde sich mehr oder minder als Werkzeug und Wirkzeug höherer Mächte oder der inneren Führung fühlt.

Der Übergang vom üblichen mechanischen zum *dynamischen Schaffen* kann wiederum mit einem einfachen psychologischen Kunstgriff leicht gemacht werden, nämlich durch das *Tun, als ob* unsere Arbeit für uns sportliche Betätigung sei — ein Hobby, das uns anspornt, inspiriert und energetisiert —, *als ob* das, was wir jeweils tun, nicht nur uns, sondern auch andere zunehmend erfreut, beglückt, erlöst, ihnen unsere Liebe, unser Einssein spür- und sichtbar macht.

In der Praxis sieht das so aus: Wir gehen heute abend mit dem Gedanken schlafen, als ob die morgige Tagesarbeit — die durch unsere abendliche Zielsetzung als Ganzes voraus-gestaltet wurde — nur Reizvolles, Aufmunterndes, Beglückendes berge. Und von morgen früh an verhalten wir uns so, als ob über Nacht eine Wandlung dahingehend eingetreten sei, daß unsere Arbeit uns als Spiel, als Vergnügen erscheint, leicht von der Hand geht und uns erfolgreich macht. Wir machen uns einen Sport daraus, diese neue Haltung und Hochstimmung auch in die kleinsten Verrichtungen hineinzutragen.

Wenn wir dies einige Wochen hindurch konsequent durchführen, werden wir vier Wandlungen feststellen: 1. fühlen wir neue Kräfte in uns wirken, von denen wir vorher nichts ahnten, 2. wird aus dem Tun, als ob, unmerklich echte Schaffensfreude, 3. nimmt mit der wachsenden Kraft und inneren Sicherheit unsere berufliche Tüchtigkeit und Arbeitsgeschicklichkeit zu, und 4. erfahren wir, daß jedes so dynamisierte

Werk seinen Meister nicht nur lobt, sondern ihn erfolgreicher und glücklicher macht.

Aus dem Tun als ob wurde dynamische Wirksamkeit und lebendige Wirklichkeit, aus dem früher als Zwang und Last empfundenen Tagewerk freudig-freiwilliges Schaffen, das mit der erhöhten Leistung jenen Erfolgszyklus auslöst, der den Arbeitsdynamiker in den Kreis der Lebensmeister einreiht.

IV. Stufe: Erfolg haben — leicht gemacht

>»Wenn auch die Arbeit allein noch nicht glücklich macht, so gibt es doch kein Glück ohne dauernde Arbeit.«
>
>*Black*

Manche Glück- und Erfolglose denken wie der Vicomte de Parny: »Wo ich weile, herrscht das Leid, wo ich nicht bin, das Glück.« Sie sehen nicht, daß sie, so denkend, den erlittenen Fehlschlägen und Verlusten die Hoffnung, die Kraft und künftige Glücksmöglichkeiten nachwerfen und so ihre Ohnmacht und den Schaden noch vergrößern ...

Als das Luftschiff des Grafen *Zeppelin* in Echterdingen plötzlich in Flammen aufging und in einer halben Stunde sein Lebenswerk zerstört und sein gesamtes Vermögen verloren war, mag er ähnlich gefühlt haben. Aber da löste sich aus der Menge ein Mann, ging auf ihn zu, drückte ihm seinen Geldbeutel in die Hand und sagte: »Wir bauen ein neues!« Dies Wort riß den Entmutigten empor und brachte ihn dazu, sich auf seine Aufgabe und seine Kraft zu besinnen, sich im Angesicht der Trümmer an den Neuaufbau zu machen und ein besseres Luftschiff zu bauen.

Gleich ihm kann *jeder*, weil Glück und Erfolg wie alle Dinge im Leben dem Gesetz der Kausalität folgen, *jederzeit* sein Pech beenden und ›sein Glück machen‹. Jedes Leben ist voller Glücksmöglichkeiten, die darauf warten, daß sie erkannt, ergriffen und weise genützt werden. Um in jeder Hinsicht erfolgreich zu werden, kann er dreierlei tun:

Als *erstes* kann und sollte er geistig umschalten, bewußt

sich selbst dynamisieren und *den Erfolg* bejahen als etwas, das seinem Wesen gemäß ist, sich für das Glück aufgeschlossen halten und freudig alles Gute willkommen heißen. Um sein Erfolgreichsein recht zu bejahen, muß er sich Ziele setzen, lebendige Vorstellungsbilder der ersehnten und planvoll angesteuerten Fortschritte und Erfolge in sich tragen und durch tägliche innere Einstimmung auf das Glückhaben und Glücklichsein seine Seelenantenne auf die Erfolgs-Welle abgestimmt halten.

Als *zweites* sollte er seine innere Wachheit und Geistesgegenwart erhöhen und *die Glücksmöglichkeiten erkennen,* die ständig seinen Weg kreuzen — und zwar in wachsender Zahl, wenn er sich das Ja-Sagen durch tägliche Übung zur Gewohnheit macht. Denn was nützen alle Chancen der Welt, solange er blind an ihnen vorübergeht und dann zusehen muß, wie andere sie erkennen und zugreifen...

Als *drittes* gilt es dann, daß er, von der Bereitschaft zum Glücklichsein getragen, *das Glück ergreift,* wo immer er seine Chance erkannt hat. Die Göttin des Glücks wird bekanntlich als bis auf eine Stirnlocke kahl geschoren dargestellt: wenn man sie nicht, solange sie auf einen zukommt und einem am nächsten ist, sofort bei der Stirnlocke packt und festhält, ist es zu spät. Einmal vorbei, läßt sie sich nicht mehr halten.

Nichts anderes meint Shakespeares Wort: »Wenn Klugheit mit dem Glück den Kampf beginnt und dabei wirkt und wagt, was sie nur kann, ist ihr der Sieg gewiß.« Von nichts kommt nichts. Erfolge kann nur erwarten, wer durch rechtes Denken, Planen, Bejahen und *Tun* den Boden dafür bereitet hat.

Wer das Glück als sein Eigentum durch Eigen-Tun bejaht und herbeizieht, schreitet ständig aufwärts. Mit dem Ziel, das er beharrlich ansteuert, ändert sich auch der Weg.

Was sein Vorankommen und Erfolghaben *leicht macht* und die Zielerreichung verbürgt, ist das dem Arbeitsdynamiker eigene kraftweckende Gewißsein, daß er nicht auf fremde Hilfe angewiesen ist, weil er *nie allein steht*, sondern jederzeit über einen mächtigen Partner verfügt: den inneren Führer und Helfer.

Wer dessen gewiß ist, dem inneren Ratgeber, Ordner und Helfer seine Pläne anvertraut, das Sorgen überläßt, seinen Beistand bejaht und im Bewußtsein gemeinsamen Überlegenseins allvertrauend und siegglaubig an die Arbeit geht, der ist auf dem Wege zur Höhe und hat die beste Aussicht, alles zu gewinnen, was er ersehnt, und sein Glück zu machen.

Der innere Abstand

Um der täglichen Arbeit wie den Dingen und Umständen *überlegen* gegenüberzustehen und ihnen das Lastende, Drückende, Hemmende zu nehmen, gilt es, von vornherein den rechten Abstand zu gewinnen.

*Über*sicht über eine Lage erlangt man nur, wenn man dar*über* steht. Mitten unter den Häusern eines Alpendörfleins stehend, sehen wir nur das Nächstgelegene. Ausblick und Überblick sind uns versperrt. Wenn wir die nächste Anhöhe ersteigen und uns dabei häufiger umschauen, wird das Dorf immer kleiner und unwichtige Einzelheiten schrumpfen zusammen, indes der Überblick ständig umfassender wird. Blicken wir gar vom Bergesgipfel ins Tal hinab, sehen wir die Landschaft als Ganzes.

Gleiches gilt für die Gewinnung des Überblicks über die Landschaft des Lebens: mit der Änderung unseres Standpunkts, mit der Abstandgewinnung wandeln sich Gesicht, Gewicht und Wertung der Dinge. Unmittelbar vor einem

Hindernis oder Ärgernis stehend, halten wir sie für überwältigend groß und schwer überwindbar, während wir uns selbst zu klein sehen. Sowie wir aber Abstand nehmen, indem wir uns nach innen wenden und die äußeren Dinge aus der *inneren Höhe* sehen, oder indem wir uns im Geiste *zeitlich* von ihnen entfernen, werden sie zusehends kleiner und einflußloser, während unser Selbstvertrauen, unser Glaube und unsere Kraft, sie zu meistern, zunehmen.

Es ist in der Tat ein Gebot der Lebenskunst wie der Arbeitsdynamik, durch häufige innere raumzeitliche Abstandnahme die Dinge und Umstände auf ihr normales Kleinmaß zurückzuführen und mit dem besseren Überblick und bewußten Hinabblick von innen und von ober her das Gewißsein der eigenen Größe und Überlegenheit wiederherzustellen.

Ein Mensch, der uns durch seine Persönlichkeit, seine Größe, Stellung oder Macht erdrückt, entmutigt, wird kleiner, wenn wir innerlich Abstand nehmen, uns in Gedanken erheben und ihn von oben betrachten.

Gleiches bewirkt die zeitliche Abstandnahme: einen Ärger, der uns heute verstimmt oder umwirft, sehen wir morgen kleiner und in milderem Licht; nach einem Monat ist er zu einem schwachen Eindruck geschrumpft, nach einem Jahr vergessen. Machen wir nun in Gedanken schon *jetzt* den Monats- oder Jahresabstand zum Maßstab unserer Wertung, dann sinkt der Ärger wie ein angestochener Ballon zusammen und unsere Überlegenheit tritt hervor.

Dieser geistigen Selbsthilfe bedient sich der Arbeitsdynamiker, um jederzeit den Dingen und Umständen gewachsen zu bleiben. Aus je größerem inneren Abstand er sie gelassen überlegend sieht, desto überlegener meistert er sie. Er weiß: Nur wenn ich zu nahe an den Dingen stehe, können sie mich verletzen. Mit der Abstandnahme weichen sie zurück und nach unten, an ihrer Stelle tritt das Förderliche nach vorn, und bisher leidige Dinge und mißliche Umstände wandeln sich in heimliche Erfolgbringer, die das Vorankommen erleichtern.

Aus vielen hierhergehörenden Erfolgsberichten sei der eines Mannes herausgegriffen, der sich als ›alter Pechvogel‹ vorstellte und seine Mißgeschicke gar für gottgewollt hielt. Seine Klage lautete: »So viele Jahre geh' ich schon den gleichen Weg in müdem Tritt. Statt dem erhofften Gotteslohn läuft nur die graue Sorge mit.«

Anfangs war es nicht leicht, ihm bewußt zu machen: »Klag' niemals deinen Herrgott an; *du selbst* wählst beides: Ziel und Bahn.« Aber nach und nach ging ihm auf, daß er aus der Düsternis der Not nicht herauskommen konnte, weil und solange er mit der alles verdunkelnden Pechvogel-Brille durchs Dasein ging.

Was ihm half, war die *Abstandnahme durch ›Brillenwechsel‹*: er lernte, die alles erhellende Brille des Real-Optimisten aufzusetzen, immer bewußter an allem das Gute sehen und bejahend anzusteuern, sein Bestes zu geben und statt mit Sorge mit Freude zu leben.

Schließlich war sein Gemüt so von Zuversicht, Selbstvertrauen und Erfolgsgewißheit erfüllt, daß er, nach Jahresfrist, bekennen konnte: »Seit einem Jahre geh' ich jetzt den neuen Weg mit festem Schritt. Statt Sorgen laufen fortgesetzt Erfolge, Glück und Freude mit.«

Gelassenheit macht stark

Wie aus der inneren Abstandnahme Überlegenheit erwächst, so aus dieser Gelassenheit, die Stärke des Weisen. Wir gewinnen sie, wenn wir uns folgendes bewußt machen:

Solange einer — insbesondere bei der Arbeit — hastet, ist er nicht Herr seiner selbst, sondern ein von fremdem Wollen Getriebener, nicht Hammer, sondern Amboß des Schicksals. Hast macht verkrampft, unsicher und leistungsschwach. Sie zerstört, wie Johannes Müller sagt, die Kraft der Nerven. »Aus der Gelassenheit hingegen quillt Besonnenheit. Aus der Ruhe strömt das Behagen am Leben, die Lust am Schaffen, die zuversichtliche Sicherheit. So meistern wir das Schicksal des Tages, statt ihm zu erliegen. Es trägt uns, statt uns niederzudrücken. Es macht uns stark, statt uns zu erschöpfen. So wachsen wir richtig in den Tag hinein und über den Tag hinaus.«

Dazu gelangen wir mit Sicherheit durch Gewöhnung an tägliche Selbstbesinnung in Entspannung, Stille und Meditation. Wir handeln weise, wenn wir beispielsweise die häufigen *Augenblicke des Wartenmüssens* zur Entspannung benützen, uns also nicht von der Unterbrechung verstimmen, erregen und verkrampfen lassen, sondern uns innerlich lockern und lösen und sie dankbar als uns geschenkte Mußezeiten ausschöpfen.

Der Gewinn ist ein doppelter: 1. machen wir die Zeiten des Wartenmüssens dadurch fruchtbar, 2. erhöhen wir unsere Fähigkeit, auch bei unerwarteten Störungen und Widerständen entspannt und gelassen zu bleiben und sie als Erprobungen unserer Standfestigkeit und Siegentschlossenheit willig zu nützen.

Wenn wir so reagieren, ist der Gewinn wiederum ein zweifacher: 1. haben wir aus der Störung das Bestmögliche gemacht und uns — und andere — durch unser positives Gestimmtsein mit Freude und Lebensmut erfüllt, 2. entdecken wir beim Weiterarbeiten dann das Vorhandensein neuer Kräfte, Einsichten und Möglichkeiten, die uns vorher nicht bewußt waren.

Hieraus ergibt sich ein weiteres: Wenn wir während einer Arbeit vor eine plötzliche Entscheidung gestellt werden und nur zwei Minuten haben, eine Lösung zu finden, dann ist das Beste, was wir tun können, daß wir die erste Minute dazu benutzen, uns zu entspannen und Abstand zu gewinnen, indem wir uns nach innen wenden. Mit der Abstandnahme wachsen Einsicht und Überlegenheit, und wir haben dann begründete Aussicht, in der zweiten Minute als *Gelassene* die bestmögliche Entscheidung zu treffen.

Gerade wenn wir — in einem Augenblick der Unsicherheit oder in einer mißlichen Lage — vor Aufregung oder Angst weder ein noch aus wissen, gilt es, vom zielungewissen *Tun* auf *Lassen* umzuschalten, uns zu lockern, uns vom Gegenstand der Erregung oder Furcht innerlich zu lösen und uns gelassen der inneren Führung zu überlassen. Geschieht das, dann wird uns — als Antwort von innen — von selbst (vom Selbst her) die befreiende Einsicht, der Ausweg, die Lösung des Problems bewußt, die vorher, infolge unseres Gespannt- und Erregtseins, nicht die Bewußtseinsschwelle zu überschreiten vermochte.

Gelassen geworden, folgen wir der Kardinalforderung der Psychodynamik: »Denke, fühle und sprich gelassenen Gemüts nur das, dessen Verwirklichung du wünschest!«

Wir schalten dadurch beim Schaffen alle Erfolgs-Automatismen ein, die uns alsbald spüren lassen, wie weitgehend wir selbst die Gestalter unseres Schicksals sind. Je mehr wir uns infolgedessen zutrauen, desto mehr schöpferische Energien werden in uns wach, desto weiter reicht die positive Strahlung unseres Wesenskraftfeldes, desto mehr Vertrauen wird uns von der Umwelt entgegengebracht, desto höhere Aufgaben und Stellungen werden uns anvertraut und desto Größeres werden wir leisten.

Der Gelassene ist Herr seiner selbst und gleichermaßen

der Dinge. Wie er sich selbst im Gleichgewicht hält, so auch sein Werk, seine Umwelt, sein Leben. Er weiß, daß der Himmel kein Ort ist, sondern ein Zustand heiterer Ruhe und Gelassenheit; und er erfährt, daß Arbeit, Welt und Leben zu jeder Zeit das sind, was er gelassenen Gemüts aus ihnen macht.

Befolgung der Erfolgs-Gesetze

Optimaler Fortschritt ist die Folge rechter Befolgung der Erfolgsgesetze. Sie führt über die Entlastung des Menschen durch Maschinenkraft und Automatisierung hinaus zur Entfaltung und Steigerung seiner schöpferischen Potenzen. Zugleich macht sie sein Schaffen kurzweiliger und gibt ihm mehr Gehalt, Bedeutung und Erfolgskraft.

Für den *Arbeitsdynamiker* bedeutet die durch Arbeitsrationalisierung und Automatisierung gewonnene Freizeitverlängerung unter anderem 1. mehr Möglichkeiten der Entspannung und schöpferischen Pause zur Kräftesammlung für neue Aufgaben und erhöhte Produktivität, 2. mehr Zeit für fachliche Fortbildung durch verbesserte Lerntechnik, für außerberufliche Wissensmehrung und Gewinnung von Lebensweisheit, 3. mehr Gelegenheiten zur Steigerung der Strahlkraft der Persönlichkeit und der konzentrierten Verwirklichungskraft der Gedanken-, Wunsch- und Willensimpulse, also zur Erhöhung seines Durchhalte- und Durchsetzungsvermögens, 4. fortschreitende Selbstdynamisierung in Verbindung mit der Herausarbeitung eines wesensgemäßen *eigenen Erfolgssystems* mit dem Ziel einmaliger Sonderleistungen, 5. die Übernahme umfassenderer Aufgaben mit erhöhter Verantwortung und entsprechend größeren Aufstiegsmöglichkeiten, und 6. bewußte Selbst- und Arbeitskultivierung durch über den Alltag hinausweisende Lebenszielsetzungen, die der inneren Eigengesetzlichkeit und Berufung gemäß sind.

Rechte Befolgung der Erfolgsgesetze befähigt den Arbeitsdynamiker, immer ziel- und planbewußter seinen eigenen Weg zu gehen und auf ihm zum aktiven und progressiven Gestalter des eigenen Schicksals zu werden, für den das schöpferische Wirken als Spitzenleister zugleich beglükkende Selbstverwirklichung bedeutet.

Wer so denkt — und *jeder* kann so denken, und wäre es anfangs auch nur in der Form des ›Tuns, als ob‹! —, der macht die Stellung, die er gerade innehat, durch erhöhte geistige Wachheit, Findigkeit und Geschicktheit zum Startpunkt erfolgreichen Wirkens und Aufstiegs. Er erhöht seinen Beruf zur Berufung: er idealisiert sein Werk, gibt auch im Kleinsten sein Bestes, leistet freudig *mehr*, als von ihm verlangt oder erwartet wird, wertet alles, was kommt, als Förderung oder als Anreiz zu gesteigerter Leistung, macht so aus allem das Bestmögliche und zeigt im übrigen dadurch, daß seine Mundwinkel nie mißmutig herabhängen, sondern stets frohgemut aufwärtsweisen, daß ihm sein Aufstieg so gewiß ist wie der der Sonne am Morgen.

Er weiß, daß nach dem Kausalgesetz Erfolg die Folge rechten Denkens, Planens und Handelns ist, wobei der *bewußt* Handelnde rascher vorankommt als der, der die Erfolgsgesetze mehr unbewußt, gefühlsmäßig beachtet, — gleichwie einer, der einen Fluß mit seinen Strömungsverhältnissen, Stromschnellen und Untiefen kennt, mit dem Boot schneller und sicherer vorankommt als jene, die ihn nicht kennen und sich nur auf ihr Gefühl und ihre Geschicklichkeit verlassen . . .

Bewußte Befolgung der Erfolgsgesetze gibt nicht nur größere Sicherheit und Überlegenheit bei der Arbeit und auch sonst im Leben; sie fördert darüber hinaus die lebendige

Verbindung mit der inneren Kraft, die Partnerschaft mit dem inneren Ordner, Berater und Helfer. Sie macht uns wacher, aufnahmefähiger und einsatzbereiter für die Inspirationen und Weisungen der inneren Führung.

Diese Partnerschaft vergrößert unser Glücksvermögen und erfüllt uns zugleich mit der unsere Gelassenheit und Überlegenheit in allen Lagen des Lebens sichernden Gewißheit, daß wir auf dem Wege zur Sinnerfüllung unseres Daseins sind, daß wir mit unserer täglichen Arbeit wie auch außerhalb derselben Schritt um Schritt zur Selbstverwirklichung gelangen und zu jener Vollendung, auf die unser Wesen angelegt ist und die wir in diesem Dasein zu erreichen vermögen.

Im gleichen Maße wird uns beglückend bewußt, daß dem Genius in uns alle Möglichkeiten der Welt offenstehen — alles, was je von den Großen der Erde erkannt, erreicht und errungen wurde.

Motor, nicht Rädchen sein!

Jeder Fortschritt in der Selbstdynamisierung äußert sich in der Zunahme unserer *initiativen* (kräfteweckenden, anregenden und den Anstoß gebenden) *Bewegung*, die Wegsetzung und wagewillige Zielwärtsbewegtheit zugleich ist.

Wir wecken sie, wenn wir nicht Rädchen bleiben, sondern uns als *Motor* betätigen, wenn wir, etwa als *Angestellte*, nicht an einer Stelle verharren, sondern die Stellung benutzen, um unsere *Anstelligkeit* und Fähigkeit zu selbständigem, unternehmerischem Wirken zu dokumentieren. Das bedeutet, daß wir nie warten, bis man uns eine Aufgabe stellt, sondern selbst überlegen, wo und wie wir von uns aus etwas besser machen können, und es dann *tun*.

Es gilt, innerlich wach Ausschau zu halten, wo, wann und wie etwas vollkommener gemacht, ein Fortschritt erzielt werden kann, der mit dem geleisteten Werk auch uns der Spitze der Erfolgspyramide näherbringt.

Wer sich geistig zur Ruhe setzt und lieber treiben läßt, der bleibt ein von fremder Initiative Bewegter, wird vom Strom des Lebens früher oder später an den Strand gesetzt und als Gestrandeter abgeschrieben. Wer sich hingegen nicht mehr von anderen Ziele setzen läßt, sondern selbst die Initiative ergreift und, statt von anderen angekurbelt zu werden, von selbst anläuft und auf immer höhere Ziele hin *in Bewegung bleibt*, der wird im Maße seiner inneren Bewegtheit und zunehmenden Schwungkraft auch für andere zur führenden, wegbestimmenden und zielwärtstreibenden Kraft.

Letztlich ist es eine Frage der *rechten Schaltung*, die der Arbeitsdynamiker gewohnheitsmäßig allmorgendlich beim Aufwachen vollzieht. Eben hieran fehlt es noch bei den meisten: *technisch* sind sie auf der Höhe, *psychotechnisch* sind es nur wenige, *psychodynamisch* erst einzelne.

Wir schalten beim Aufwachen das Licht ein, damit wir sehen, drehen den Wasserhahn an, um uns zu waschen, und den Gashahn, um Kaffee zu kochen. Wir schalten den Rasierapparat ein, um den Bart zu entfernen, oder das Radio, um die ersten Nachrichten oder Morgenmusik zu hören ... Alle diese Schaltungen sind uns geläufig; wir machen uns keine Gedanken mehr über die *Kräfte*, die wir durch Druck oder Schaltung in den Dienst der Lebenserleichterung stellen.

Noch leichter könnten wir es den ganzen Tag hindurch, vor allem bei der Arbeit haben, wenn wir allmorgendlich auch die *Psycho-Schaltungen* in gleicher Weise gewohnheitsmäßig richtig handhaben würden:

Wie den Wasserleitungshahn, so gilt es den *Lebenskraft-*

schalter beim Aufwachen auf Bejahung und beim Aufstehen, Recken und Strecken auf Energetisierung und Aktivität in Richtung der vorabendlichen Zielsetzungen einzustellen. Und wie den Lichtschalter, so gilt es den *Stimmungsschalter* auf innere Helligkeit, Heiterkeit und Freude zu schalten. Wie der Gashahn, so sollte der *Atemhahn* voll aufgedreht werden, damit wir bewußt Kraft atmen. Und wie den elektrischen Stromschalter sollten wir den *Gedankenkraftschalter* bewußt statt auf Mißlaune, Unlust, Ärger und andere Fehlhaltungen auf geistige Wachheit, Frische, strahlende Gesundheit, mutiges Vorwärtsschreiten und wachsende Erfolge einstellen und diese Schaltung den ganzen Tag hindurch so lassen!

Wenn wir frühmorgens alle Gedanken-, Gefühls-, Glaubens-, Wunsch- und Willensschalter auf ›Positiv‹ stellen und uns tagsüber durch keine äußeren Dinge und Umstände zu Schaltungsänderungen verleiten lassen, zeigt sich bald, wie den Psychoschaltungen die äußeren Situationsschaltungen folgen.

Denn es handelt sich hier immer um *kollektive Schaltungen* und *Schicksals-Programmierungen:* Wird die Psychoschaltung beim Aufwachen auf ›Positiv‹ gestellt, dann wird automatisch die Arbeitsstimmung auf ›Hoch‹ und der Schaffenstrend auf ›Real-Optimismus‹, d. h. auf Bejahung und Erfolgsverwirklichung geschaltet, desgleichen alle Gewohnheits- und Wesensschaltungen, die sich im Wege der Resonanz und der geistigen Fern- und Rückwirkung gleichstimmend auf Umwelt und Schicksal auswirken.

Das hat zur Folge, daß wir gleichgestimmte Erfolgshelfer, Glücksfälle und Aufstiegsgelegenheiten anziehen und uns durch die Erfahrungen eines solchermaßen auf ›Glück‹ geschalteten und recht gelebten Tages in unserem Optimismus bestärkt sehen.

Arbeitserfolge durch Spezialisierung

Zur Selbstdynamisierung und zum rechten Einsatz der zunehmend stärker aufströmenden Tat- und Verwirklichungskräfte befähigt nicht zuletzt die weise Befolgung des schon erwähnten Goetheschen Rats: »Man frage sich, *wozu man am besten taugt*, um dieses in sich und an sich eifrigst auszubilden.« Denn: jeder Mensch besitzt nur ihm eigene einmalige ausbaufähige Begabungen und Veranlagungen, die durch *bewußte Spezialisierung* zu erfolgverbürgenden Spitzenleistungen entfaltet werden können.

Um diese Sonderbegabungen »in sich und an sich eifrigst auszubilden« und optimal zu entwickeln, muß man sich a) über seine besonderen Wünsche, Liebhabereien und stärksten *Neigungen* (am besten schriftlich) Rechenschaft ablegen, b) sich über die diesen Neigungen entsprechenden *Eignungen* klar werden, um dann c) die berufliche wie außerberufliche Tätigkeit zunehmend auf die Fähigkeiten abzustimmen und auszurichten, die der stärksten Eignung und Befähigung entsprechen. Auf diese Weise stößt man von selbst zu seiner eigentlichen Lebensaufgabe durch und entwickelt sich auf dem Wege zum Erfolg zu einem Spitzenleister.

Hier nun sieht sich mancher vor einem *Dilemma*, d. h. einer Klemme bzw. schwierigen Wahl zwischen zwei gleich unangenehm erscheinenden Dingen: einerseits möchte er sich gern beruflich spezialisieren, um mehr zu erreichen, fürchtet aber, sich dabei von der Umwelt und manchen Erfolgsmöglichkeiten zu isolieren; andererseits möchte er seine beruflichen und gesellschaftlichen Kontakte erweitern, dadurch jedoch nicht die Zeit und Möglichkeit beruflicher Weiterentwicklung einbüßen ...

Dies Dilemma ist keines, weil es nicht um ein ›Entweder-oder‹, sondern um ein ›Sowohl-als-auch‹ geht.

Ein ›Spezialist‹ wird humorvoll definiert als ein Mann, der von immer weniger immer mehr weiß, während ein ›Universalist‹ jemand wäre, der von immer mehr Dingen immer mehr Einzelheiten zu erfahren trachtet und, statt zu einem Dilettanten zu werden, sein Wissen und Können zu einem organischen Ganzen zu vereinen weiß.

Rechte Lebenskunst lehrt, hier die goldene Mitte zu halten und sich beruflich zu einem Spezialisten, im gesellschaftlichen Leben zu einem Universalisten auszubilden und so die Vorzüge beider Typen ohne deren Nachteile in sich zu vereinigen.

Was Jacob *Burckhardt* in seinen »Weltgeschichtlichen Betrachtungen« vom Wissenschaftler sagt, gilt heute für jeden Beruf: »Man kann nur noch in einem begrenzten Gebiet Meister sein, nämlich als Spezialist, und irgendwie sollte man dies sein.« Die Natur selbst weist uns auf diesen Weg:

Unser Organismus lebt nur, weil sich alle Zellen und Zellgruppen in ihm spezialisiert haben: die einen zu Ganglienzellen und Energieschaltapparaten, andere zu Knochen und Geweben, wieder andere zu Blutkörperchen, zu Drüsen und Organen. Je vollkommener ein Organ seine Spezialfunktion ausübt, desto besser für das Ganze.

Gleichermaßen im Organismus der Gesellschaft, des Staates, der Menschheit: je vollkommener der Einzelne seine durch die angeborenen Talente bestimmten Spezialfunktionen erkennt, erfüllt und damit dem Ganzen dient, desto besser für die Gesamtheit, desto mehr Förderung erfährt er gemäß seiner Nützlichkeit und Unentbehrlichkeit vom Ganzen her.

Alle Großen und Erfolgreichen wurden es dadurch, daß sie ihre besonderen Neigungen erkannten, ihre stärksten Eignungen und Fähigkeiten entfalteten, bis ihnen die Aufgabe bewußt wurde oder zufiel, die gerade ihrer Anlage entsprach und sie zu einmaligen Höchstleistungen und Erfolgen führte. Wer mit wachen Sinnen Umschau hält und sich mit zunehmender Dynamik in Richtung seiner stärksten Eignungen spezialisiert und zugleich jede Arbeit so vollendet erledigt, als ob er schon jetzt ein Höchstleister sei, der mobilisiert Eigenschaften und Kräfte, die ihm auf seinem weiteren Wege voranhelfen, bis das Schwungrad der Spezialisierung, einmal angekurbelt, ihn ständig rascher aufwärtsreißt. Indem er so in seinem Beruf an die Spitze rückt und zugleich seine positiven Umweltkontakte allseitig erweitert, schärft er seinen Blick für den Reichtum des Lebens und die Erfolgsmöglichkeiten, die es ständig mit sich bringt, bewahrt sich vor Einseitigkeit wie vor Erstarrung und bleibt ein vorwärtsstrebender harmonischer Mensch, der von der Umwelt geschätzt wird und jede Situation souverän zu meistern weiß.

Produktive Umweltkontakte

Eine Begleiterscheinung fortschreitender Selbstdynamisierung ist die Zunahme positiver und produktiver Umweltkontakte. Wiederum zeigt sich hier, *wie weitgehend das Gesicht und Verhalten der Umwelt von unserer Sicht und Haltung bestimmt wird.* Soweit sie uns berührt, ist die Umwelt Spiegel und Echo unserer Innenwelt, wie die Umstände Entsprechungen und Auswirkungen der in uns vorherrschenden Zustände sind.

Wer bessere Umweltkontakte wünscht, erreicht sie *allgemein* durch die Potenzsteigerung seines Wesenskraftfeldes, also auf dem Wege der Selbstdynamisierung, die zugleich Entfaltung des ›Zaubers der Persönlichkeit‹ bedeutet, und *im einzelnen* durch positive Psychoschaltungen — vor allem durch beharrliche *Bejahung* und williges *Tun, als ob* der innere Einklang, die Übereinstimmung bereits da sei.

Im Sinne der Goldenen Regel rechten Verhaltens gilt es, der Umwelt jederzeit so aufgeschlossen und duldsam, gefällig und gütig, versöhnlich und ausgleichend, hilfsbereit und liebevoll entgegenzukommen, wie wir wünschen, daß sie sich uns gegenüber erweise.

Bejahen heißt, daß wir die anderen zuerst so akzeptieren und nehmen, wie sie sind, sie also nicht einmal in Gedanken kritisieren und herabsetzen, sondern sie ebenso achten wie uns selbst und ihnen darum auch nicht unsere eigene Meinung aufdrängen; und daß wir uns sodann besinnen, daß sie ihrem innersten Wesen nach weit besser und edler sind, als sie selbst wissen, und sie so behandeln, als ob dieses Bessere, Größere, Vollkommenere in ihnen bereits aktiv sei, um es eben durch diese Haltung zur Entfaltung und Auswirkung zu ermutigen.

Wenn wir uns diese positive Psychoschaltung und Wesenshaltung durch Übung zur Gewohnheit machen und unserer entgegenkommenden, kontaktbejahenden Einstellung in Gedanken, Worten, Gesten und Taten unentwegt Ausdruck geben, wirkt das auf die Umwelt nach Maßgabe der Gefühls- und Energieladung unserer ausgestrahlten sympathischen Impulse mehr oder minder rasch ansteckend, umstimmend und gleichrichtend, also kontaktschaffend.

Ganz besonders werden wir die Zunahme der sympathischen Kontakte mit allen bejahen, mit denen wir in unserem Arbeitsbereich in Berührung kommen. Wir werden ihnen Gedanken freundschaftlicher Zuneigung und gegenseitiger Förderung zustrahlen und durch unser Verhalten dokumentieren. Wir spüren dann, wie dadurch produktive Reaktionen ausgelöst werden, die wir mit erhöhter Willigkeit und Dankbarkeit beantworten.

Wiederum zeigt sich hier, daß Himmel und Hölle, Paradies und Fegefeuer keine Orte sind, sondern Zustände, die wir zuerst in uns und im weiteren um uns schaffen. Niemand kann uns verstimmen, kränken, herabsetzen, wenn wir selbst von negativen Empfindungen und Reaktionen frei bleiben.

Solange wir den Himmel in uns fühlen, schaffen und erhalten wir ihn auch um uns. Die Sonnenhaftigkeit unseres Wesens bewirkt durch ihre überlegene Strahlkraft, daß die Wesen um uns auf Grund des natürlichen Heliotropismus allen Lebens sich uns zuneigen, aufschließen und ihr Verhalten unbewußt dem unseren angleichen.

So erblüht aus der Selbstharmonisierung die Harmonisierung der Umwelt, wobei sich nach dem Gravitationsgesetz die Strahlung und der Einfluß des stärksten Wesenskraftfeldes durchsetzen, das auf dem Wege der Selbstdynamisierung am weitesten vorangeschritten ist und dadurch Vorbild und Leitkraft für andere wird.

Je mehr produktive Umweltkontakte wir so schaffen, desto geringer und bedeutungsloser werden noch vorhandene konträre Kräfte, desto stärker hingegen jene, die sich uns als Freunde und Verbündete zugesellen.

Die weitere Folge ist, daß die fortschreitende Verbesserung des Gemeinschaftsklimas, des sozialen Wohlbefindens aller, sich auch auf unser leibseelisches Wohlsein und auf unser berufliches Wohlergehen günstig auswirkt. Das *bessere Auskommen* mit der Umwelt bringt *besseres Einkommen* mit sich durch Ausweitung der beruflichen Aufgaben und Möglichkeiten, Fortschritts- und Erfolgsgelegenheiten.

Entfaltung der Führungskraft

Zum *erfolgreichen Vorgesetzten* entwickelt sich, wer das hier Dargelegte nicht nur zustimmend zur Kenntnis nimmt, sondern bewußt seiner Selbstdynamisierung dienstbar macht und damit zugleich seine Umwelt durch seinen Erfolgsschwung mitreißt. Er blickt dann nicht mehr zweifelnd, mißtrauisch, mißgünstig oder ablehnend auf seine Mitarbeiter, sondern sammelt seinen wie ihre Blicke auf das gemeinsame Ziel, auf die der Erfolgsverwirklichung dienenden Maßnahmen und auf die positiven Kräfte, die er in sich wie in den mit ihm Zusammenwirkenden mobilisiert.

Letztlich ist die Geschichte jedes bedeutenden Unternehmens eine Geschichte der großen Könner, die mit ihrem Werk zugleich sich selbst verwirklichten. Sie sind, wie Carlyle sagt, »die eigentlichen Vorbilder und Bildner der Masse, die Schöpfer dessen, was die große Masse der Menschheit zu erreichen strebt.«

Durch die machtvolle Strahlung ihres Wesenskraftfeldes ziehen sie verwandte Charaktere an, wie der Magnet Eisen, — oder verwandeln sie ihre Mitarbeiter in zielstrebige Mithelfer am Aufbau und Aufstieg des Unternehmens, indem sie, bewußt oder unbewußt, die zehn Vorgesetztenregeln befolgen, die *Casson* aufstellte:

1. bleiben sie infolge ihrer inneren Überlegenheit nach außen duldsam, unparteiisch und fair und züchten weder Günstlinge noch Prügelknaben. 2. sorgen sie dafür, daß ihre Gesten, Worte und Handlungen stets positiv sind; sie versprechen wenig und halten jede Zusage. 3. ersetzen sie die negativen Tendenzen des Ärgers, Unmuts, Grolls und Tadelns durch anspornende Ermunterungen und, wo möglich, durch kraftweckendes Lob, weil sie wissen, daß sie dadurch noch mehr Grund zum Loben bekommen. 4. beachten sie,

daß jeder Fall mindestens zwei Seiten hat, weshalb sie stets auch die andere Seite zu Worte kommen lassen und ihr Achtung erweisen. 5. lassen sie einer unvermeidlichen Kritik sogleich den Hinweis auf das Bessere folgen, um alle Kräfte in positive Bahnen zu lenken. 6. bilden sie selbst ein mitreißendes Vorbild der Zuversicht, Tatkraft und Siegüberzeugtheit. 7. zeigen sie durch Anerkennung und Belohnung, daß sie Qualitätsleistungen erkennen und mit Aufstiegsmöglichkeiten beantworten. 8. halten sie Sonderbegabungen unter Beobachtung und bieten den Tüchtigen Chancen rascheren Aufstiegs, um ihre Leistungswilligkeit zu steigern und zugleich die der anderen anzuspornen. 9. erwecken sie in den anderen die Bereitschaft, mehr Verantwortung zu übernehmen und ihr Bestes zu geben, um das Höchste zu erreichen. 10. folgen sie der Goldenen Regel, jeden so zu behandeln, wie sie selbst behandelt werden möchten, und verwandeln dadurch ihre Mitarbeiterschaft in eine verschworene Gemeinschaft, in der alle das gleiche wollen und anstreben.

Die Gewohnheit ständiger Bejahung der Vielfalt positiver Kräfte im eigenen Innern hat zur Folge, daß der so Denkende auch bei den andern zuerst auf ihre guten Seiten blickt, erkannte Fähigkeiten aktivieren hilft und mit dem harmonischen Kontakt zunehmende Willensgleichrichtung bewirkt. Wer seine Mitarbeiter sympathisch findet, ihre latenten Talente mobilisieren hilft und ihre Tatkraft dem gemeinsamen Werk dienstbar zu machen weiß, der weckt über die Sympathie hinaus jene Folgebereitschaft, die dem Führenden freiwillig geschenkt wird.

Er erweitert so sein eigenes Wesens- und Willenskraftfeld um das aller Mitwirkenden, und entfaltet und erhöht seine Führungskraft in eben dem Maße, in welchem er mit der eigenen inneren Führung zu lebendiger Partnerschaft gelangt.

In dem so geschaffenen gemeinsamen Willenskraftfeld hat jeder Mitarbeiter das Gefühl, daß es sein eigener Wunsch und Stolz ist, dem Unternehmen zu optimalem Erfolg zu verhelfen. Infolgedessen wird jedes Wort des Führenden zu einem wirkstarken Appell an den kollektiv-unbewußten Willen aller zum Mehrsein und Mehrkönnen mit der Folge, daß nicht nur die gewünschten, sondern darüber hinausgehenden Leistungen vollbracht werden.

Die zum Bewußtsein ihrer eigenen Kraft Erwachten entwickeln eigene Ideen, verbessern ihren Arbeitsgang, schalten Leerlauf aus, verwenden das Arbeitsmaterial rationeller und schaffen freudiger und bewußter, so daß die Gesamtleistung nicht nur quantitativ, sondern qualitativ zunimmt und Stellung und Einkommen aller sich laufend verbessert.

Arbeitskultur

»Arbeit, edle Himmelsgabe, zu der Menschen Heil erkoren, nie bleibt ohne Trost und Labe, wer sich deinem Dienst verschworen.« Was Friedrich von Bodenstedt uns mit diesem Wort bewußt macht, ist die Wahrheit, daß es keine Freude ohne Arbeit gibt, aber auch keine Arbeit ohne Freude.

Echte Arbeitskultur, ohne die dauernde Erfolge unmöglich sind, hat eben diese Wiedergewinnung und Mehrung der Arbeitsfreude zum Ziel. Sie beginnt, wie jedes gewinnverbürgende Werk, schon bei der abendlichen Tageszielsetzung, die der Steigerung der Arbeitsdynamik durch Bejahung dient. Tenor der in der abendlichen Entspannung und Stille vor dem Einschlafen in die Tiefen des Unbewußten eingesenkten positiven Impulse mag etwa diese Bejahung sein:

»Ich liebe meine Arbeit! Ich meistere jede Aufgabe mit

Interesse und konzentriertem Einsatz aller körperlichen und geistigen Kräfte. Es macht mir Freude, meine Fähigkeiten an ihr zu erproben und zu bewähren. Ich bin mit Leib und Seele bei dem, was ich wirke, und erfülle alles, was ich tue, mit dem Geist des Erfolges. Ich fühle mich beim Schaffen durchströmt von der Lust des Wachstums, vom Glück des Gelingens. Morgen ist ein guter Tag — ein Tag des Fortschritts und Erfolgs!«

Freudiges Schaffen gibt Kraft, auch die Widrigkeiten des Alltags überlegen zu meistern. Sind wir hingegen mit unserer Arbeit uneins, unzufrieden, leisten wir sie ungern, lustlos, dann vollbringen wir nur Halbes, Unvollkommenes — und der Erfolg bleibt uns fern. Wo wollen wir denn die Freude hernehmen, die wir ersehnen — wenn nicht aus dem, was den größten Teil unseres Tages einnimmt: aus unserem Schaffen!

Wenn wir bewußt unsere Lust und Liebe, unseren Mut, unser Gemüt in unser Werk hineinlegen, machen wir unsere Arbeit gemütvoll, gemütlich, lichter und freudenreicher, leichter und erfolgträchtiger.

Wir haben es in der Hand und gleichermaßen in Haupt und Herz, jede Arbeit auf diese Weise zu durchlichten, zu beseelen, zu kultivieren, zu veredeln und zu adeln. Wir gestalten damit zugleich unser Gedanken- und Gefühlsleben positiver und harmonischer, vitaler und dynamischer und vervollkommnen unser Leben.

Wir haben es in der Hand, im Haupt und im Herzen, Unlustgefühle und Zerstreutheit beim Schaffen ebenso wie Arbeitsfron und -besessenheit fernzuhalten und an deren Stelle durch tägliche Selbstdynamisierung innere Heiterkeit und Sonnigkeit und gleichbleibenden Schaffensschwung aus zeitweise geübten Schaltungen zu Dauerhaltungen umzuwandeln.

Je bewußter das geschieht, desto spürbarer aktiviert jeder Impuls der Arbeitsbejahung mit der dadurch ausgelösten neuen Freudewelle bisher latente schöpferische Kräfte und Fähigkeiten — mit der weiteren Folge, daß jedes beglückt empfundene Leichterwerden der Arbeit und jeder Kraftzuwachs das Schwungrad des Erfolgs stärker antreibt und das Bewußtsein des Gelingens des eigenen wie des gemeinsamen Werks vertieft.

So empfand es *Goethe*, als er vom *Adel der Arbeit* sprach: »Der Kreis werktätiger Pflicht adelt jeden, der ihr treu dient. Im Schweiß der Arbeit liegt ein Antrieb, der dem Leben Schwung gibt, und das Bewußtsein, daß unsere Arbeit in der einen oder anderen Weise unseren Mitmenschen zu dauerndem Segen gereicht, läßt uns die Flucht der Jahre leichter ertragen.«

Im Garten Eden bedeutete alles Schaffen dem Mythos zufolge paradiesisches Glück, geboren aus der Liebe zu tätiger Selbstverwirklichung. Wer um den Adel der Arbeit und um das Glück der Werkhingabe weiß, der endet auch heute noch jederzeit die Selbstverbannung, kehrt ins Paradies zurück und wandelt Fluch in Heil, Arbeitsfron in jene Schaffensfreudigkeit, die den Tätigen der Erreichung seiner Ziele, der Verwirklichung seiner Ideale mit Sicherheit Schritt um Schritt näherbringt.

Heilkraft der Arbeit

»Der weitaus größte Teil des menschlichen Wohlbefindens besteht aus einer beständig fortschreitenden Arbeit mit dem Segen, der darauf ruht, der sie schließlich zum Vergnügen macht. Nie ist das menschliche Gemüt heiterer gestimmt, als wenn es seine richtige Arbeit gefunden hat.«

Wilhelm von *Humboldt* weist mit diesem Wort auf die Tatsache, daß die Arbeit, die wir durch Bejahung bewußt durchseelen, durchgeistigen und heiligen, zugleich heilkräftig wirkt. *Smiles* ergänzt diese Erkenntnis: »Seinem inneren Wesen nach ist der Mensch ein Geist, dessen Werkzeug Seele und Leib sind. Vom Geist geleitete und recht getane Arbeit dient dem Wohlergehen von Seele und Körper und ist eine Voraussetzung jedes Glücks.«

Der Mensch soll, wie *Fichte* betont, »arbeiten, aber nicht wie ein Lasttier, das unter seiner Bürde in den Schlaf sinkt und nach der notdürftigen Erholung der erschöpften Kräfte wieder zum Tragen derselben aufgestört wird, sondern er soll mit Lust und Freudigkeit wirken und Zeit übrig behalten, seinen Geist und sein Auge zum Himmel zu erheben, zu dessen Anblick er geschaffen ist.«

In der Tat gibt es, wie Marden sagt, »nichts auf Erden, das so viel Glück geschaffen, so viele Menschen vor der Verzweiflung gerettet, so reiche Geistes- und Körperkräfte entfacht und so viele verborgene Fähigkeiten und Quellen der Fülle erschlossen hat, wie die Arbeit. Zielbewußtes Wirken ist ein Heilmittel für alle Sorgen, Nöte und Leiden.«

Wenn Schiller hinzufügt, daß »die Arbeit Bedingung des Lebens ist, Weisheit das Ziel und Glückseligkeit der Preis«, so heißt das:

Je dynamischer, vitaler und aktiver der Mensch wird, desto gesunder und produktiver, glücklicher und vollkommener ist er.

Gerade jene, die in ihrem Ringen Zeiten der Entmutigung und Depression durchlebten, rühmen diese *Heilkraft der Arbeit*. »Wie oft war ich in einem Zustand der Mutlosigkeit und dem Gefühl des Gedrücktseins ausgeliefert«, bekennt der große Anatom *Virchow*, »was mich aber immer wieder gerettet hat, war die Liebe zur Arbeit, die mich selbst an den Tagen äußeren Mißgeschicks nicht verlassen hat.« Er erfuhr, daß jedem Schaffen ein zuerst unsichtbarer, aber schließlich zutagetretender Segen innewohnt.

Auch *Kant* nannte planvolles Schaffen »das einzige Mittel, seines Lebens froh und dabei doch auch lebenssatt zu sein«, womit er Ruskins Satz bestätigte: »Nur wer weiß, was Handeln, Arbeiten, Vollbringen heißt, der weiß, was *Leben* ist.«

Eben dieser Erkenntnis verdanken die Großen und Erfolgreichen aller Zeiten ihren Aufstieg und ihre Siege. Sie alle stimmen im Lob der Trost- und Heilkraft frohen Schaffens überein und in der Feststellung, zu der der Schweizer Psychiater Eugen *Bleuler* gelangte, daß »die Arbeit eine der sozialsten Funktionen des Menschen ist, ohne die er seelisch und körperlich zugrundegeht. Sie ist normalerweise mit Lustgefühlen verbunden« und wirkt gesunderhaltend. Wo dies nicht der Fall ist, verrät es falsche Einstellung zum Leben und Schaffen und Störungen des sozialen Organismus.

Wo aber die Harmonie des Ganzen nicht gestört ist, da ist die Welt ein großer Zusammenhang von Arbeit und gemeinsamem Fortschritt und Wachstum. Wo die Liebe zur Arbeit der erste Beweg-Grund und das Schaffen zugleich Ausdruck der Liebe und Fürsorge für andere ist, da findet der Mensch Befriedigung, Selbsterfüllung und Beglückung in seinem Werk. Diese Erkenntnis klingt noch in Heinrich Seidels Lied an: »Nur die Arbeit kann erretten, nur die Arbeit sprengt die Ketten, *Arbeit macht die Völker frei.*«

Sie tut es, weil sie dem *Einzelnen* zu jener inneren Freiheit verhilft, die ihn mit Nietzsche bekennen läßt: »Ich trachte nicht nach Glück, ich trachte nach meiner Arbeit« — nach dem, was mir hilft, ganz ich selbst zu sein und in schöpferischer Tätigkeit mich selbst zu verwirklichen.

Wer so denkt und handelt, der bringt jenen inneren Adel

und jene Heilkraft der Arbeit zur Entfaltung, die den Schaffenden unmittelbar dynamisieren und vitalisieren und ihn in glücklichen Augenblicken rauschhaften Schaffens spüren lassen, daß der Geist des Lebens in ihm und durch ihn wirkt.

Erlöserkraft der Arbeit

Wenn es unsere Erdenaufgabe ist, in Freiheit an der Vervollkommnung unserer selbst und alles Seienden mitzuschaffen, dann ist die *Arbeit* das wirksamste Mittel zur Sinnerfüllung unseres Daseins. Alles weist darauf hin, daß wir, wie Johannes Fernando *Finck* es sah, unser Schöpfertum entfalten sollen: »*Geschöpfe* gibt's genug! Gott selbst will *Schöpfer* haben, die ausgestattet sind mit seinen besten Gaben« und diese Gaben in Erfüllung ihrer Aufgaben freudig nützen und mehren!

Die Zeit ist nicht mehr fern, wo die leuchtenden Augen der Menschen das Glück des Bewußtseins frei-schöpferischen Wirkens und die Freude widerstrahlen, Baumeister zu sein am Tempel der Menschheit, wo alles Schaffen als sichtbar gemachte *Liebe* empfunden und zu frohem Beiseiteräumen der Hindernisse auf dem Wege zur Vollendung wird.

Wenn wir so die Weihe der Arbeit verspüren und zutiefst durchglutet werden vom Bewußtsein ihrer Heiligkeit und Heilkraft, wenn wir dem Schaffenden wieder mit Ehrfurcht begegnen und ihn um seines Werkes willen lieben, und wenn wir uns jedem Werk so widmen, als hinge das Heil der Menschheit davon ab, dann werden wir der *Erlöserkraft der Arbeit* inne.

»Alle Arbeit ist heilig, in jedem Werk liegt etwas Göttliches«, bekennt Carlyle. Sie ist ein Segen, soweit wir sie durch unser Ja dazu machen. Wer diese leidüberwindende

Lösungs- und Erlösungskraft erfahren hat, begreift den eigentlichen Sinn des Psalmwortes: »Wenn das Leben köstlich gewesen ist, so ist es Bemühen und Arbeit gewesen«, wie auch den der alten zarathustrischen Verheißung, daß der, der reinen Herzens wirkt, dessen Arbeit tätige Liebe ist, das ganze Gesetz erfüllt und zur Freiheit der Kinder des Lichts gelangt.

Nichts anderes meint die Mahnung der Bibel, daß, wie Gott »den Menschen geschaffen hat zum ewigen Leben«, der Mensch seinerseits guten Mutes schaffen solle, daß das Ewige in ihm das Vergängliche an ihm überwinde und sich aus dem alten der »neue Mensch erhebe, der nach Gott geschaffen ist«, und »der Kraft folge, die in ihm wirkt.«

Eben dies riet auch *Goethe* an: »Suchst du das Höchste, das Größte? Die Pflanze kann es dich lehren: was sie willenlos ist, sei du es *wollend* — das ist's!« Was ist das Wesen und Wirken der Pflanze? Unaufhörliches Lichtsehnen, Selbsterfüllung und Liebesoffenbarung. Genau so sei unsere Arbeit sichtbar gemachte Liebe. Dann wird unser Werk zur *re-ligio:* zur Wieder-Verbindung und Einswerdung mit dem Ewigen, mit dem über den Alltag in den All-Tag kosmischer Bewußtheit und Freiheit hinausweisenden Göttlichen.

Alle Großen der Menschheit haben sich durch ihr Leben und Werk zu Nietzsche's Wort bekannt:

»Schaffen — das ist die große Erlösung vom Leiden und des Lebens Leichtwerden.«

Was sie dynamisch und schicksalsüberlegen machte, was sie frei werden ließ, waren der *Geist* und die *Liebe*, die ihr Schaffertum zum Schöpfertum erhöhten.

Letztlich sind es der Geist und die Liebe, die über Ausgang und Segen unserer Arbeit entscheiden. Wir wissen nicht, welche Fortschritte, Freuden und Erfüllungen das Leben für uns bereit hält. Aber wir wissen jetzt, daß in dem

Maße, in welchem wir uns selbst dynamisieren, unser Wirken zu geistbewußtem und sinnerfülltem Werteschaffen wird und daß wir alsdann auch das Höchste, das Größte erwarten und mutig anstreben dürfen.

Und wir wissen, daß mit dem Kommen der neuen Menschen eine *neue Menschlichkeit und tatreligiöse Sozialität* erwacht, die nicht mehr Arbeit›geber‹ und -›nehmer‹ kennt, sondern nur mehr gleich schöpferische, gleich gesinnte und gleich berechtigte freie Partner, die um die Liebes- und Erlösungs-, die Heil- und Vollendungskraft der Arbeit wissen.

Möchte dieser neue Geist unser aller Schaffen erfüllen und leiten, damit es zu bewußter Offenbarung unseres Schöpfertums werde!

Selbstdynamisierung

Wir leben am Sinn unseres Daseins vorbei und versäumen die Erfüllung der unseren Gaben gemäßen Aufgaben im Leben, solange wir den Ewigkeitswert schöpferischer Selbstoffenbarung und Selbsterfüllung in beseelter Arbeit verkennen. So mancher suchte Selbstvollendung und Allvereinung außerhalb des täglichen Wirkens. Aber *wahre Selbstverwirklichung setzt dynamisches Wirken voraus.* Nur in unserem täglichen Schaffen können wir uns als Träger göttlicher Kräfte erfahren und bewähren.

Wie wir den Feuerfunken aus dem Stein herausschlagen, so sollen wir lernen, den göttlichen Funken in uns in schöpferischem Tätigsein zum Entflammen und Lodern zu bringen. Das kleinste Werk kann dazu beitragen, wenn es mit dieser Bejahung erfüllt, wenn es im Geiste der Einheit mit dem Ewigen getan, wenn der Hauch der Gottheit durch uns bewußt in die Arbeit hineingetragen wird und wir unser

Alltagsschaffen so in ein lebendiges Liebes-Sakrament und Herzgebet verwandeln.

Arbeit als Mittel der Selbstdynamisierung — das bedeutet die Wiedergewinnung des Arbeitsglücks und jene Vergeistigung allen Schaffens, die gekennzeichnet ist durch den Glauben an das Gute, das Göttliche in uns und über uns, und durch den Willen, in unserem Werk das Gewißsein unserer Harmonie mit dem Unendlichen sichtbar zu demonstrieren, in ihm unser *Selbstsein* und Einssein mit dem Allselbst immer vollkommener zu offenbaren.

»Sei du selbst!« — das ist die Forderung, die das Leben mit jeder Aufgabe, jedem Werk an uns stellt. Sei du selbst! ist der Rat, den Hermann *Hesse* einmal einem jungen Künstler gab, der an sich, seiner Aufgabe und seinem Können zweifelte:

»Was du im Leben leistest, wird vom ewigen Sinn der Welt, von der ewigen Gerechtigkeit nicht nach irgendeinem festen Maß gemessen, sondern nach deinem persönlichen. Sie wird dich nicht fragen: ›Bist du ein Hodler geworden, ein Pestalozzi oder ein Gotthelf?‹, sondern allein: ›Bist du der gewesen und geworden, der du deinen Anlagen und deinem Wesen nach *bist?*‹

Jedem von uns ist ein Erbe und eine Aufgabe mitgegeben. Er hat gewisse Eigenschaften, angenehme und schwierige, geerbt, Talente und Mängel — und all dies ist *er*, und dies Einmalige hat er zu verwalten und reif werden zu lassen. Und da kommt es nicht auf eine objektive, allgemeine Höhe der Leistung an, sondern darauf, daß er *sein Wesen*, das ihm Mitgegebene, so völlig und rein wie möglich in seinem Leben und Tun zur Darstellung bringt ...

... Tausend Verführungen ziehen uns beständig von unserem Wege ab; aber die stärkste von ihnen ist die, daß man gern ein *ganz anderer* sein möchte, als man ist, daß man

Vorbildern und Idealen folgt, die man nicht erreichen kann und auch gar nicht erreichen soll. Diese Verführung ist für höher veranlagte Menschen besonders stark und gefährlicher als die vulgären Gefahren des bloßen Egoismus, weil sie den Anschein des Edlen und Moralischen hat . . .
Aber zwischendurch, in Stunden inneren Wachseins, spüren wir wieder, daß es keinen Weg aus uns heraus und in etwas anderes hinein gibt, daß wir mit unseren eigenen, ganz persönlichen Gaben durchs Leben hindurchmüssen; und dann geschieht es wohl zuweilen, daß wir ein Stück weiter kommen, daß uns etwas gelingt, was wir vorher nicht konnten, und daß wir für Augenblicke *uns selber ohne Zweifel bejahen* und mit uns zufrieden sein können.«

Die kleinste wie die größte Arbeit, mahnt Johannes Fernando *Finck*, »das niedrigste wie das höchste Werk sollte *im Zeichen der Ewigkeit geschehen*, ohne Gedanken seines Abschlusses durch den Tod; sonst erdrückt uns die Arbeit und wird wertlos, auch nur in den nächsten Tag hinübergetragen zu werden, anstatt ihre Aufgabe zu erfüllen: Offenbarung unseres Schöpfertums zu sein.«

Für den zu sich selbst Erwachten ist die Arbeit keine bloß zeitlich-irdische, sondern zeitlos-kosmische Selbstverwirklichung, die kein Ende hat. Er ist gewiß, daß, wie jenseits der Nacht des Schlafes, auch jenseits der größeren Nacht des Todes sein Schaffen nicht endet, sondern daß er nach jedem Werk zu abermals höheren Aufgaben berufen wird. Darum ist ihm alles Schaffen Wirken für die Ewigkeit und eine Stufe auf dem Allweg immer vollkommenerer Selbstdynamisierung und -vervollkommnung. Was ihn frei und groß macht, ist die Gewißheit, schöpferischer Mitarbeiter der ewigen Weisheit zu sein.

Selbstbesinnung

Daß heute nicht nur Menschen, die noch wirtschaftlich zu kämpfen haben, sondern auch solche, die erfolgreich vorankommen, sich unbehaglich, unerfüllt, unbefriedigt fühlen, rührt, psychodynamisch gesehen, vor allem daher, daß sie sich in der ständig stürmischer werdenden Jagd nach äußeren Fortschritten und vergänglichen Werten keine Stunden der Entspannung, Stille und Selbst-Besinnung mehr gönnen.

Sie kennen kaum noch schöpferische Pausen, wirklichen Feierabend, Sonntagsfrieden und Ferien vom Ich. Was wunder, daß sie sich zunehmend verspannt, verkrampft und überfordert fühlen, sich durch negative Psychoschaltungen und Kräftefehlleitungen selbst blockieren, statt sich von innen her zu dynamisieren!

Bei manchen geht die *seelische Verödung* — die der Versteppung des Bodens gleicht, dem das Wasser des Lebens fehlt — bis zum Gefühl der Dürre, der inneren Leere und der Sinnlosigkeit des Schaffens, das begleitet ist von der dumpfen Ahnung, am Wesentlichen vorbeizuleben, von fortschreitender Gedankenzerfahrenheit, aufschreckenden Träumen und einem bohrenden Gefühl der Unruhe.

Diese *Unruhe* wird um so quälender, je mehr man sie durch vermehrte Wendung *nach außen* — durch Massenbetrieb, Sensationen, Fernsehen und Vergnügen — für den Augenblick betäubt und überdeckt.

Heilsam hingegen wird sie, wenn man ihr und damit sich selber auf den Grund geht, die verschütteten Lebensquellen freilegt und die wieder aufströmenden positiven Innenkräfte bewußt zu produktiver und dynamischer Wirksamkeit leitet.

Flucht vor sich selbst, Entfernung vom inneren Selbst, also Selbstverdunkelung und Selbstentfremdung, vertieft naturgemäß den inneren Zwiespalt und die Friedlosigkeit des Gemüts und läßt alles Mühen fragwürdig und fruchtlos erscheinen. Je weniger der Mensch mit sich selbst in Übereinstimmung ist, desto mehr Unstimmigkeiten treten in seinem Schaffen, in Leib und Leben in Erscheinung, desto mehr tritt das Menschliche zurück und das Allzumenschliche und Untermenschliche hervor ...

Zum Glück ist der Mensch aber so eingerichtet, daß er sich auch aus der tiefsten Not und Selbstentzweiung wieder zu erheben vermag. Er muß nur lernen, sich an das zu halten, was allein ihm in dieser schwankenden Welt vergänglicher Dinge die Möglichkeit gibt, unerschüttert fest zu stehen: an den *inneren Halt*, zu dem er jederzeit zurückfinden kann, wenn er sich *nach innen* wendet und sich auf sich selbst besinnt — nicht auf sein immerfort fürchtendes, zagendes und gierendes *Ich*, sondern auf sein gelassen im Ewigen wurzelndes innerstes *Selbst*.

Sich auf sich selbst besinnen, zu sich selbst zurückkehren, mit sich selber einig und eins sein heißt Zweifel, Zwiespalt und Zwistigkeiten überwinden. Aus der wiedergewonnenen Harmonie mit uns selbst erblüht alsbald die Harmonie mit der Umwelt, mit dem Leben, und im weiteren und letzten die Harmonie mit dem Unendlichen, ohne die alles Leben und Wirken im Endlichen seines Sinns entbehrt.

So gelangen wir über die Selbstfindung zugleich zur Findung und Erfüllung des Sinns unseres Daseins und damit zu den eigentlichen und ewigen Quellen wirklichen Glücks und jener Gelassenheit und Zufriedenheit, die aus dem inneren Frieden erwächst. In der Stille des Innern entwirren sich alle Ängste und Beklemmungen; wir finden aus bitterem Nein und Verzweiflung wieder zur Gewißheit unseres Einsseins mit dem Leben und zu jenem dankbaren Ja, das uns alle Widrigkeiten souverän meistern läßt.

Wer das einmal erfahren hat, weiß, wie beglückend solche Selbstfindung ist. Wer es noch nicht erlebte, sei auf diesen Weg nach innen verwiesen, auf dem er zur Entspannung und Angstfreiheit, zur Lösung aus Vereinzelung und Vereinsamung, Verlassenheit und Ungeborgenheit und zu echter Freude am Schaffen und Leben findet.

Der Weg ins Freie durch die Wiedergewinnung der Mitte ist jedem jederzeit offen.

Wiedergewinnung der Mitte

Nicht mit Unrecht spricht man vom ›Verlust der Mitte‹: der Mensch von heute ist weithin aus seinem Mittelpunkt herausgerückt und vegetiert, fast völlig nach außen gewandt, nur noch an der Peripherie seines Wesens und Lebens. Mit der fortschreitenden ›De-zentrierung‹ ging das innere Gleichgewicht verloren, und damit schwanden Ausgeglichenheit und Harmonie, Friede und Zufriedenheit, die aus der Mittelpunktverbundenheit kommen, aus dem Einssein mit dem zentralen wesenhaften *Selbst*.

Ein bekannter Humorist hat die Situation des modernen Menschen treffend charakterisiert, als er beschrieb, mit welchem Ergebnis er, von der Hohlheit der üblichen Vergnügungen unbefriedigt, nach Wertbeständigerem suchte: » . . . Da ging ich in mich — aber da war auch nichts los . . .«

Natürlich war da ›nichts los‹, weil die Hingabe an äußere Betriebsamkeit und Getriebenheit zwangsläufig zum Verlust des Kontakts mit dem ruhenden Mittelpunkt des eigenen Wesens führt. Wenn man dann einmal innehält und flüchtig in sich hineinschaut, sieht man sich entweder einem wilden Gedankengestöber oder einem Schweigen gegenüber, das einem nichts sagt oder einen beunruhigt und erschreckt, so daß man sich lieber den lärmenden Sensationen der Umwelt überläßt als diesem lautlosen Schweigen der Innenwelt.

Wer innen nichts findet, steht in den entscheidenden Augenblicken, an den Wendepunkten des Daseins, mit leeren Händen da. Weil er die Verbindung zu seiner Wesensmitte verlor, nicht mehr nur Sammlung, zur Besinnung auf sich selbst geneigt oder fähig ist, ist er im Grunde ohnmächtig und arm, weil unvermögend zur Selbstdynamisierung wie zur Lebensmeisterung. Seiner Wesensmitte entrückt, hat er den inneren Halt verloren und schwankt und schlingert nun wie ein *Kreisel*, der die feste Stellung seiner zentralen Umdrehungsachse nicht mehr halten kann und damit die ihm sonst eigene Stabilisierungskraft verloren hat ...

... Der heutige Mensch ist in der Tat weitgehend aus der *stabilen,* Frieden und Glück, Wohlsein und Wohlstand verbürgenden Grundhaltung und entsprechend gelassenen Bewegung und Tätigkeit in eine *labile,* innerlich haltlose, rastlos unstete, ziellos disharmonische Getriebenheit geraten. Wie beim Kreisel sind seine Haltungen, Reaktionen und Bewegungen nicht mehr einheitliche Äußerungen der inneren Stabilität, sondern schwankend, wankelmütig, zwiespaltig, friedlos und unfriedfertig.

Weil er selbst nicht mehr zur Ruhe, zum Frieden, zur Stabilität, zur Einheit mit sich selbst und zu wirklichem Lebensglück findet, erschüttert er auch seine Umwelt durch zerstörende Reaktionen, negative Resonanzen, disharmonische Schwingungen und Wellen der Ichsucht und Lieblosigkeit, des Unfriedens, Neides und Hasses. So erweist sich die heutige Weltlage als Seismograph der infolge der allgemeinen Labilität von jedem Einzelnen ausgehenden Wellen der Unrast, Friedlosigkeit und Unzufriedenheit.

Und wie kann dies Fehlverhalten und der daraus entspringende Irrlauf, der individuelle und soziale Mißstand, geändert werden? Wie können Friede und Zufriedenheit, Eintracht und Wohlergehen für alle gesichert werden? Vor allem dadurch, daß der Einzelne wieder zu seinem Wesensmittelpunkt zurückfindet, zum *Selbst*, und damit zum stabilen, gesunden Gleichgewicht, zur inneren Sammlung und Kraft, zur Harmonie mit sich selbst und von dort aus zur Harmonie mit der Umwelt und mit dem Ewigen.

Der Weg zu dieser Selbstbesinnung und Kraftgewinnung, Stabilisierung und Dynamisierung ist hier gezeigt. Wer ihn geht, hat begründete Aussicht, in schrittweiser Hinwendung nach innen, in der Hingabe an die sicheren Halt gebende innere Führung, in meditativer Selbstbesinnung und Wiederherstellung der inneren Ordnung zu einem neuen harmonischen und glückreichen Leben aufzusteigen — in immer lebendigerer und bewußterer Partnerschaft mit den schöpferischen Tiefenkräften seiner Wesensmitte.

Geniale Produktivität

Eine Folge der ›Wiedergewinnung der Mitte‹ ist die immer lebendigere Teilhabe am Strom schöpferischer Gedanken und damit die spürbare Zunahme der geistigen Produktivität, die nur durch Ichhaftigkeit und Erwartungsspannung zeitweise blockiert werden kann.

Um empfangen zu können, müssen wir empfänglich sein. Und das wird man nur im Absehen von sich — vom *Ich* — und in der hingebenden Überlassung an den inneren Inspirator, das führende *Selbst*. Man sucht dann nicht mehr mit dem Scheinwerfer der Begier oder Neugier nach Einfällen, sondern macht sich zum Vakuum, das die Lichtgedanken von selbst anzieht, so daß hinter jeder Frage die Antwort sichtbar wird und Wege vom inneren Licht erhellt werden, die dem Ich unerkennbar waren.

Der Schlüssel liegt in der bejahenden Haltung: »Ich öffne mich willig dem Aufstrom neuer Gedanken, dem Innewerden vollkommenerer Einsicht und Übersicht! Ich bin bereit, neue Inspirationen aufzunehmen und sie im Dienste des Guten zu befolgen!« Je stiller und gelassener wir dabei werden, je ich- und spannungsfreier und selbstversunkener, desto mehr wird unser Bewußtsein zum Treffpunkt schöpferischer Intuitionen.

Mit dem inneren Schöpfertum, der *genialen Produktivität* ist es wie mit dem Wachstum junger Pflanzen: sie entfalten sich in der Stille und Verborgenheit der Erde Zelle um Zelle von selbst. Wir brauchen nur vertrauensvoll zu warten, bis sich die ersten Sprossen ans Licht wagen. Vorher nachzugraben und nachzusehen, ob und wie sie wachsen, heißt sie vernichten.

Gleichermaßen wächst alles Große in der Stille des Innern; wir müssen nur *selbst zur Stille werden*, es gelassen in uns wachsen lassen und auf sein Kommen vertrauen. Dann erleben wir, wie unsere schlummernde Genialität sich schrittweise entfaltet, und entdecken, *daß die guten Gedanken immer da sind*, wenn wir uns ihnen öffnen.

Diese Gesetzmäßigkeiten werden bei der Arbeitsweise genialer Menschen beachtet, die sich durch ihre besondere Planungstechnik und Arbeitsdynamik sowie durch ihre Werkhingabe auszeichnen und durch Entfaltung ihrer jeweils ureigenen einmaligen Anlagen zu unnachahmbaren Spitzenleistern entwickeln.

Nun gibt es aber im Grunde keinen Menschen, der nicht auf dem seinen Neigungen und Eignungen gemäßen Gebiet Überdurchschnittliches zu leisten vermöchte, wenn sich zum vorhandenen Talent ein unermüdlicher Selbsterziehungswille und die entsprechende Arbeitsdynamik hinzugesellen. Es ist also falsch, wenn einer im Blick auf überragende Könner resignierend meint: »Nicht jeder kann ein Genie sein.«

In Wirklichkeit kann jeder auf dem Gebiet seiner stärksten Anlagen seine bisher schlummernde geniale Produktivität entfalten und zu einmaligen, vielleicht nur ihm möglichen und vorbehaltenen Leistungen gelangen.

Er muß nur lernen, mit sich selber eins zu sein, also der Mahnung folgen:

Werde, der du bist! Aktiviere mutig die in dir erkannten positiven Werte! Offenbare und betätige deine heimlichen Kräfte in immer besseren Leistungen! Bedenke, daß jede Anlage durch Arbeit und Übung gesteigert wird, daß jeder sein Leistungspotential erhöhen und im Bereich seiner besonderen Interessen und Eignungen eine überragende Stellung erringen kann! Werte Perioden scheinbaren Leistungsstillstands bewußt als Zeiten inneren Wachstums und Aufblühens neuer Kräfte, in denen sich besondere Erfolge vorbereiten, die bei unentwegtem Durchhalten früher oder später offenbar werden und deutlich machen, daß der Punkt des vermeintlichen Leistungshöchstmaßes nicht die Grenze des Leistungsvermögens anzeigt, sondern nur eine Etappe darstellt, jenseits deren der Weg abermals steiler emporführt zu noch höheren Leistungsgipfeln!

Geniale Anlagen allein garantieren noch keine Meisterschaft. Erst die Dreieinheit Genialität/Schaffensfreude/Arbeitsdynamik führt zu Spitzenleistungen. Sie schließt die Zusammenarbeit mit der inneren Führung mit ein, die zur Folge hat, daß uns die Arbeit zuwächst, die uns gemäß ist und uns die Entfaltung der uns angeborenen genialen Produktivität ermöglicht.

Der innere Inspirator

Aus vielen Bekundungen genialer Menschen wissen wir, daß gewaltige Leistungskräfte in der Tiefe der Seele schlummern, die in dem, der sich nach innen öffnet, zuweilen blitzgleich Erleuchtungen aufflammen lassen, die erlösende Einsichten und befreiende Aussichten offenbaren. Sie zeigen, daß, wie *Trine sagt,* »die Welt, die wir *in uns* tragen, maßgebender und entscheidender ist als die Welt *um uns,* da sich die äußere nach der inneren richtet.«

Vergleichen wir unser Gesamtbewußtsein mit einem See, dann ist das Ober- oder Wachbewußtsein dessen leicht gewellte Oberfläche, das Reich des Un- und Überbewußten die Tiefe des Sees, die wir nicht wahrnehmen. Nur wenn ein Sturm oder Beben sie aufwühlt, gelingt uns vielleicht zwischen hohen Wellenkämmen ein Blick in die Tiefe, noch mehr, wenn die Oberfläche des Bewußtseins-Sees ruhig ist und spiegelglatt ...

... Um aber den ganzen Abgrund und Umfang und das Wesen der Tiefe zu erfassen, müssen wir jenseits der Oberfläche des Ich über die ›Unterfläche‹ des Unterbewußtseins durchstoßen bis zum überbewußten Wesensgrund. Wir müssen den Geist der Tiefe beschwören, uns dem Träger allen Weistums und Schöpfertums, dem *inneren Inspirator,* verbünden: unserem innersten *Selbst.*

Dadurch bereichern wir uns sowohl um die die Ratio des Ich übersteigenden überrationalen Kräfte und Fähigkeiten des Unterbewußtseins wie um die des noch weiter innen liegenden Überbewußtseins, das bis an die Grenze des innerkosmischen und göttlichen Bewußtseins reicht.

Zu den Eigenschaften des ersteren gehört der unausschöpfbare Reichtum an Erinnerungen, die lebendige Gegenwart von allem je Wahrgenommenen, Empfundenen, Erlernten,

Gewußten, Gefühlten und Gewirkten, während das letztere darüber hinaus Träger unseres ›Ahnenerbes‹ ist, des von unserer Seele bei der Geburt mitgebrachten Weistums und aller lebenerhaltenden und -fördernden Informationen, Instinkte und Reaktionsweisen.

Mit beidem und mit vielem mehr beschenkt uns der innere Inspirator, wenn wir ihn als unseren Berater, Helfer und Führer bejahen und durch unser gläubiges Vertrauen Teilhaber seiner Kraft und Weisheit werden. Wir erkennen dann, daß der Intellekt ein plumper Holzknüppel ist, verglichen mit den Geisteswaffen schöpferischen Weistums und Wirkens, mit denen die innere Führung uns ausrüstet. Denn sie hat Zugang zu allen großen Ideen, Erkenntnissen, Entdeckungen aller Zeiten; sie vermag jedes unserem Wachstum und Fortschritt dienliche Wissen aus dem Meer des Über- und Allbewußtseins zu schöpfen und uns zu vermitteln.

Machen wir uns bewußt, was das bedeutet: Da unser Wachbewußtsein — vergleichbar etwa dem kleinen *über* dem Wasserspiegel sichtbaren Teil eines schwimmenden Eisbergs — nur einen Bruchteil unseres Gesamtbewußtseins umfaßt, vervielfachen wir, wenn wir uns vom inneren Inspirator leiten lassen, unser Leistungsvermögen, wie es die *genialen Menschen,* die mit dem inneren Genius und Inspirator mehr oder weniger eins sind, immer wieder demonstrieren.

So mancher von ihnen bekannte hinterher, daß gar nicht *er* sein Werk geschaffen habe, sondern daß er einer ihm geschenkten Inspiration gefolgt sei. Das Wort ›Inspiration‹ gibt diesem Sachverhalt Ausdruck: die genialen Erkenntnisse werden uns von innen her buchstäblich ›eingehaucht‹ als Geschenke einer Weisheit, die aus dem Allwissen schöpft. Inspirierte Dichter empfanden es so, als ob ihr Ich von einer

— vermeintlich fremden — Individualität erfüllt und geleitet sei, die ihnen die Gedanken formte, eingab oder diktierte.

Andere berichten, wie die erlösenden Einfälle, die großen Gedanken oder Werke zuerst im Traum oder Wachtraum vor ihr inneres Auge traten und sie zum Verwirklichen des Geschauten drängten. Aus vielen Beispielen sei das des Erfinders der Nähmaschine, Elias *Howe,* herausgegriffen, der berichtete, welche Schwierigkeiten ihm das Problem der selbsttätigen Führung des Fadens durch die Maschine bereitete, bis er eines Nachts von Reitern träumte, deren Lanzen an der Spitze durchbohrt waren: durch die Löcher an den Lanzenspitzen sah er Schnüre gezogen, an denen die Fähnlein der Reiter hingen. Diese Inspiration machte ihm die Lösung bewußt: er legte das Nadelöhr an die Spitze der Nadel und vollendete damit die Nähmaschine.

Im Grunde kann sich *jeder* Lösungen seiner Probleme und Leistungserleichterungen in gleicher Weise vom inneren Inspirator schenken lassen.

Leistungs-Potenzierung

Wir sprechen von der ›*Potenz*‹ oder dem ›*Potential*‹ als dem innewohnenden Vermögen, der Kraft, Wirksamkeit oder Leistungsfähigkeit, und zwar, bei Maschinen, von mechanischer, beim menschlichen Wesenskraftfeld von seelisch-geistiger Potenz. Und wir wissen, daß durch rechte Selbst- und Arbeits-Dynamisierung das Leistungsvermögen *potenziert,* d. h. gesteigert, einen höheren Wert und vermehrte Wirksamkeit erhalten kann.

Wenn wir geniale Menschen befragen, welchen Faktoren sie es zuschreiben, daß sie neue Erkenntnisse und Möglichkeiten aus dem Allreservoir des Überbewußtseins zu schöpfen vermochten, erhalten wir so verschiedenartige Antworten, daß es zunächst scheint, als würden Inspirationen und Leistungserhöhungen durch ganz entgegengesetzte Anreize ausgelöst. Bei genauerem Hinsehen entdecken wir jedoch einige allen gemeinsame Merkmale, deren Beachtung für die eigene Leistungs-Potenzierung wichtig ist:

Bei den einen blitzten die erlösenden Intuitionen im Rausch der *Begeisterung* auf. Im Wort ›Begeisterung‹ kommt noch das Bewußtsein des Überschattet-, Durchpulst- und Erfülltseins von einem höheren Geiste zum Ausdruck. Ähnlich umschreibt das Fremdwort ›*Enthusiasmus*‹ (wörtlich: von Gott ergriffen und erfüllt sein) die Erleuchtung des Gemüts durch eine Inspiration von ›innen‹ oder ›oben‹.

Bei anderen stellten sich Augenblicke schöpferischer Wachheit und Leistungspotenzierung nach großem Leid oder tiefer Erschütterung ein, in der Entspannung nach übermäßiger und vergeblicher Bemühung, nach erfolgter Ablenkung von allem das Bewußtsein Spannenden oder nach einer jähen Blickwendung, die den Aufbruch unbewußten Wissens auslösten . . .

In all diesen Fällen sind es zwei Momente, die immer wiederkehren: die *Empfängnisbereitschaft des Gemüts*, das innere Offensein, und die vorausgehende *Entspannung des Bewußtseins*. Beide zusammen versetzen die Seele in einen Zustand erhöhten Wachseins, in dem sie das Spiel der frei schaffenden Phantasie inniger miterlebt und den dabei vom inneren Inspirator geschenkten Einsichten und Intuitionen aufgeschlossen und aufnahmebereit gegenübersteht.

So sah es der Schöpfer der Strukturformel der organischen Chemie, Kekulé von Stradonitz, der sowohl seine Strukturtheorie wie die Formel des Benzolrings im Halbtraum empfangenen Inspirationen verdankte, und der hierzu bemerkt:

»Unzählige Keime geistigen Lebens erfüllen den Weltraum; aber nur in einzelnen Geistern finden sie den Boden zu ihrer Entwicklung: in diesen wird die Idee, von der niemand weiß, von wo sie stammt, in der schaffenden Tat lebendig. In gewissen Zeiten liegen gewisse Ideen in der Luft. Es sind, wie Liebig es ausdrückte, die Keime der Ideen, die, ähnlich wie die Bazillenkeime, die geistige Atmosphäre erfüllen.«

Wie der große Chemiker mit diesen und weiteren Inspirationen sein Leistungs-Potential erhöhte, den Grundstein für die heutige chemische Großindustrie legte und neue Erwerbszweige für unzählige Menschen schuf, so kann *jeder* im Rahmen seiner besonderen Anlagen und Eignungen durch entsprechende Selbst- und Arbeits-Dynamisierung und Förderung seiner inneren Wachheit erreichen, daß bisher latente Kräfte und Fähigkeiten, noch ungeborene Wahrheiten und Weisheiten in seinem Gemüt und Bewußtsein lebendig und wirksam werden.

Praktisch hängt das vor allem von seiner Willigkeit ab, die in ihm schlummernden Vermögen zu aktivieren, von seiner Empfangsbereitschaft für Inspirationen und Intuitionen und von seiner Geistesgegenwart und Verwirklichungsbereitschaft. Sind diese vorhanden, dann kann sich das innere Gelockert- und Aufgeschlossensein jäh zu einem Ergriffenwerden von dem Unbekannten vertiefen, zu einem enthusiastischen Aufwärtsgerissenwerden von einer Woge höheren, bewußteren Lebens, als Sinne und Intellekt es kennen.

Solche Momente innerer Erleuchtung werden mit Recht als ›Augenblicke der Ewigkeit‹ empfunden; denn hier bricht die Ewigkeit in die Zeitlichkeit ein. Und im Grunde lebt unsere ganze Kultur von solchen Augenblicken des Verbundenseins mit der höheren Ebene kosmischer Bewußtheit.

Entfaltung des inneren Schöpfertums

Wenn der ›innere Inspirator‹ am kosmischen Bewußtsein — das heißt praktisch: am Allwissen und an der Allweisheit — teilhat und jedes Problem seiner optimalen Lösung zuzuführen vermag, dann leuchtet ein, daß die Partnerschaft mit ihm den Einsatz seines Erkenntnisreichtums in unserem Berufs- und Alltagsleben gewährleistet.

Der innere Ratgeber sieht ja nicht nur die Oberfläche einer Sache, eines Problems oder Projekts, sondern durchschaut sie bis auf den Grund. Er übersieht auch die letzten Auswirkungen der entsprechenden Plan-Ausführung und kann uns sagen, ob wir etwas lassen sollen oder wagen können — wenn wir ihm die Möglichkeit zur Äußerung geben.

Dazu führen, wie wir sahen, verschiedene Wege, von denen der über Schlaf und Traum der nächstliegende ist. Wir können unser Glück ›im Schlaf‹ machen, können schwierige Aufgaben, unlösbar scheinende Probleme über Nacht vom inneren Ratgeber und Helfer lösen lassen — wenn wir auf eine bestimmte Art einschlafen: nämlich in positiver und erfolgbejahender, ruhiger und spannungsfreier Stimmung.

Wenn diese Stimmung positiven Gelöstseins uns erfüllt und wir die Augen beim Einschlafen nach außen schließen und nach innen öffnen, bejahen wir, daß der innere Inspirator die Lösung bereits kennt und sie uns im Traum, beim Aufwachen oder dann, wenn wir sie brauchen, zum Bewußtsein bringt. Voraussetzung ist dabei die restlose Überlassung des Problems an den inneren Helfer. Zweckmäßig ist weiter, daß wir auf dem Nachttisch einen Schreibblock bereitlegen, um aufblitzende Einfälle sofort festzuhalten.

Ein zweiter Weg ist der über die jederzeit vornehmbare Entspannung, Hingabe an die Stille und das schweigend lauschende Offenhalten nach innen. Eine diesbezügliche Umfrage des amerikanischen Psychologen *Baker* bei über zweihundert prominenten Wissenschaftlern ergab, daß die Hälfte von ihnen diese Möglichkeit der Aktivierung des inneren Schöpfertums kennt und 33 Prozent sie regelmäßig nützen. 19 Prozent erklärten, daß sich schöpferische Eingebungen bei ihnen bei bewußter Offenhaltung nach innen spontan einstellen.

Bei einzelnen traten die gewünschten Inspirationen ein, nachdem sie ihre vergeblichen Bemühungen, ein Problem zu lösen, aufgegeben hatten und auf eine andere Tätigkeit umschalteten: in einem Augenblick inneren Gelockertseins leuchtete der rettende Einfall auf und die sofort anschließende Ausführung zeitigte den erhofften Erfolg.

Andere berichten, wie sie sich beim Einschlafen bewußt von dem Problem, das sie bis dahin bewegte und beunruhigte, lösten und es dem inneren Berater mit der Bejahung überließen, daß er die Denkarbeit über Nacht fortsetzen und ihnen die Lösung im rechten Moment bewußt machen werde. Einzelne schildern, wie ihnen dann plötzlich, im Halbschlaf etwa, tiefere Zusammenhänge aufgingen, so daß sie aufstanden und die Einfälle aufzeichneten, um dann am anderen Morgen erstaunt und beglückt festzustellen, daß die richtige Lösung gefunden war.

Dabei gelangen auch Informationen und Erkenntnisse aus dem Unbewußten ins Bewußtsein, die längst vergessen oder gar nicht bewußt aufgenommen worden waren, so daß man zuweilen erst in Fachwerken nachschlagen mußte, um sich zu vergewissern, daß es sich nicht um Wunschgedanken, sondern um verläßliche Informationen aus dem Überbewußtsein und um Tatsachen handelte und daß die empfangene Eingebung den Erfolg verbürgte.

Hierzu bemerkt Professor Baker ergänzend, daß »für das schöpferische Denken und das Empfangen von Inspirationen

Arbeitsstörungen nachteilig sind und ferngehalten werden sollten. Bei dem Gefühl, daß man jeden Augenblick unterbrochen werden kann, ist es unmöglich, sich zu lockern und die Schöpferkräfte des Überbewußtseins freizusetzen.«

Darum leisten Morgenarbeiter ihr Bestes in den Stunden vor Sonnenaufgang, Abendarbeiter in der Stille der Nacht, wenn keine äußeren Störungen zu erwarten sind. Alle erfolgreich schöpferischen Menschen bestätigen darüber hinaus, daß das zeitweise *absolute Zurückgezogen- und Ungestörtsein* unentbehrlich ist, um jene spannungslose Aufgeschlossenheit zu erreichen, in der die Inspirationen und Intuitionen in wachsender Fülle aufströmen und ins Blickfeld des voll aktivierten Bewußtseins rücken.

Partnerschaft mit der inneren Führung

Der bei fortschreitender Selbstdynamisierung immer spürbarer mitwirkende innere Inspirator verfügt nicht nur über unbegrenztes *Wissen*, sondern auch über das schicksalentscheidende *Vorauswissen:* der ihm eigene Schicksalssinn läßt ihn nicht nur Dinge und Ereignisse, die im Werden sind und auf uns zukommen, wahrnehmen, sondern ihnen zuvor-kommen und Unheil von uns fernhalten — sei es durch unserem Bewußtsein vermittelte Vorgefühle oder Warnungen der inneren Stimme, denen zu folgen Gefahren und Enttäuschungen fernhalten heißt, sei es durch unmittelbare Eingriffe in Schicksalsabläufe.

Erfahrungen dieser Art sind so häufig, daß sich Beispiele erübrigen. Wer immer solchen Warnungen und Winken des inneren Beraters folgte, erfuhr mehr oder minder deutlich den Segen. Und er erlebte weiter, daß solche Vorgefühle und

Weisungen von innen um so zahlreicher werden, je williger er sie beachtet, und daß er im gleichen Maße immer sichtbarer behütet und in seinem Fortschreiten gefördert wird.

Durch gewohnheitsmäßiges Befolgen der inneren Weisungen steigern wir unsere *Intuition,* unser Vermögen unmittelbaren Erkennens einer Gegebenheit oder Wahrheit. Jede derartige Intuition ist ein Schöpfen aus dem Quell der Allweisheit, zu dem wir nach dem Grade allvertrauender *Partnerschaft mit der inneren Führung* fähig werden.

Dabei wird uns zugleich bewußt, daß unser Lebensweg, einmal von innen her geordnet, steiler aufwärtsführt, daß uns größere Aufgaben zuwachsen, daß unsere Talente und Kräfte immer reicher werden, unsere Arbeitsdynamik zunimmt und uns zu immer Größerem befähigt — bis schließlich aus der Partnerschaft Verschmelzung und Einssein wird und das eintritt, was wir *Selbstverwirklichung* nennen.

Von da an wissen wir uns nicht nur von der inneren Führung beraten und geleitet, sondern gewahren darüber hinaus, wie der innere Programmierer und Helfer von der geistigen Seite her in die Entwicklung der Dinge, den Ablauf der Geschehnisse eingreift und die Verhältnisse schicksalhaft so umstimmt und wandelt, daß sie unserem inneren Wachstum und äußeren Fortschritt und Glück optimal dienstbar werden.

Diese Erfahrung ist es, die den Dichter sprechen ließ: »O zage nie! Denn alles, was geschieht, fällt dir nach weisem Plan und ewigen Gesetzen zu, wenn auch dein blindes Auge nicht den unsichtbaren Freund und Helfer sieht.« Letztlich ist es das rückhaltlose Vertrauen zu diesem unsichtbaren Helfer, das den Großen aller Zeiten die Kraft zum Durchhalten gab und sie zum Siege führte.

Viele von ihnen bestätigen, daß der Kontakt, das Verbunden- und Verbündetsein mit der inneren Führung sie mit einem anders nicht erlangbaren Feingefühl und Gespür für das bunte Gewebe von Ursachen und Wirkungen, sym- und antipathischen Strahlungen und Strömungen erfüllte und ihnen half, durch dynamisches Denken und Handeln die rechten glückverbürgenden Schicksalswirkungen auszulösen.

Manche von ihnen lernten diese Kunst der Gedankenverwirklichung und Arbeitsdynamisierung in Harmonie mit der inneren Führung so zu meistern, daß aus dem, was sie planten und wirkten, der höchstmögliche Fortschritt und Gewinn für sie und andere hervorging.

Praktisch führen alle hier dargelegten positiven Psychoschaltungen zu diesem Bewußtwerden unseres Beraten- und Geführt-, Gesichert- und Geborgensein von innen her, das uns zu immer planvollerem Wirken inspiriert und zu optimaler Lebensüberlegenheit befähigt. Im letzten decken sich diese Erkenntnisse und Methoden mit der fundamentalen Lebensregel Christi: »Trachtet zuerst nach dem Reiche Gottes — in euch —; dann wird euch alles andere — Äußere — von selbst zufallen!«

Er verweist damit den Trost und Hilfe suchenden Menschen auf sein eigenes Inneres als den Quellgrund aller Kraft, Weisheit und Geborgenheit. Seine Lebensregel wird durch die Erfahrung bestätigt: wer zuerst dem *Außen* nachjagt und darüber das Innere vergißt, verliert das eine und das andere. Wer sich hingegen zuerst dem *Innern* zuwendet, seine Partnerschaft mit der inneren Führung aktiviert und seine schöpferischen Innenkräfte entfaltet, der wird Herr der inneren und damit auch der äußeren Welt — bildlich und buchstäblich.

Wer diesen Weg der Selbstdynamisierung geht, der erfährt, wie die schweigende Kraft in ihm alle Hindernisse zum Schwinden bringt und wie die Partnerschaft mit der inneren Führung, diesem Funken aus dem Lichtmeer des Unendlichen, ihn befähigt, seine Arbeit, sein Leben und sein Schicksal mit der glückbringenden Kraft des Unendlichen zu meistern.

Darüber wird im weiteren Wesentliches zu sagen sein.

II. Teil

Dynamik des Glücks

I. Stufe: Das Geheimnis des Glücks

Jeder seines Glückes Schmied?

Die meisten Menschen, sagt Hilty, »haben keine Ahnung von dem Glück und der Freudigkeit, die auf dieser Erde, trotz allem Entgegenstehenden, zu haben sind«.

Sie wissen nicht, daß das Geheimnis des Glücks in der schon von dem vorchristlichen römischen Schriftsteller Cornelius Nepos angeführten Erkenntnis besteht, daß des Menschen Geschick aus seinem Charakter erblüht und daß jeder der Selbstgestalter seines Glückes ist.

Alle menschliche Erfahrung lehrt, daß das Glück von selbst zu dem kommt, dem es zukommt. »Die Herzhaften fördert das Glück«, wie ein altes römisches Sprichwort besagt, weil sie ihrem Herzen folgen, mutig handeln und eben darum gewinnen.

Goethe zog daraus den Schluß: »Willst du immer weiter schweifen? Sieh, das Gute liegt so nah: lerne nur das Glück ergreifen, denn das Glück ist immer da.« Von daher ist es nur ein Schritt zu der positiven Lebensregel, deren praktische Konsequenzen im weiteren behandelt werden:

Wir brauchen nicht auf das Glück zu warten; denn in Wirklichkeit wartet es auf uns und schenkt sich uns, sowie und soweit wir uns ihm gläubig aufschließen und es mutig ergreifen. *Glück ist kein Kind des Zufalls, sondern gesetzmäßige Folge rechten Denkens und Handelns, unentwegter Glücksbejahung und inneren Wach- und Offenseins für den Eintritt des Glücks.*

Das echte, unverlierbare Glück hat seinen Ursprung nicht in äußeren Dingen und Bedingungen, Menschen oder Umständen, sondern im Innern, im Geiste. Eben darum ist es jedem möglich, jener Glückseligkeit teilhaftig zu werden, die sein Da-Sein erst zu wirklichem *Leben* erhöht und ihn jeden Atemzug, jeden Augenblick unbeschwerter Glück-Seligkeit positiv ausschöpfen und fruchtbar machen läßt.

Und wie sichern wir uns dieses *innere Glück*, dem die *äußeren Beglückungen* von selbst folgen wie dem Wanderer der Schatten?

Dadurch, daß wir uns bewußt machen, daß die Fülle des Glücks immer und überall gegenwärtig und unausschöpfbar ist, und uns gewöhnen, uns mehrmals am Tage in Augenblicken stillen Gelassenseins dankbar nach innen zu wenden, die Herzens-Tür freudig dem Einstrom des Glückes zu öffnen und sie immer bewußter und williger offen zu halten.

Noch haben die meisten Menschen diesen Zusammenhang nicht begriffen. Sie schauen darum ängstlich-begierig nach außen, jagen den Glücksfällen nach und verschließen im gleichen Maße — weil sie ja nicht nach zwei Seiten zugleich blicken können — Auge und Herz dem wahren Glück, das von innen kommt ...

... Sie erleben auf ihrer Jagd nach äußeren Beglückungen neben mehr oder minder bitteren Ent-täuschungen (die sie von Selbst-Täuschungen ent-fernen und befreien könnten) kurzweilige Freuden und Triumphe, die aber nur zu bald von der Gier nach *mehr* Glück und von der Sorge um den Verlust des Errungenen getrübt werden, die die Unruhe des Herzens mehren und bewirken, daß wirkliche Freude und dauerndes Glücklichsein bei allen Erfolgen nicht Fuß fassen können — weil die Innentür ihres Herzens geschlossen ist.

Sie stehen noch *vor* der Aufgabe, das Geheimnis des Glücks zu entdecken und zu bewußten Selbstgestaltern ihres Schicksals zu werden.

Geheimnis des Glücks

Jeder Mensch hat nicht nur das Recht, glücklich zu sein, sondern auch die Möglichkeit, es zu werden und zu bleiben. Er muß nur erkennen, was Glück ist, und erfassen, daß es nicht darin besteht, daß er Glück *hat*, sondern darin, daß er lernt, glücklich zu *sein*. Denn Haben ist vergänglich und gewährleistet kein Sein, während dem Sein das Haben von selbst folgt.

Das Geheimnis des Glücklichseins besteht darin, daß es nicht von äußeren Dingen, vom Haben und Haften abhängt, sondern seine lebendigen Wurzeln im Innern hat. Wer lernen will, aus seinem innersten Sein heraus glücklich zu werden, muß demzufolge die beiden allem Glück und Unglück zugrundeliegenden geistigen Haltungen voneinander unterscheiden:

die nach *außen* gerichtete Haltung dessen, der wähnt, Glück nur erlangen zu können, indem er mit allen Sinnen und Kräften hinter ihm herjagt und eisern festhält, was er errang, ohne es doch halten zu können; und die nach *innen* gerichtete Einstellung dessen, der erkannt oder nach langen Irrwegen begriffen hat, daß er gar nicht hinter dem Glück herzulaufen braucht, weil das Glück in Wirklichkeit immer *da* ist, wo *er* ist.

Ihm geht auf, daß das Glück darauf wartet, daß er sich ihm innerlich öffnet, wachsam offenhält und gelassen darauf vertraut, daß es, nach ihm verlangend, zu ihm kommt. Es beglückt ihn um so eher und nachhaltiger, je mehr er — eben weil ihm die Gegenwart des Glücks, also sein *Glücklichsein*, als Folge gläubiger Glücksbejahung selbstverständlich geworden ist — auch andere an der Fülle des Glücks dankbar-freudig teilhaben läßt.

Er erlebt dabei, daß glücklich machen noch glücklicher macht und die Innentür des Herzens jedesmal ein wenig weiter öffnet, so daß von selbst immer mehr Glück in sein Leben einströmt.

Wer diesen Zusammenhang einmal erfaßt hat, der läßt Angst und Sorge, Neid und Gier fahren, wird innerlich gelassen und erfüllt Herz und Gemüt mit jenem aus innerem Wohl-Stand erwachsenden Wohlwollen und jener friedevollgütigen Heiterkeit des Weisen, die schon durch ihr Dasein, ihre positive Ausstrahlung die Umwelt spüren läßt, daß hier ein offenes Tor ist, durch das das wahre Glück beständig hereinströmt.

So denkend und lebend, erfüllt er eine wesentliche Forderung Christi: er lebt wie ein Kind, das sich unter der immerwährenden Führung und Fürsorge des väterlich-mütterlichen Geistes des Lebens geborgen fühlt, um seine *Berufung zum Glücklichsein* weiß, gleich der Sonnenuhr nur die lichten Stunden zählt und durch seine Einstellung und Haltung bewirkt, daß die Zahl der guten, glücklichen Stunden stetig zunimmt.

Was man im einzelnen tun kann, das Geheimnis des Glücks aufzudecken und das Leben zunehmend glückreicher zu gestalten, wie man durch Selbst-Besinnung zu bewußterer Daseins-Durchsonnung gelangt und immer müheloser erreicht, was man von Herzen ersehnt, wird im weiteren deutlich werden.

Möchten die hier vermittelten Aufschlüsse und Hinweise,

Ratschläge und Winke, die Sie Schritt um Schritt über alle Hemmnisse und Hindernisse zu den Quellen selbstgegründeten und unverlierbaren Glücks leiten wollen, Ihnen über die Meisterung Ihrer Arbeit hinaus zu einem allseitig glückreichen Leben verhelfen!

Das Herz entscheidet

»*Man hat's nicht leicht!*« seufzt mancher und sieht im Blick auf das Dunkle und Schwere nicht, daß und wie er es *leichter haben könnte*.

Dabei braucht er, um zur Daseins-Aufhellung und -Erleichterung zu gelangen, nur statt nach außen nach *innen* zu blicken, vom angstbetonten Hirndenken auf das glückverbürgende *Herzdenken* umzuschalten.

Als Folge solcher Blickwendung würde er bald gewahr werden, daß alles Licht und alle Kraft, auch das Dunkelste aufzuhellen und zu entwirren und das Schwerste zu meistern, *in ihm* ist: die ›belebende Kraft im Herzen‹, von der schon Ovid sprach, kann ihm helfen, die Sinne zu durchlichten, seine Lebensbürde leichter zu machen und ›Gutes hervorzubringen aus dem guten Schatz seines Herzens‹. (Matth. 12, 35)

Der erste Schritt auf dem Wege positiver Selbsthilfe besteht in der Tat in der bewußten Umschaltung vom vorwiegend ichhaften, grübelsüchtig-blassen, statischen Hirndenken auf das alle Lebenskräfte aktivierende dynamische Herzdenken.

Um das zu verdeutlichen: Flüchtig und verwirklichungsschwach sind die Gedanken, die ständig, im Wachsein wie im Traum, gleich Filmbildern über das Blickfeld des Bewußtseins dahinhuschen. Lebendig, dauerhaft und allvermögend hingegen sind jene Gedanken, die wir gläubig bejahend im *Herzen* bewegen, hegen und pflegen.

Sie offenbaren zwei schicksalhafte, unser Glücklichsein bestimmende Wirkungen: einerseits entfalten die Kraftgedanken des Herzens ein im Maße ihres beharrlichen Festgehaltenwerdens zunehmendes Bestreben, sich im Rahmen des Möglichen zu verwirklichen; zum andern wirken sie durch ihre positive Schwingung und magnetische Kraft auf alle auf die gleiche Frequenz oder Wellenlänge abgestimmten Gedanken, Kräfte, Umstände, Dinge und Wesen anziehend und gleichrichtend.

Wenn wir eine c-Saite des Klaviers anschlagen, werden die c-Saiten der anderen Oktaven zum Mittönen gebracht. In weit stärkerem Maße bringt positives Herzdenken als dynamische Glücksbejahung nicht nur verwandte Gedanken und Strebungen in anderen Wesen zur Resonanz, zum Mitschwingen, und diese selbst, ihnen unbewußt, zum Mitdenken und Mitgehen, sondern es bewirkt auch, daß auf uns bezügliche Dinge und Bedingungen unserer Umwelt sich umpolen oder umstellen, ihr Gesicht und Gewicht ändern und unserem Glück dienlich werden ...

... Diese Wirkung wird gesteigert, wenn wir uns unseren Mitgeschöpfen wie dem Leben und Schicksal gegenüber von ganzem Herzen bejahend und liebend einstellen und verhalten. Wir wirken insoweit mit dem inneren Schicksalslenker Hand in Hand und erfahren, im Maße unserer Glückwürdigkeit, oft überraschend schnell, wie sich alles von selbst zum besten anläßt.

Unser Leben wird zunehmend lichter, leichter und glückreicher, sowie wir uns diese Sammlung unserer Sinne und Kräfte auf herzhafte Bejahung alles Rechten und Guten durch tägliche Übung zur Gewohnheit machen, unserem Herzglauben gemäß der Umwelt gegenüber sympathisch und liebevoll fühlen und handeln und die so bewirkte Anziehung von Erfolghelfern und Beglückungen aufgeschlossenen Herzens dankbar entgegennehmen. Unsere Füße schlagen dann von selbst den Weg nach oben ein und tragen uns Schritt um Schritt höher.

Wir verwandeln uns auf diese Weise unmerklich in einen Magneten des Glücks, der alles anzieht, was unser Herz bejaht, was unserem Wesen gemäß und unserem Wohl und Fortschritt dienlich ist.

Schach der Angst!

Was das angeborene Glücksvermögen des Menschen am stärksten an der Entfaltung hindert, ist die *Angst*. Man könnte, wie Schiller klarstellt, »den Menschen zum halben Gott bilden, wenn man ihm durch Erziehung alle Furcht nehmen würde. Nichts in der Welt kann den Menschen sonst unglücklich machen, als bloß und allein die Furcht.«

Alle Erfahrung lehrt, daß in der Tat nicht die äußeren Verhältnisse den Menschen schwach, erfolglos und unglücklich machen, sondern sein falsches inneres Verhalten, seine Neigung zur Furcht. Sie ist sein größter Feind — aber ein selbstgeschaffener Feind:

Mangelnde Selbsterkenntnis und Einsicht sowie anerzogene negative Denkgewohnheiten haben den Menschen furchtkrank gemacht, so daß er das Morgen fürchtet, die neue Aufgabe, das Unbekannte, die kommende Entscheidung, die Zukunft . . . Seine Ängste kreisen um mögliche Mißerfolge, um Krankheit und Schmerz, Alleinsein und Elend, Krieg und Not. Er fürchtet den Nebenmenschen, die Natur, das Leben und den Tod . . .

. . . Drückende Angst beugt ihm den Nacken, trübt seinen

Blick, bringt seine Kräfte zum Versiegen und erstickt sein Glücksvermögen. Tausend heimliche Ängste und Sorgen engen sein Bewußtsein ein, vergiften Gemüt, Geblüt und Gebein, schwächen Willen und Gesundheit, machen ihn vorzeitig müde und alt und wandeln Werk und Leben aus Lust in Last...

Mit alledem demonstriert er, wie Luther sagt, »die Wahrheit des Worts: Wer sich vor der Hölle fürchtet, der fährt hinein. Ebenso: Wer sich vor dem Tode fürchtet, wird von ihm verschlungen. Furcht wirkt nichts Gutes. Darum muß man frei und mutig in allen Dingen sein und fest stehen.«

Kann man das? Ja, man kann es, weil »im Grunde nichts zu fürchten ist als die Furcht«. In Wirklichkeit gibt es keine Beengung und Angst, keine Schwäche und kein Unvermögen als in unserem Denken. Was uns niederdrückt und unten hält, sind nicht die Dinge und Bedingungen der Umwelt, sondern unsere daran geknüpften aus Nichterkenntnis geborenen *negativen Gedanken* — negativ deshalb, weil sie auf Hindernisse und Nöte statt auf unsere Kraft gerichtet sind.

Der positive Schluß liegt auf der Hand: *Wer nichts fürchtet, legt seinem Glück nichts in den Weg.*

Fürchte darum kein Mißlingen; denn dadurch ziehst du es erst herbei! Fürchte keinen Mitmenschen, sondern bejahe dein Stark-, Gefeit- und Glücklichsein von innen her! Fürchte keine Krankheit, sondern erkenne dein Gesundsein als dein natürliches Erbgut, dem gläubige Bejahung dauernde Wirksamkeit und Wirklichkeit sichert! Und fürchte dich nicht vor der Zukunft; denn die Kraft in dir ist mächtiger als die Umstände.

Ob du glücklich oder unglücklich bist, frei oder gefesselt, stark oder schwach — nur *von dir* hängt es ab. Du bist weder der Dinge oder anderer Wesen Sklave noch der Verhältnisse

Opfer; denn dein Schicksal — das bist *du selbst!* Nichts und niemand vermag ohne dein Zutun und deinen Willen deine Eigengesetzlichkeit und Eigenständigkeit anzutasten und dein Glücksvermögen zu mindern. Nichts ist, was du zu fürchten brauchst, wenn du ihm nicht durch negatives Denken und Fühlen Macht über dich verleihst.

Kein ›du sollst‹ oder ›du darfst nicht‹ braucht dich zu beirren. Folge nur einem: dem Ruf des Gewissens, der inneren Stimme, dann handelst du recht und meisterst das Leben. Kein Fremdglaube soll deine Furcht betäuben, sondern das Wissen um dein *Berufensein zum Glück* und um die Kraft in dir macht und hält dich frei.

Der Aufgang dieser Erkenntnis ist das Ende der Furcht.

Frei von Furcht

An sich sind Menschen, die viel fürchten, ob ihres Reichtums zu rühmen: sie besitzen die Gabe gefühlsbetonten Kraftdenkens in besonderem Maße — nur wenden sie sie falsch an. Würden sie diese Fähigkeit in rechter Weise nützen, wären sie bald stärker und vermögender als ihre Umwelt.

Wer etwas fürchtet, ist ein Magier — aber einer, der wie Goethes Zauberlehrling die entfesselten Kräfte des Geistes noch zu seinem Nachteil und Unheil falsch einsetzt und mißbraucht.

Nun ist es aber gleich leicht, den rechten anstelle des falschen Weges einzuschlagen. Denn die Dinge und Umstände, die den Menschen begegnen, sind immer die gleichen; verschieden hingegen ist, was der Einzelne aus ihnen macht. Und zwar bestimmt die Richtung seines Denkens, ob sie ihn hemmen oder fördern, schwächen oder stärken.

Da alle Ängste, Hemmungen und Schwächen selbstgeschaffen sind, muß und kann man sich auch selbst, ohne fremde Hilfe, von ihnen befreien.

Und wie kann das geschehen?

Auf einfachste Weise dadurch, daß wir unsere Seh- und Denkrichtung vom Befürchteten, Unguten, Negativen ab- und konsequent allem Positiven, Guten, Beglückenden zukehren, also Schwächen und Hemmungen durch Bejahung der gegenpoligen Kräfte und Fähigkeiten überwinden.

Praktisch folgen wir damit der Mahnung des größten Lebenslehrers, Jesu: »Widerstehe dem Übel nicht!« Sie besagt, daß Auflehnung, Widerstand, Abwehr, Kampf gegen Übel, ›Böses‹, Negatives weitere Selbstschwächung bedeutet. Hinwendung zum Guten, Bejahung der Berufung zum Glücklichsein hingegen befreit von Furcht und den Folgen der Furcht.

Wie Dunkelheit durch Entzünden des Lichts beseitigt wird, so Furcht und Schwäche durch Bejahung der inneren Kraft. Übel überwindet man durch Hinwendung zum Guten. Schwächen und Unvermögen weichen dem frohen Gewißsein: ›Ich kann!‹

Was die Weisen aller Zeiten lehren, ist dies: Wer etwas fürchtet, weiß zu wenig von sich selbst, kennt noch nicht sein wahres Wesen, das Licht ist und Kraft. Alle Not weicht, sowie er erkennt und bejaht: »Der furchtsame Mensch — das bin ich gar nicht! Meinem innersten Wesen nach bin ich Kraft! Alles wird gut; denn ich bin Kraftfeld und Träger wachsenden Glücks!«

Letztlich ist Furcht nicht nur falsches Denken, sondern auch *Mangel an Selbstvertrauen.* Dieser Mangel ist so nachteilig wie das Schwinden des Vertrauens zu einer Bank, das zur Folge hat, daß sie von den Sparern bestürmt wird und, weil sie nicht plötzlich alle Forderungen erfüllen kann, schließen muß.

Soll uns die Hilfe der inneren Kraft jederzeit zuteil werden, müssen wir ihr allezeit restlos vertrauen. Um so stärker wird der Glücksstrom, der uns von innen her zufließt. Die beste Hilfe ist hier tägliche Selbstbesinnung und Selbsterziehung durch Gewöhnung an stete Bejahung der inneren Kraft, Glückwürdigkeit und -fähigkeit.

Weise handelt, wer allabendlich vor dem Schlafengehen das Idealbild seiner selbst als Tempel und Kraftfeld des Geistes, als Träger wachsenden Glücks und fortschreitender Vollkommenheit vor sein inneres Auge stellt und sich als unerschütterlich, stark und in allen Dingen erfolgreich und glücklich bejaht und in diesem Gewißsein einschläft. Nach dem Gesetz der Gedankenverwirklichung gleichen sich Mensch und Leben diesem inneren Bilde an — und unmerklich wechselt man von der alten Bahn der Furcht und Schwäche hinüber auf den Höhenpfad rechten Denkens und Lebens. Einzige Voraussetzung wachsenden Glücks ist, daß man auf diesem Wege beharrt.

Die innere Macht

»O suche nie dein Glück im Weltgewimmel: je tiefer in dich zurück, desto höher im Himmel!« Dies Wort des Dichters Otto Ludwig will uns bewußt machen, daß Furchtbefreiung und Glückgewinnung die *Selbst-Besinnung* voraussetzen. Der zu sich selbst, seinem innersten Selbst Erwachte fürchtet weder Feindschaft noch Haß, weder Unvermögen noch Leid. Er weiß, daß es nichts gibt, das seinen Ursprung und seine überlegene Gegenmacht nicht in seinem eigenen Denken hätte.

Die einfache Schicksals-Gleichung heißt: *Wie innen, so außen.* In dieser Gleichung ist kein X, das die Lösung des Lebensrätsels erschwert und zu fürchten wäre. Nichts kommt von außen zu uns, das nicht seine Entsprechung, seinen Bedinger in uns hat. Denn nicht das Außen, sondern das *Innen* ist Ursacher und Herr aller Dinge und Bedingungen.

Selbstbedingt und selbst-gewirkt ist alles, was uns trifft. Es ist Äquivalent und Projektion des Bildes, das wir uns innerlich von uns selbst und unserem Leben machten. Wenn aber alle Fäden unseres Schicksals selbst-gesponnen sind und zu uns selbst zurückführen, wenn alles, was auf uns zukommt, Werk und Ausdruck unseres eigenen Wesens ist — wie können wir dann das Leben fürchten und verneinen!

Haben wir bisher unweise und negativ gedacht und falsch gehandelt, und waren die Folgen leidvoll, dann gilt es, unser Wesen, Wollen und Wirken und damit unser Schicksal durch Bejahung zu wandeln:

Sowie wir das Leben mit allem, was es birgt und bringt, nicht mehr verneinen und fliehen, sondern als Ausdruck unserer selbst bejahen und liebend willkommen heißen, wachsen wir an Kraft, Weisheit und Glückwürdigkeit und werden aus einem erleidenden Schicksalsträger zu einem tatbejahenden Schicksalswirker.

Vor dem Licht dieser allbejahenden Liebe entweichen die Schatten der Nichterkenntnis und Not. *»Liebe, erkenne und wirke!«* rät die Weisheit der Weisen: Liebe dein Schicksal! Erkenne die Notwendigkeit! Bejahe dich selbst und dein Leben! Erfülle deine Bestimmung und wirke dein Glück!

Wir brauchen keine Zuflucht bei irgendeiner Kraft oder Macht außerhalb unserer selbst zu suchen. Denn alle Macht ist in uns. Der einzige Halt, der von Dauer ist, ist der innere Halt. Die einzige Kraft, die uns Sicherheit gibt, ist die innere Kraft.

Quell aller Angst, Furcht und Not ist unser Nichtwissen um diese unerschütterliche, unwandelbare Macht im Seelengrund, durch die wir eins sind mit dem Weltengrund, in Harmonie mit dem Unendlichen.

Wir nennen diese Macht in uns zum Unterschied von unserem kurzsichtigen leidenden Ich unser *Selbst*. Durch Besinnung auf dieses Selbst, durch das schrittweise Erwachen zu diesem unvergänglichen innersten Kern unseres Wesens werden wir frei von Furcht und Fesseln, frei zur Erfüllung unserer Bestimmung zum Glücklichsein und zu wachsender Teilhabe an der Fülle des Lebens.

Dazu werden im weiteren die nötigen Selbsthilfen aufgezeigt, die uns schließlich der befreienden Wahrheit inne werden lassen:

Das Himmelreich der Furchtlosigkeit liegt in uns!

Entsorgung des Bewußtseins

Neben der Angst ist die *Sorgsucht* eine der Schranken, die die meisten Menschen vom Glücklichsein trennen. Nur zwei Menschen sind von ihr frei: der Gleichgültige, der die Sorgen — noch — von sich fernhält, und der Weise, der sie allvertrauend überwand. Die anderen kämpfen, oft zeitlebens, gegen drei Sorgenheere:

gegen Scheinsorgen, die als Folgen körperlicher Störungen ihre Stimmung dämpfen und ihr Bewußtsein trüben,

gegen Sorgengespenster, die als Folgen ungelöster seelischer Spannungen und Konflikte mannigfach vermummt aus den Tiefen des Unbewußten in ihr Bewußtsein springen, und

gegen Sorgen, die sie sich wegen der Schwierigkeiten im Leben machen.

Alle drei aber vermag der Mensch zu bannen und zu besiegen.

Körperliche Unstimmigkeiten können seelische Verstimmungen und Sorgsucht auslösen. Beides schwindet mit der körperlichen Entspannung und Kräftigung. Jede Erschöpfung, nervliche Belastung oder Schmerzempfindung macht für Gedankenwellen der Furcht und Forge empfänglich. Sowie aber der Körper zur Ruhe findet und seine gesunden Kräfte sich regen, lösen sich die Sorgengespinste in nichts auf.

Seelische Gleichgewichtsstörungen können ebenfalls Sorgsucht bewirken. Ein Mißerfolg, eine Enttäuschung gebiert Unwertgefühle und Erfolgzweifel, die Sorge, kommenden Aufgaben nicht mehr gewachsen zu sein, und Furcht vor der Zukunft. Diese Sorgengespenster, die in der Dunkelheit der Nacht übermächtig erscheinen und den Schlaf vertreiben, entweichen ins Nichts, wenn der Mensch sich nach innen wendet, sein Herz erhellt, die mißleitete Phantasie zähmt und, im Innewerden der inneren Kraft und Überlegenheit, die Wesenlosigkeit der Sorgen erkennt.

Sowie es im Herzen hell wird, schwindet die Sorgenverkrampfung. Jede Besorgnis, der man durch innere Aufhellung zuleibe rückt, enthüllt ihre Scheinhaftigkeit. Sie nimmt schon ab, wenn man das, was einen quält und beunruhigt, in Worte zu kleiden sucht. Wenn man gar schriftlich fixiert, was einen bedrückt, drückt man das Lastende aus dem Bewußtsein hinaus:

Entweder entpuppt sich die Sorge, die durch schriftliche Klärung versachlicht wird, als wesenlos, oder erhält sie ein anderes Gesicht und wird zur Frage, hinter der die Antwort, die Lösung aufdämmert, die sich vorher nicht bemerkbar machen konnte, weil die Frage nicht als solche gestellt war...

... Ebenso weichen die Sorgengespenster, wenn man sich

gewöhnt, jedem negativen Gefühl und Gedanken einen positiven Impuls entgegenzusetzen: eine Bejahung des ersehnten Guten. Man wird für negative Einflüsse unempfänglicher, sowie man beharrlich auf positive Ziele gerichtet bleibt. Jedes Grübeln über Sorgen hingegen bewirkt, daß man sich noch tiefer in die Grube, in die die Sorge einen stürzte, hineingräbt, bis sie zum Grab wird.

Die meisten Sorgen sind selbstgeschmiedete Fesseln. Sie entstammen dem Bewußtsein und Unbewußten, nicht der Umwelt. Und viele von ihnen sind Kinder der Ichsucht. Prüfen wir darum auch immer, ob wir nicht allzusehr an uns selbst, zu wenig an andere dachten und an ihr Glück! Beginnen wir damit, andere zu beglücken, schwindet die Sorgsucht und das verlorengeglaubte Glück zieht in unser Leben ein.

Wer anderen beisteht, festigt den eigenen Stand. Das ist der Sinn der Mahnung des Dichters:

»Ihr sollt einander trösten / denn der Weg ist oft beschwerlich / und der Fuß wird müd' und matt das Herz. / Die Last ist schwer zu tragen / wenn keiner sich um unser Leid bekümmert. / Und daß wir glücklich waren, scheint ein Traum.

Ihr sollt einander trösten / und voll Liebe die Hand euch reichen. / Schon ein güt'ger Blick ist Trost und Hilfe / und ein freundlich Wort / zur rechten Zeit gesprochen, ist erquickend / wie Himmelsmanna für ein hungernd Herz.«

Der Sorgen Herr werden

»Seelische Aufhellung mag Scheinsorgen auflösen. Aber was ist mit den *wirklichen Sorgen?*«

Auch ihrer Herr zu werden, können wir lernen, wenn wir

mit der Umstellung unserer Einstellung beginnen und uns als erstes bewußt machen, daß das *Gute* als positive Macht stets stärker ist als alle Übel.

Hier handeln die meisten unbewußt umgekehrt: sie bekennen vielleicht, daß Gott als der Unendliche Geist des Guten allmächtig ist — aber dann gehen sie hin und grübeln über Sorgen und Nöte, statt die göttlich-lichten Kräfte und Dinge des Lebens durch Bejahung ins Dasein zu rufen ...

Dabei ist es gleich leicht, an etwas Gutes wie an Übel zu denken. Versuchen wir, in allem, was kommt, nach dem werdenden Guten Ausschau zu halten, dann weichen die Sorgen und das Bessere wird sicht- und ergeifbar. Sowie wir uns hingegen dem Sorgengegrübel überlassen und gar gegen Sorgen und Übel ankämpfen, gleichen wir der Fliege im Spinnennetz, die sich mit jedem neuen Sträuben unrettbarer in das Netz verstrickt ...

Einzelne Sorgen, die uns beunruhigen, zu befehden, ist zumeist nicht nur fruchtlos, sondern auch gefahrmehrend. Oft enthüllt sich die Sorge dann als Enkelin jener neunköpfigen Hydra im Lernäischen Sorgensumpf, bei der anstelle jedes abgeschlagenen Kopfes zwei neue wuchsen — bis Herkules erkannte, daß es galt, das Ungeheuer als *Ganzes* zu vernichten: er brannte die Halsstümpfe mit glühenden Baumstämmen aus, traf das Herz des Untiers und vergrub den unsterblichen neunten Kopf (die Urangst vor dem Vergehen und Sterben) unter einem Felsblock ...

... So wird die Sorgsucht als *Ganzes* getötet: durch den Entschluß, allen Sorgen die lichte Macht des *Vertrauens* entgegenzusetzen. Flammt das Vertrauen — das Selbst- und Gott-Vertrauen in einem ist — in uns auf, dann werten wir die Widrigkeiten, die uns Sorge bereiten, als Entwicklungsreize und Aufgaben des Lebens, die unserem Reifer- und Stärkerwerden dienen, und suchen sie im Vertrauen auf die

Kraft und Hilfe von innen zu meistern, wie Herkules die Abenteuer suchte, um seinen Mut und seine Überlegenheit an ihnen zu erweisen. An die Stelle der Sorge treten dann Lebensglaube und mutige Schicksalsbejahung.

Diese drei verträgt keine Sorge: Vertrauen, Lebensglaube und Schicksalsbejahung.

Wir werden jeder Sorge Herr, wenn wir sie im Blick auf die innere Kraft zuerst in Gedanken überwinden. Denn hier ist ihre eigentliche Wurzel, auch wenn die Not scheinbar von außen an uns herantritt. Was heißt das?

Wir sorgen uns zumeist, weil wir nur den letzten Ausläufer tieferer Zusammenhänge und Vorgänge gewahren. Weil unser geistiger Sehkreis allzu begrenzt ist, erblicken wir nur die Schatten des Kommenden und halten sie für bedrohlich, während sie doch Schatten guter Dinge sind, die zu uns kommen, wenn wir guter Dinge bleiben! Haben wir Vertrauen, dann weitet sich unser Sehkreis und wir entdecken, daß, was wir fürchteten, in Wahrheit unserem Besten dient.

Sorgen entstehen, wo wir isoliert sehen, was in Wirklichkeit Teil eines größeren *Ganzen* ist, das in jedem Falle auf unser Wohl hinzielt. Das wird uns gewiß, sowie wir der Führung unseres innersten Selbst und des Geistes des Lebens vertrauen: die *Not*, von der wir glauben, daß sie zu etwas gut sei, enthüllt sich uns dann als glückhafte *Wende*.

Gerade in jenen sorgenvollen Stunden, da unser kurzsichtiges Ich nicht mehr ein und aus weiß, am Rande der Verzweiflung, ist uns die Hilfe von innen am nächsten. Sie wird sichtbar, wenn wir uns besinnen, uns, statt auf Sorgen und Gefahren zu starren, beherzt nach innen wenden und unsere Not allvertrauend dem inneren Helfer überlassen. In der gelassenen Ruhe, die uns dann überkommt, wird deutlich, wie die innere Führung unsere Schritte aus dem Dunkel der Ungewißheit ins Helle lenkt und wie sich auch das scheinbar Böse zum Besten wendet.

Wandlung der Verhältnisse

»Wenn man sich einredet, hinter den drückenden Sorgen warte bereits die Fülle, gerät man leicht in eine Art Selbsttäuschung, in der man alles in rosigem Licht sieht. Solche Selbstsuggestion ist aber nicht von Dauer. Schließlich setzt die unentrinnbare Wirklichkeit den in höheren Regionen Schwebenden unsanft zu Boden. Erst müssen die Verhältnisse sich ändern, bevor man seine Lage wirklich bessern kann.«

Dieser Einwand eines Skeptikers bietet willkommenen Anlaß zur Besinnung auf das Wesentliche und Entscheidende. Der Kardinal-Irrtum, der ihm zugrundeliegt, ist die Meinung, daß unser Vorankommen von den *Verhältnissen* abhänge und alle gegenteiligen Einsichten wirklichkeitsferne Illusionen seien.

Besinnen wir uns: Warum leiden unter der gleichen Not nicht alle in der gleichen Weise? Warum macht unter gleichen Verhältnissen der eine sein Glück, indes der andere zusammenbricht? Weil ihre *Einstellung* sie unterschiedlich handeln läßt, weil die Bejahung des Gelingens beim einen zur Leistungssteigerung und zum Aufstieg führt, der Gedanke des Abhängigseins von der Umwelt beim anderen Unvermögen und Abstieg zur Folge hat.

Objekt und Opfer der Verhältnisse ist der Mensch nur, solange und soweit er sich dafür *hält*. In Wahrheit ist alle Kraft und alle Hilfe, deren er bedarf, um auch in ›schlechten Zeiten‹ voranzukommen, *in ihm*. Und wenn er seine innere

Kraft und Überlegenheit über die äußeren Dinge und Bedingungen siegesgläubig bejaht und positiv handelt, erfährt er bald, wie sich alles Außen dem Innen angleicht und unterordnet.

Damit beantwortet sich die Frage: »*Wie kommt man trotz ungünstiger Umstände zu auskömmlichen Verhältnissen?*« wie folgt:

›Schlechte Zeiten‹ haben auf uns genau den Einfluß, den wir ihnen durch negatives Denken und furchtsames Fühlen einräumen. Solange wir *glauben*, daß es ›nichts nützt, das Vorankommen zu bejahen‹, nützt es nichts, da eben diese gedankliche Haltung jedes Bemühen um Änderung der Verhältnisse unwirksam macht. Solange wir von der ›Übermacht der Verhältnisse‹ überzeugt sind, werden sie uns unserem Glauben gemäß hindern, erdrücken und unten halten.

Glauben wir hingegen von ganzem Herzen an die allvermögende Macht des Geistes, an die auf unser Wohl und unseren Fortschritt abzielende innere Führung, an unser Berufensein zum Glück und an unseren Aufstieg, dann schreiten wir unter allen Verhältnissen und durch alle Behinderungen wie durch Nebel aufwärts.

Jedem geschieht nach seinem Glauben. Jeder Umstand und jede Zeit ist das, was wir darüber denken und daraus machen. Die großen Erfolgreichen haben sich nicht um die ›Ungunst der Verhältnisse‹ und ›schlechte Zeiten‹ bekümmert, sondern der Zeit ihren Geist und den Verhältnissen ihren Willen aufgeprägt und ihr Leben und Schicksal gemeistert.

Tun wir es ihnen gleich, dann erfahren auch wir die Wahrheit der durch tausendfache Erfahrung bestätigten Lebensweisheit: Wer sich allem Gerede von schlechten Zeiten und widrigen Verhältnissen zum Trotz selbstvertrauend auf Vorwärtskommen, Glück und Erfolg einstellt und mutig seinen Weg geht, der überwindet auch die größten Schwierigkeiten und steigt empor, wo die anderen fallen.

Denn sein Vertrauen weckt die innere Kraft, führt zur Umstellung der Umstände, verbindet und verbündet ihn gleichgerichteten Helferkräften und macht Wandlungen möglich, die dann oft plötzlich eintreten — sei es als überraschende Förderungen oder Fortschritte, als Begegnung mit Menschen, die ersehnte Lösungen bringen, als plötzliche Gewinne oder als Erkenntnis von Zusammenhängen, die den rettenden Ausweg sichtbar machen ...

In allem Ungewissen des Lebens gibt es ein Gewisses: die Innenkraft, die unvernichtbar und unausschöpfbar ist. Vertrauen wir ihr, dann bringen wir sie zum Strömen und Wirken und bauen uns ein Leben auf, das nicht vom Wandel der Verhältnisse erschüttert, sondern vom Gewißsein ständigen Aufstiegs und wachsenden Glücks getragen wird.

Erfolg — Folge rechten Denkens

»Alle gut verfolgten Dinge haben Erfolg« — mit dieser Feststellung widerspricht Nietzsche denen, die meinen, Erfolg sei von günstigen Gelegenheiten, Beziehungen und anderen Faktoren abhängig.

Erfolg ist — wörtlich und wesentlich — das, was erfolgt, wenn man richtig denkt und handelt. Wir leben nicht nur in der Welt der Sinne, sondern zugleich in der Welt des Geistes, in der wir durch unser Denken und Verhalten die primären schicksalsentscheidenden Wirkungen auslösen. Hier liegen die Ursachen unserer heutigen und künftigen Verhältnisse. Nur von hier aus — durch positive Schaltung unseres Denkens und Fühlens, unserer Gesinnung und Haltung — gelangen wir über die Not hinweg zum Erfolg.

Demgemäß lautet die erste Lebensregel: *Glück und Erfolg folgen dem, der sie von Herzen bejaht.*

Sorgegedanken sind demnach so abwegig wie die Meinung, man könnte einmal nicht genug Sonnenschein bekommen und müsse darum seine Nachbarn aus der Sonne drängen. In Wirklichkeit ist Sonnenlicht in Fülle da, heute wie vor tausend Jahren, und ebenso in weiteren Jahrtausenden.

Genau so ist des Lebens Reichtum unermeßlich, und niemand braucht zu sorgen, daß für ihn je nicht genug da sein könnte. Jeder kann so reich und glücklich werden, wie er wünscht; er muß nur von ganzem Herzen seine Berufung zum Glücklichsein bejahen, gläubig die Fülle in sein Leben strömen sehen, statt ängstlich auf scheinbar ungünstige Umstände oder neidisch auf andere zu starren.

Das bedeutet praktisch, daß wir uns daran gewöhnen, keinen Gedanken und Gefühlen des Unvermögens und Mißerfolgs in uns Raum zu geben, sondern unablässig Aufstieg und Erfolg, Glück und Fülle als unser Erbteil willkommen zu heißen. Die besseren Zeiten, die wir ersehnen, müssen wir zuerst *in uns* schaffen, damit sie auch äußerlich in Erscheinung treten. Dieser Geist der Bejahung muß unser ganzes Wesen hochstimmen und durchkraften.

Mit halber Flamme erwärmt man Wasser; zum Kochen aber bringt man es nur mit voller Flamme. Zum Erfolg bringen wir es gleichermaßen nur bei voller begeistert-bejahender Selbstentflammung. Mit ihr beginnt die Verwirklichung unserer wesentlichen Bestimmung, stark und gesund, froh und glücklich und Meister unseres Schicksals zu sein. Sie ist das ›Es werde!‹ für alles, was wir tiefinnerlich herbeisehnen. Sie öffnet Tore, die sonst verschlossen bleiben, und zieht Dinge und Umstände herbei, die sonst ungenützt an uns vorübergleiten ...

Um dazu zu gelangen, ist fünferlei erforderlich:

Erstens müssen wir uns im Gewißsein unserer Berufung zum Glücklichsein gewöhnen, das, was wir wollen und können, als erreichbares Ziel ebenso wie den Weg dorthin ständig vor Augen zu haben als etwas, das uns gemäß und bestimmt ist.

Zweitens muß mit dem rechten Denken das rechte Handeln einhergehen, das auf den einzelnen Etappen des Zielwegs vom Geist des Gelingens getragen ist.

Drittens darf uns kein Aufenthalt und Rückschlag in Sorge versetzen. Jeder negative Gedanke ist Sünde wider uns selbst; denn er macht uns erdenschwer und erfolgarm. ›Wer da *hat*, dem wird gegeben‹: dem, der die rechte Einstellung hat, ist das Gelingen gewiß!

Viertens müssen wir lernen, nicht mehr auf andere zu sehen, sondern allein auf unser innerstes Selbst als den Garanten unseres Glücks. — Fünftens gilt es, nicht mehr rückwärts, auf Vergangenes zu blicken, sondern das *Jetzt* als den Startpunkt der besseren Zukunft freudig auszuschöpfen und uns bewußt in den lebendigen Strom der Kraft und Fülle einzuschalten, dessen dynamischer Trend uns alles meistern läßt.

Sonne im Herzen

Glückfähig wird der Mensch in dem Maße, wie er sein Herz durchlichtet. Sowie die ›innere Sonne‹ aufgeht, durchsonnt sie auch das äußere Dasein und wandelt das Gesicht der Welt. Selbst das Wetter wird freundlicher...

Heute leidet die ganze Natur unter dem unfroh-negativen Denken der Menschen, die nicht sehen, daß der Kosmos eine lebendige Einheit ist und daß Natur und Mensch in ständiger Wechselwirkung stehen. Der Expansion des Universums entspricht der Wachstumsdrang allen Lebens. Dieses Wachsen und Mehrwerden fördern wir durch Bejahung unserer inneren Sonnenhaftigkeit, mit der unsere positiven und produktiven Gedanken an Verwirklichungskraft zunehmen.

Je weniger ›Schlechtwetter‹ die in uns heranwachsenden Gedanken des Aufstiegs und Glücks vorfinden, je mehr Sonne wir im Herzen haben, desto rascher blühen und reifen sie und desto köstlicher wird die Frucht: die Verwirklichung.

Also nicht warten, *bis* etwas geschieht, sondern frohen Herzens wirken, *daß* es geschieht. »Wirke, solange es *Tag* ist«, solange am inneren Himmel die Sonne strahlt!

Ein See ohne Bewegung wird zum Sumpf. Ein Mensch, der nicht dem inneren Drang nach vorn und Zug nach oben folgt und sich rührt, stirbt ab. Ein glückreiches Leben ist die Frucht frohen Wirkens. Betrachten wir dabei Glück und Erfolg als unsere Bestimmung, dann kommen beide mit der gleichen Sicherheit, mit der sich ein astronomisches Ereignis voraussagen läßt.

Wir werden unseres Schicksals Schmied, sowie wir erkennen und bejahen, daß das Reich des Erfolgs, in dem die Sonne nie untergeht, in uns ist, und daß auch der Ursacher und Bürge des Glücks in uns seinen Sitz hat und uns hilft nach dem Maße unseres gläubigen Vertrauens.

Wenn Sorgen drohen, sollten wir das als Appell nehmen, unverzüglich die Vertrauensprobe zu stellen, um die Wahrheit des als recht Erkannten zu erfahren. Damit wird kein blinder Glaube gefordert, sondern die bewußte Aktivierung der aus den Tiefen des Selbst emporquellenden Innenkraft, in deren Strahlungsfeld alle Sorgen entwerden.

Wer diese Selbstdurchsonnung und Selbsterkraftung von innen her schon erfahren hat, bedarf keiner Beweise. Wer sie noch nicht erfuhr, hat *jetzt* Gelegenheit, ihr Wirken zu erleben. Für ihn gilt Casson's Wort von der Gelegenheit, die an die Tür des Mutigen klopft:

»Das Erdbeben von San Francisco hat an die hundert Gelähmte geheilt. Beim ersten Erdstoß sprangen sie auf und rannten um ihr Leben. Sie glaubten nicht, daß sie laufen konnten, bis ihre Häuser bebten und einzustürzen drohten. Ihre Lähmung lag mehr in ihrem Geiste als in den Gliedern. Gleichermaßen liegt das Unvermögen derer, die sich von ihren Sorgen gefesselt fühlen, nicht in den Dingen und Umständen, sondern in ihren Gedanken. In Wirklichkeit kann nichts sie hindern, aufzuspringen und Erfolg zu haben. Bejahen sie ihre innere Kraft und gehen sie mutig ans Werk, dann offenbart sich die Ohnmacht der Sorgen und der Sieg fällt ihnen zu.«

Wir erheben uns in dem Augenblick über alle Sorgen und Nöte, in dem wir uns der inneren Kraft verbünden, dem inneren Licht öffnen und der inneren Führung vertrauen. In diesem Augenblick ersteht eine Macht in uns, die stärker ist als die vereinigten Sorgen und Nöte der Welt. Ihr Aufstrom in uns und ihr Einstrom in unser Leben ist die Antwort auf unser tatfrohgläubiges Ja zum Leben und zum Glück.

In Wahrheit ist jeder so groß wie sein Glaube, so stark wie sein Vertrauen und so unbesiegbar wie sein Mut.

Das Gesetz der Fülle

Alles Lebendige ist auf Vervollkommnung und wachsende Fülle angelegt. Diese Tatsache wird um so deutlicher, je rückhaltloser einer sein Bewußtsein von Zweifeln und Sorgen entleert und von ganzem Herzen den Reichtum des Lebens und seine Bestimmung zum Glücklichsein bejaht. Er betätigt damit jene innere Schaltung, die das Gesetz der Fülle zum Wirken bringt.

Wenn du reicher und glücklicher werden möchtest, dann beginne *jetzt*, in diesem Augenblick, mit der inneren Umstellung und Hinwendung auf das Glück, das auf dich wartet! Lade es gläubigen Herzens in dein Leben ein. Sieh dich und deine Lieben von nun an im Geiste von Wohlstand und Fülle umgeben. Nichts in der Welt kann die Verwirklichung dieser Bejahungen hindern als du selbst. Bejahe darum wieder und wieder mit aller Inbrunst des Herzens dein inneres Verbunden- und Einssein mit dem Reichtum des Lebens. Diese Gewißheit muß solange lebendig in dir schwingen, bis sie zur Grundgesinnung geworden ist.

Was würdest du tun, wenn eine schwere Sorge dich drückt und dir unerwartet eine Hilfe zuteil wird, die dich sorgenfrei macht? Wärest du nicht überglücklich? Würde dein Herz und dein Antlitz nicht vor Freude strahlen? Wärest du nicht über alle Maßen dankbar ob der empfangenen Hilfe? — Nun, eben diese Einstellung gilt es schon *jetzt*, im voraus, einzunehmen. Denn eben dadurch wird der Zugang zum Lebensstrom beglückender Fülle geöffnet.

Das bedeutet praktisch, daß wir uns angesichts einer Schuld, Not oder Gefahr nicht dem Sorgen und Grübeln überlassen, auf welchen Wegen wohl die nötige Hilfe kommen werde. Unsere Sache ist es nur, das *Kommen* der Fülle als selbstverständlich zu bejahen und das zu tun, was wir vermögen; den *Weg* der Hilfe aber gilt es gläubig-vertrauenden Herzens der inneren Führung und dem Geist des Lebens zu überlassen.

Wir sorgen uns ja auch nicht, wenn wir einen Brief in den Postkasten werfen, ob er auch recht befördert wird. Wir vertrauen der Post und wissen, daß der Brief sein Ziel erreicht. Genau so gilt es dem *Gesetz* der Fülle zu vertrauen und gewiß zu sein, daß unsere gläubigen Bejahungen die rechten Kräfte und Tendenzen ansprechen und in Richtung auf unser Glück in Tätigkeit setzen, bis die bejahte Fülle sichtbar ist.

Natürlich kommt die Hilfe nicht aus dem Nichts, sondern zumeist über andere Menschen. Doch wäre es falsch, uns darauf einzustellen, daß sie über diesen oder jenen kommen werde. Unsere vertrauende Erwartung muß ausschließlich nach *innen* gerichtet sein: auf den inneren Helfer — und das heißt zugleich: auf den Geist des Lebens als den Spender der Fülle.

Wenn wir glauben, daß der Zugang zum unendlichen Reichtum des Lebens in uns ist und der Schalter der Fülle des Glücks durch rückhaltloses Vertrauen betätigt wird, und wenn wir inbrünstigen Herzens bejahen, daß alles, dessen wir bedürfen, uns zuströmt und Wirklichkeit wird, dann geschieht uns nach unserem Glauben.

Dabei handelt es sich nicht um ›Wunder‹, sondern um *geistig-dynamische Lebensgesetze*, die bei rechter Beachtung unseren vollen Anschluß an den Strom der Fülle bewirken, der sonst ungesehen und ungenutzt an uns vorüberfließt. Jeder Impuls gläubiger Bejahung bedeutet eine Drehung des Schalters mit der Folge, daß die Innenkraft stärker strömt, unsere Glückwürdigkeit und -empfänglichkeit erhöht und das uns Gemäße und Dienliche herbeiführt.

Ist das Gewißsein unseres Einsseins mit der Fülle des Lebens einmal stärker und tiefer in unserem Gemüt und Bewußtsein eingewurzelt als die Gedanken des Unvermögens und Mangels, dann beginnt die Fülle sich zu offenbaren, wir bekommen eine ›glückliche Hand‹ in allem, was wir unternehmen, das Dasein verfreundlicht sich spürbar und die Umwelt wird sichtlich zum Spiegel und Abbild des innerlich als Wirklichkeit Bejahten, weil wir das Gesetz der Fülle richtig denkend zum Wirken brachten.

Zum Glücklichsein berufen

Drei Dinge wünscht jeder: Gesundheit, Wohlstand und Zufriedenheit. Und jedem dieser Wünsche kann Erfüllung werden.

Aber die meisten richten ihre Gedanken und Blicke vorwiegend auf die äußere Welt als die vermeintliche Quelle allen Glücks — bis sie enttäuscht gewahren, daß ihr Suchen vergeblich war, und aufgeben . . . Nur einzelne gehen unbeirrt weiter und entdecken schließlich, daß alles, was sie wünschen, *innen* ist und alles, was sich in ihrem Dasein begibt, Ergebnis ihres Denkens ist.

Der Mensch schafft sich Leid wie Glück, weil der Geist des Lebens ihm die Freiheit gab, die Wege zu gehen, die sein Herz zu beschreiten wünscht. Folgt er aus Nichterkenntnis den Wegen der Ichsucht, schafft er Leid, Glück hingegen, wenn er sich auf sein Selbst besinnt und zuerst nach dem Einklang mit dem Willen des Lebens trachtet, nach der Harmonie mit dem Unendlichen.

Hat er sich dazu durchgerungen, dann geht ihm auf, daß das Reich der Fülle und der Urquell aller Gesundheit, aller Kraft und allen Glücks inwendig in ihm ist, daß ihm alles Gute überall und jederzeit zu Gebote steht, sowie und soweit er der inneren Kraft und Führung vertraut und durch sein gläubiges Ja bewirkt, daß das ersehnte Gute aus unsichtbarer Innenwirklichkeit zu sichtbarer Sinnenwirklichkeit wird.

Im ersten Innewerden dieser Wahrheit schießt mancher übers Ziel hinaus:

Er meint, es genüge, wenn er sich hinsetzt, in die Stille geht, Gott, den Geist des Lebens, um das bittet, was er braucht, und dann auf das Wunder wartet. Er nimmt damit die Haltung des Kindes an, das etwas, was es für sein Bestes hält, heftig will und meint, daß ihm der Vater, wenn es ihn nur lange genug mit seinen Wünschen bestürmt, schließlich gibt, worum es bittet...

... Er übersieht, daß die Hilfe, die er braucht, primär nicht in der Erfüllung seiner ichhaften Wünsche besteht, sondern in *Erkenntnis* — vor allem in der Erkenntnis, daß *nur durch rechtes Denken und rechtes Eigen-Tun das Glück zu lebendigem Eigentum wird.*

Das bedeutet das Wachwerden für die das Lebensglück bedingende und verbürgende fundamentale Erkenntnis,
daß er als Kind des Geistes des Lebens und der Fülle zum Glücklichsein berufen und befähigt ist,
daß das Vermögen zu allem Guten in ihm ist und darauf wartet, daß er sich *bewußt* als Strombett der Freude, Gesundheit und Fülle bejaht und *betätigt,*
indem er den Kräften der Freude, der Gesundheit und des Glücks in seinem Denken und Fühlen, Verhalten und Handeln lebendig Ausdruck gibt und keine andere Wirklichkeit als diese anerkennt,
indem er alles, was er besitzt, empfängt und erfährt, dankbaren Herzens als ihm anvertrautes Gut entgegennimmt und das Bestmögliche daraus macht,
und dabei dem Geist des Lebens, der als sein innerer Helfer in ihm wirkt und sein Schicksal stets zum Besten lenkt, mehr vertraut als allen Mächten und Hilfen der Außenwelt!

Gelangt er zu dieser Erkenntnis und Bejahung der Wirklichkeit und demonstriert er sie durch die *Tat* — nicht zuletzt dadurch, daß er anderen liebevoll hilft und ihnen freudig gibt als einer, der aus unversiegbaren Quellen der Fülle schöpft —, dann erfüllen sich seine Wünsche nach Gesundheit, Wohlstand und Zufriedenheit von selbst, und Schmerz und Mangel flieh'n ihn, wie die Schatten weichen, wenn das Licht entzündet wird.

Vergänglichkeit des Leides

Daß wir zum Glücklichsein berufen sind, wird uns leicht ungewiß und zweifelhaft, ja unglaubhaft, wenn Leid uns überkommt. . . . Und doch kann nichts und niemand uns hindern, auch die größte Not zu überwinden und unseres Glückes Schmied zu sein.

Alles Geschehen untersteht den Gesetzen des Lebens, die jedes Wesen durch Freud und Leid zu höherer Vollendung leiten. Suche diesen Zug nach oben zu erkennen und dich ihm anzugleichen, um nicht mehr fehlzugehen und falsch zu handeln.

Erwarte und suche weder Trost noch Hilfe bei anderen, sondern wende dich, wenn Leid dir Sicht und Aussicht trübt, nach innen, bis dein Trostverlangen dein innerstes Selbst berührt. Dort allein findest du die Kraft, den Frieden und das Glück, die dein Herz ersehnt.

Aller Geschicke und Leiden Herr ist in dir. Dreierlei fordert er von dir, daß deine Fesseln fallen: Schweigen, horchen und gehorchen! Seine Stimme wird erst vernehmbar, wenn du schweigst und horchst, und er löst dein Leid soweit, als du seiner Führung vertraust und folgst.

Was er dir in der Stille bewußt macht, ist dies:

Nichts ist vergänglicher als Leiden. Eine Wendung deines Herzens nach innen — und die Not entweicht. Ein gläubiger Blick nach oben — und die Helle höherer Erkenntnis zerstreut die Finsternis des Leids. Wo vorher wegloser Sumpf schien, gewahrt dein inneres Auge sichere Höhenpfade zum Glück, das auf dich wartet und Dauer hat.

Vor jeder neuen Lebensstufe, an jedem Wendepunkt deines Daseins flüstert er dir leise zu, wohin dein Blick und Schritt sich wenden muß. . . . Doch wie selten schweigen deine Sinne und Gedanken, wie selten horcht dein Herz nach innen und gehorcht dein Wille der Weisheit der inneren Führung. Wie oft bedarf es noch des Leides, um dich zu wecken und zu leiten. Wie häufig stehst du dir selber im Wege und mußt an dir selbst erkranken und leiden, bevor du dich besinnst und weiterschreiten kannst ...

Dem Weisen — dem schweigend nach innen Horchenden und gelassen Gehorchenden — werden Weh und Leid zu Weisung und Leitung nach oben. Er kennt kein Leid, das nicht der Läuterung diente. Er weiß, daß alles Leben der Nacht wie des Lichtes bedarf und daß dem Schmerz die Freude folgt wie der Nacht der neue Morgen.

Um zu den Höhen des Glücks aufzusteigen, müssen die Stufen erklommen werden, die dorthin führen. Jede Stufe ist Entwicklungsreiz und Wachstumsschmerz, Überwindung und Sieg zugleich ...

... Wozu sie für *dich* wird, hängt davon ab, wovon du in deines Herzens Innersten lebendig überzeugt bist. Denn was als Gewißheit in dir lebt, drängt nach Erfüllung.

Auch auf dem Wege nach oben mögen, als Nachwirkungen falschen Denkens und Handelns, noch Fehlschläge kommen. Doch indem du sie als Erprobungen deiner wachsenden Kraft und deines Vertrauens schweigend-gelassen entgegennimmst, steigst du bereits über sie hinweg aufwärts. Es mögen Lockungen nahen, die deine Blicke und Gedanken erneut nach außen zu lenken suchen: nimmst du sie schweigendgelassen als Prüfungen deiner Bereitschaft und Fähigkeit zu unbeirrter Sammlung auf das Wesentliche — dein Berufensein zum Glück —, und läßt du dir den Glauben daran durch nichts und niemand mindern, dann wird die Vergänglichkeit des Leides sichtbar und du erweisest dich, ob du gleich zehnmal fällst, am Ende als der allen Wechselfällen des Daseins überlegene Sieger.

Stark sein im Schmerz

Der große Hebel, durch den die Vorsehung uns von Verirrungen zurückführt, ist nach einem Dichterwort der Schmerz: er vollbringt oft, was Freude und Wohlergehen nicht vermochten. Manche leitete erst ihr *Leiden* zur Überwindung der Nichterkenntnis, zur Wende ihrer Not. Das war seine Not-wendigkeit.

Unmittelbarer aber als der weckende Schmerz hilft rückhaltloses Vertrauen und williges Wirkenlassen der inneren Führung. Weise handelt, wer sein Denken nicht auf das richtet, was ihn leiden läßt, sondern sein Herz einwärts horchend dem zuwendet, der ihn höherleiten will: dem Helfer innen.

Aller Trost und alle Kraft ist innen. Leben, Wachstum und Fortschritt gehen von innen nach außen. Damit ist der Weg leidüberwindender Wandlung aufgezeigt:

Laß dich nicht vom Schmerz blenden und übermannen, verbittern und mißleiten. Dein Leid ist so stark, wie du es fürchtest. Gib ihm keine neue Kraft durch Anerkennung deiner Not. Nähre sie nicht durch Rückwärtswendung deines Geistes. Sieh weg von dem, was hinter dir liegt, und blicke mutig vorwärts. Fühle und handle, als wäre dein Leid schon entschwunden, als wäre das Glück, das dein Herz ersehnt, bereits in deine Seele und dein Leben eingezogen.

Besinne dich auf dein Berufensein zum Glück! Löse dich von dem, was unter dir ist, und öffne dich dem, was über dir ist: den lebendigen Kräften des Göttlich-Guten, der Liebe und Freude, dem Vertrauen zur Kraft und Hilfe von innen. Dann wirst du aus einem Leidenden zu einem Leiter für die Kräfte des Lebens, die dir helfen, über dich selbst hinauszuwachsen und deines Herzens Wünsche zu verwirklichen.

Es ist jene kraftweckende Haltung, die ein Dichter, Ludwig Ganghofer, rühmte:

»Stark sein im Schmerz; nicht wünschen, was unerreichbar oder wertlos; zufrieden mit dem Tag, wie er kommt; in allem das Gute sehen und Freude an der Natur und den Menschen haben, wie sie nun einmal sind; für tausend bittre Stunden sich mit einer einzigen trösten, welche schön ist, und aus Herz und Können immer sein Bestes geben, auch wenn es keinen Dank erfährt! — — wer das lernt und kann, der ist ein Glücklicher, Freier, Stolzer, und immer schön wird sein Leben sein . . . In jedem Ding der Welt, ob es tot ist oder atmet, lebt der weise Wille des Allmächtigen und Allwissenden . . . Wie alles ist, so muß es sein in der Welt, und wie es auch sein mag: immer ist es gut im Sinne des Schöpfers.«

Das ist es, was uns als den Kindern des Geistes des Lebens allezeit gewiß sei:

Wie ein wassergefülltes Gläschen auch am Meeresgrund dem gewaltigen Wasserdruck standhält, so vermögen wir Menschen dem Schicksal, was es auch bringt, in dem Maße standzuhalten, wie wir uns als Teile des Schicksals erkennen und im Vertrauen auf unsere Innenkraft und die innere Führung unser Schicksal mutig bejahen.

Wir sind dann so stark wie die Umwelt; ja stärker, weil der Geist mächtiger ist als der Stoff und das Gute wirklicher und dauernder als das Böse. Wir sind dann nicht mehr Erleider, sondern Wirker unseres Schicksals, weil wir in Harmonie sind mit jener Kraft, die über allem Geschick und Geschehen steht: der Urkraft des Unendlichen, der in uns ist wie über uns.

Wende der Not

Wo immer ein Mensch den Mut hat, sich nach sich selbst zu richten und sein eigenes Leben zu führen, offenbart sich sein

Berufensein zu Wachstum und Glück und sein Vermögen zur Wendung jeder Not.

Mache dir bewußt, was das für dich bedeutet:

Du fühlst dich schwersten Schicksalsschlägen ausgeliefert und findest nirgends Rat und Hilfe? Blicke statt nach außen allvertrauend einwärts — zum inneren Helfer. Dann wird dir gewiß, daß, was dich trifft, dich trefflicher und fähiger machen will, das Glück, das deiner wartet, recht zu empfangen ...

Wenn du glaubst, du seiest von Enttäuschungen und Fehlschlägen zermürbt, dein Herz sei keiner Freude mehr fähig, dann besinne dich auf die Gegenwart der allüberlegenen *Kraft in dir*, die dich instand setzt, Größeres als das Verlorene herbeizuziehen und zu bewirken, daß der Fehlschlag zum Ritterschlag wird. Dem seiner Innenkraft bewußten starken Menschen werden, wie der Dichter sagt, »große Schmerzen wie Freuden zu überschauenden Anhöhen des ganzen Lebensweges«.

Und wenn das brennende Bewußtsein einer Schuld dein Herz bedrückt, wende dich wiederum einwärts in das Reich der Stille, in dem du Ruhe, Linderung und Frieden findest und erkennst, wie Schuld durch Liebe und Last durch Guttat gelöst wird ...

Hast du ein Menschenherz verloren, das dir das liebste war? Dann schreite einwärts bis dorthin, wo du der Unvergänglichkeit und inneren Einheit allen Lebens gewiß wirst. Dann wirst du gewahr, daß keine Trennung länger währt als eine Sekunde der Ewigkeit, daß, was heute sich verlor, bald erneut vereint ist. Denn kein Band der Liebe, das einmal Herz mit Herz geeint, wird je gelöst: es ist ein Faden im Gewebe jener All-Einswerdung, die aller Entwicklung Ziel und Vollendung ist ...

Ist dein Wille zerbrochen, dein Leid so groß, daß du

keinen Ausweg siehst, wähle den *Einweg:* horche schweigend nach innen und gehorche der inneren Führung. Wo du Weglosigkeit nur siehst, macht sie neue Pfade sichtbar und hilft dir, Fesseln zu lösen, des Leides Schranken zu überschreiten und ein neues Leben zu beginnen.

Mag der Himmel sich verdüstern, mögen Ungewitter die Welt durchtoben — die Festung deiner Seele kann kein Erdensturm erschüttern. Das Licht in deines Wesens Innerstem kann nichts und niemand trüben. Eine kleine Weile — und die innere Sonne wird dir aufs neue leuchten, strahlender denn vorher ... Und dann wird, was zuvor nur vage Hoffnung war, dir gewiß:

Der Mensch ist frei und zum Glücklichsein geboren. Was ihn fesselt, hat er selbst geschaffen und muß und kann er selber lösen, sowie er sich besinnt, was sein Leid ihn lehren, auf welche Höhe seine Not ihn führen will!

Geschieht das, dann kann das Tal, das er durchschreitet, ihn nicht mehr bekümmern; sein Blick gilt der Höhe, die seiner wartet. Mag die Sonne die Talnebel nicht durchdringen; bald steht er dort, wo des Tages Licht ihm wieder leuchtet.

Wer so des Leides Lehre begreift und sich lichtwärts leiten läßt, der wandelt Schmerz in Freude und tröstende Gewißheit. Was ihn vorher schreckte, ward ihm zum Künder naher Hilfe und Heilung, und was ihn hemmte, ward ihm Förderer und Freund. Er wandelt Leid in Segen und weiß:

Schmerz ist nur Hülle; der Kern ist Freude — wie alles Lebens innerster Kern Licht ist, Kraft und Fülle.

Seelische Selbsterhellung

Glaube keiner, die Finsternis seines Leides sei unerhellbar. In Wahrheit kann jedem geholfen werden. Es gibt keine Dunkelheit, die nicht durch Selbsterhellung besiegt, keine Fessel, die nicht von innen her gelöst werden kann. In der Stille kann er erfahren, wie es in ihm tagt und hell wird.

Wer bewußt in die Helle des Innern hineinschreitet, der gewahrt, wie das Morgenlicht der Innensonne die Abgründe des Unbewußten mit allem, was an Unerlöstem darin haust, mählich entdunkelt und aufhellt, die Ursachen seiner Gebundenheiten und Schwächen, Hemmungen und Nöte erkennbar und den Weg zu ihrer Lösung sichtbar werden läßt.

Solche schweigend-horchende Einwärtswendung ist eine Wanderung zu uns selbst — aus leidvoller Zerrissenheit zu innerer Einung und Freiheit. Auf diesem Gang in den ›inneren Tag‹ wird das Reich und der Reichtum der Seele überschaubar. Die Bewohner der inneren Landschaften, die uns zuerst gespenstisch formlos und beängstigend erschienen, werden lichter und freundlicher, je tiefer wir in das Innenland der Seele vordringen. Jeder Schritt einwärts bedeutet fortschreitende Selbstentdunkelung des Unbewußten.

Der seelisch *Unerwachte*, dem der Weg nach innen wie ein Gang zum Gericht erscheint, empfindet noch Angst vor dieser Selbstenthüllung. Weil er noch *träumt*, gewahrt er nicht, wie manches, was er einst leidvoll erfuhr und was ihn kränkte, ungelöst in Abgründe des Unbewußten entsank, als Seelenschlamm durch jedes Unlusterlebnis aufs neue aufgewühlt wird *und* zu angstbetonten Abwehrreaktionen reizt...

... Dennoch braucht er nichts zu fürchten. Denn in der heilsamen Atmosphäre schweigender Selbsterhellung wird das Quälende aufgedeckt und entgiftet, Zusammenhänge zwischen Gehemmtheiten und längst vergessenen Kränkungen werden erkannt und gelöst ... Er gewahrt, auf welchen Wegen das, was ihm einst Weh und Schmerz bereitete und keine Lösung fand, aus dem Bewußtsein verdrängt, ins Dämmerreich des Ungewußten und Unbewußten entwich, aber keineswegs unwirksam wurde, sondern von dort her drängt, spannt und hemmt, in Stunden der Unzufriedenheit emporquillt, Denken und Fühlen umdüstert, den Tatwillen lähmt und alles leidig macht ...

... Ihm geht auf, wie das Unerlöste in ihm durch jeden negativen Gedankenimpuls an Macht gewinnt, zur Brutstätte neuer Fehlschaltungen wird oder am Punkt des geringsten leibseelischen Widerstandes als Krankheit durchbricht ... Zuweilen enthüllt sie sich als Versuch der Selbstheilung der Seele, als Ruf zur Selbstbesinnung, in der das Streben nach Freiwerdung und Kraftgewinnung in die rechten Bahnen gelenkt und die Heilwerdung von innen her ermöglicht wird.

Wird dies erkannt und genutzt, dann erlebt er, wie in der Helle des Innern die Spannungen an Gefühlsbetontheit verlieren, wie die Gespenster des Unbewußten wie Nebelfetzen zerflattern oder sich sichtlich verfreundlichen und als heimliche Helfer erweisen, mit deren Wandlung die Angstverkrampfung sich löst, die inneren Unstimmigkeiten abklingen, die Nichterkenntnis weicht und mit ihr das Weh, und wie die Bahn zu fortschreitender Daseinsdurchsonnung frei wird.

Folgt dieser Selbsterhellung die positive Tat, der Entschluß, an die Stelle überwundener negativer Schaltungen positive seelische Haltungen zu setzen, ist gewonnen. Läßt er sich dabei durch Rückschläge nicht beirren, sondern beharrt er im rechten Denken und Handeln und vertraut er der Führung und Hilfe von innen, dann schaltet er so viele po-

sitive Schicksals-Automatismen ein, daß selbst der widrigste Wind ihn voranträgt und ihm hilft, in innerer Freiheit sein eigenes Leben zu führen und sein Schicksal zu meistern.

Vergiß das Beste nicht!

Was einem in der Hetzjagd des Lebens verborgen bleibt, wird im Schweigen und Frieden des Innern bewußt: Wie groß auch immer das Maß an Sorgen, Nöten und Leiden ist, das auf einem lastet — von innen her durchlichtet, wird es leicht und lösbar. Von innen kommt die Kraft, das Bessere zu sehen und aus allem das Beste zu machen.

Eben dies meint die Mahnung des hilfreichen Geistes im Märchen gegenüber dem Manne, der drei Wunscherfüllungen frei hatte und nach allzu kurzem Besinnen immer törichteren Wünschen Ausdruck gab: »*Vergiß das Beste nicht!*«

Vergiß das Beste nicht! mahnt der Unendliche Geist des Guten jeden von uns, die wir unendlich viele Wunscherfüllungen frei haben und doch zumeist, aus Nichterkenntnis und Wirklichkeitsblindheit, hinter vergänglichen Scheingütern herjagen — törichter noch als der Mann im Märchen . . .

. . . Denn was bleibt uns am Ende außer dem Glück, das wir *in uns* bergen und aus uns heraus anderen bereiteten!

Wir können das sein, was die Welt ›erfolgreich‹ nennt — und dabei doch wirklichen Glückes bar sein. Und wir können eines Glückes teilhaftig werden, das nicht vergeht, das nicht vom Dasein oder Fehlen äußerer Dinge und Bedingungen abhängt, nicht heute hier-, morgen dorthin flattert, sondern *bleibt*.

Jeder kann zu diesem Glück gelangen und jederzeit aus den inneren Glücksquellen schöpfen. Er kann den Reichtum, der in ihm ruht, freilegen, damit er in die Welt hinausströme, sich entfalte und mehre.

Wie ein Schmetterling seine eigene Befreiung aus der engen Puppe bewirkt, aus eigener Kraft seine Flügel entfaltet und sich in die Luft erhebt, so müssen wir unsere eigene Freiwerdung aus Glückwahn- und Leidgebundenheit bewirken, unsere Innenkraft entfalten und unser Glück von innen her verwirklichen.

Die Summe der Übel im Leben erscheint nur so lange größer als die der Beglückungen, als wir mehr auf das Ungute blicken als auf das Lichte. In Wahrheit hat das Unglück nur so viel Macht über uns, als wir ihm durch unser Denken, Fürchten, Glauben einräumen. Es entwird, wenn die Gewißheit unseres Berufenseins zum Glück und unserer Allgeborgenheit in uns erwacht.

Vergiß das Beste nicht! Was ist es? Es ist unser Vertrauen, daß *alles gut ist* und uns dienen will. Es ist die Erkenntnis und Bejahung, daß alles, was ist, zu etwas gut ist.

»Auch das, was ich im Augenblick schmerzhaft als Übel, Widerstand oder Not erfahre und empfinde?«

Ja, auch das. Bejahe und glaube es — und du wirst erfahren, wozu es gut war. Hier zeigt sich das Wunder der Wandlung: eben dein Vertrauen wandelt Widrigkeiten in Stufen, auf denen du höherschreitest — über die Not, den Feind, das Unglück hinweg — zu unvergänglicherem Glück.

Quell alles Guten ist der Geist des Lebens. Er ist *in dir* — und mit ihm alles Gute. Es ist entfaltbare Wirklichkeit und gelangt zu greifbarer Wirksamkeit auch um dich herum, wenn du in dieser gläubigen Gewißheit ausharrst. Dann erweist sich, daß in allen Dingen so viel Glück verborgen ist, als du in dir erweckst.

Je lebendiger dir dies bewußt wird, desto rascher wächst deine Glückskraft. Je bewußter du diese Erkenntnis *lebst*, desto reichlicher fließen die Quellen der Fülle, die in dir und um dich herum aufbrechen.

Nicht im Gewinnen und Besitzen liegt das Geheimnis des Glücks, sondern in der Selbstbesinnung und in der Beglückung anderer aus dem Schatz des glückwürdig gewordenen Herzens. Wenn du im Gewißsein des inneren Reichtums das Verlangen im Herzen lodern fühlst, dich einem Größeren, einer begeisternden Aufgabe, einem geliebten Wesen, einem hohen Ideal mit deinem ganzen Sein und Wesen hinzugeben, dann hast du das Beste ergriffen, dann weißt du, was Glück ist.

Der Mut zur Kraft

Der nach mehr Lebensmut Verlangende sieht sich vor dem gleichen Problem wie der Dichter-Arzt Georges Duhamel: Kann man sich an seinem eigenen Schopf aus dem Sumpf der Sorgen herausziehen? »Um eine neue Eigenschaft zu entfalten, mögen Wille und Wachsamkeit genügen. Aber mit dem *Mut* scheint es nicht so einfach zu sein. Um den Willen zum Mut zu haben, muß man zuerst den Mut zu diesem Willen haben. Ja, wie denn? *Den Mut zum Mut?* So absurd es klingt — eben dies meine ich.«

Die Lösung dieser Frage ist einfacher, als sie scheint. Sie liegt jenseits aller Willens-Bemühung und -Verkrampfung: im Stillesein und Lassen. Im gelassenen Schweigen der Selbst-Besinnung erwacht das Bewußtsein der inneren Wesensfülle und Kraft. Und dann fragen wir nicht mehr ängstlich: ›Wo nehme ich den Mut her?‹ — weil die Kraft zum Mut und der Mut zur Kraft von selbst aus unserem Innersten aufquillt und uns unser Berufen- und Befähigtsein zum Glück bewußt macht.

In der Stille berühren wir das Reich des Friedens, das vom

Zentrum unseres Selbst bis ins Herz der Gottheit reicht. Diese Berührung bedeutet unsere Erfüllung mit der Ruhe und Kraft des Ewigen und mit dem Mut des um seine Allgeborgenheit Wissenden.

Wie das geschieht? Im selbstbesinnenden Schweigen überbrücken wir unmerklich die Zwiespältigkeiten und Abgründe der Seele und nähern uns der inneren Einheit: der Zusammenleitung der getrennt fließenden Energien und Strebungen unseres Wesens zu einem einzigen machtvollen Lebensstrom. Wir gehen nicht mehr den Irrweg der Unterdrückung der einen Tendenz oder Kraft zugunsten anderer, spielen nicht mehr eine Strebung gegen eine andere aus, so das Gleichgewicht der Seelenkräfte störend und selbst das Gute ins Ungesunde übersteigernd — so daß Festigkeit in Schroffheit, Güte in Schwäche, Mut in Übermut und Waghalsigkeit umschlägt —, sondern wir leiten alle Strebungen von innen her zur Einmütigkeit, einen die Gegenkräfte zu gemeinsamem Schöpfertum. So schreiten wir aus der Nacht entmutigenden Grübelns in den Morgen selbstbefreiender und fruchtbringender Tat.

Auf diese Weise vermeiden wir sowohl den Fehler des Introvertierten, Ichverhafteten, der grübelsüchtig alles auf sich bezieht und sich dem Leben verschließt, wie den des Extravertierten, Weltgebundenen, der sein Selbstsein vom Urteil der Umwelt, von äußeren Bedingungen und Wertungen abhängig macht. Dem Weg der Mitte folgend, leben wir gelassen in der Welt, sie meisternd, weil wir in Harmonie sind mit unserem innersten Selbst und mit dem Allselbst des Ewigen.

In diesem Einklang und Einssein erfüllt uns das Gewißsein des Mystikers: »Gott ist ganz nah bei mir mit seiner Hilf' und Güte / Er schwebt mir wesenhaft im Herzen und Gemüte.«

Wie der Wanderer sich im wachsenden Licht des Morgens besser in der Landschaft zurechtfindet als im Dunkel der Nacht, so erfährt der Innenwanderer im Maße seiner Selbsterhellung sein innerstes Wesen immer gewisser als Quellgrund göttlicher Kraft. Zugleich erlebt er sein inneres Hellwerden als ein Stärker- und Reiferwerden. Weil ihm der Mut zur Kraft selbstverständlich ward, wurde das Gewißsein seines Glücklichseins von innen her Fundament rechten Denkens und sieghaft-selbstvertrauenden Handelns.

Entfaltung der Kraft

Wenn alles Leben von innen her wirkt, wie Feuchtersleben in seiner ›Diätetik der Seele‹ darlegt, dann ist jedes Hemmnis und Hindernis vom Geiste her überwindbar. In der Tat kann der Mensch »mit der Zeit Meister jedes Umstands und Zustands werden. Denn er ist — als Geist — frei. Je reiner er das Geistige in sich entwickelt, je mehr Kraft und Raum er in sich dem Geiste gibt, desto freier ist er.«

Zu diesem Freisein gelangen wir am sichersten auf dem Innenwege fortschreitender Selbst-Besinnung, auf den schon *Kant* verwies: »Welch größere Wohltat kann man einem suchenden Menschen erweisen, als daß man ihm hilft, zu seinem eigenen Selbst zu finden.« Darin unterscheidet sich, nach Feuchtersleben, der niedere vom höheren Menschen, daß der erstere »sein ›Glück‹ nur findet, wenn er sich verliert, der letztere, wenn er sich findet. Für den einen ist das Leben ein Traum, für den anderen Wirklichkeit. Es wird zum ›Traum‹ nur durch die Schuld des Menschen, dessen Seele nicht dem Ruf des Erwachens folgt . . . Die Erde ist schön, und doch ist so schwer auf ihr zu leben — für den, der den Himmel nicht in sich trägt«.

Darum heißt der Imperativ des Glücks: *Besinne dich auf dich selbst und deine Kraft — und tausend Leiden sind gelöscht!* Was damit gemeint ist, ist dies:

Alle Kraft ist in uns. Wir müssen uns nur auf sie besinnen und dieses Kapital, das bisher weithin brach lag, bewußt für uns arbeiten lassen. Wir sind alle Millionäre an Kraft; nur wissen die meisten von uns diesen Schatz nicht zu münzen. Darum sind wir noch nicht so glücklich, so gesund, reich und vollkommen, wie wir sein möchten und könnten. Darum ist es unser aller Aufgabe, zu uns selbst zu finden und unserer Kraft bewußt zu werden.

Was wir lernen müssen, ist, unsere Innenkraft durch gläubige Bejahung zu wecken, recht zu entfalten und weise zu betätigen. »Wonach wir recht mit allen Kräften ringen, das wird uns — *denn unsere Sehnsucht ist nur der Ausdruck dessen, was unserem Wesen gemäß ist. Was wir kräftig hoffen, das geschieht«* — *durch die Kraft in uns.*

Wie wir diese Kraft in uns nennen — ob Lebenskraft, Gedankenmacht, Glaube oder Gottkraft, den Geist oder das Selbst, Christus in uns oder den inneren Helfer —, für die Lebenspraxis ist nur entscheidend, daß wir diese Macht in gläubiger Bejahung in uns und durch uns wirken lassen. Dann erfahren wir, daß es für sie kein ›Unmöglich‹ gibt und daß wir, wäre auch die ganze Welt gegen uns, mit ihr im Bunde der Stärkere sind.

Keine Macht ist größer als der Geist in uns. Denn er ist die einzige Wirklichkeit, die ist und wirkt. In dem Maße, wie wir unserer Kraftunmittelbarkeit inne werden, erweist sie sich als stärker denn alle Mächte der Welt. Denn sie ist ›nicht von dieser Welt‹, sondern eine geistige Macht, Kraft des unendlichen Geistes des Lebens. Besinnung auf sie ist zugleich Selbst-Besinnung, wie Selbstbesinnung Kraftgewinnung bedeutet.

Glaube keiner, er könnte zu hoch von sich denken. Wir sehen nur unsere Oberfläche und wissen wenig von den Tiefen unseres Wesens. In Wahrheit sind wir tiefer, als wir zu erkennen vermögen, und zu Größerem berufen, als wir ahnen.

Der Bewußtwerdung dieser Wahrheit wollen die weiteren Darlegungen dienen.

Der Imperativ des Glücks

So manchem Großen öffneten sich unvermittelt die unauslotbaren Tiefen seines Wesens — und er erschrak ob der Abgründe und zerbrach daran . . . Heute treiben wir Menschen bewußt immer tiefere Stollen in den Grund der Seele — und stoßen allerorten auf verborgene Schätze, Goldadern der Weisheit und unterschwellige Ströme der Kraft. Und je tiefer wir schürfen und bohren, desto reichere Möglichkeiten, Anlagen und Fähigkeiten entdecken wir . . . Und ahnen doch nicht, wie tief und groß wir in Wirklichkeit sind und wieviel größer wir zu werden bestimmt sind.

Die genialen Menschen, zu denen du, dich selbst unterschätzend, emporblickst, sind dir nur insoweit voraus und überlegen, als sie dir noch verborgene Zugänge zu den allvermögenden Innenkräften entdeckten und größere Teile davon zu entfesseln lernten. Doch was sie vermochten, kannst *auch du*. Denn die Anlagen zu allem Großen schlummern gleichermaßen in dir.

Von Geburt unbedeutende Menschen haben unerwartet Gewaltiges vollbracht. Andere, mit reichen Gaben ausgestattet, verkümmerten und verdarben. Ob einer das Leben meistert und glücklich wird, hängt nicht davon ab, wieviel er scheinbar ›mitbekam‹, sondern davon, was er aus dem ihm Gegebenen macht und wieviel er darüber hinaus aus den Tiefen seines Innern an Gaben und Kräften heraufholt, wieweit er dessen inne wird, daß er zu Größerem und Höherem berufen ist, und wieweit er dieser Berufung folgt.

Die Möglichkeiten, die in dir schlummern, sind größer als alle, die die Welt dir bieten kann. In dir schlummern mehr Talente und Kräfte, als du bis heute aktiviert und ausgeschöpft hast. Du bist reicher und stärker, glückwürdiger und -fähiger, als du und die Welt bisher wußten. Es bedarf nur eines Rucks, um schlummernde Potenzen zu wecken und den Riesen in dir zu entfesseln.

Gewiß hast du schon Augenblicke erlebt, in denen dumpfes Ahnen größerer Möglichkeiten und Kräfte in dir aufquoll. Es waren Rufe zur Selbst-Besinnung. Immer wieder haben Menschen, durch eine Not oder einen Impuls von innen getrieben, Dinge vollbracht, die sie sich vorher niemals zutrauten. Eine innere Stimme oder eine plötzliche Gefahr rief Kräfte wach, die im stürmenden Aufstrom alle Schwächen und Hindernisse mit sich rissen und Unmögliches möglich werden ließen.

Gleiches gilt für dich: es bedarf nicht erst einer Not, um dich unerwartet als Riesen an Mut, Kraft und Können zu erweisen. Schon die beharrliche Besinnung auf den *Imperativ des Glücks* kann dein Frei- und Starksein von innen her sichtbar machen: *Besinne dich auf dich selbst und deine Kraft — und tausend Leiden sind gelöscht!*

Ein schlafendes Heer unüberwindlicher Kräfte harrt in dir der Stunde, da du sie siegglaubig rufst. Nur bei dir liegt es, wieviel von der Fülle der inneren Kräfte du erschließest — und wie lange es dauert, bis du nicht mehr Amboß des Schicksals bist, sondern Hammer und Schmied, der, selbsterwacht, bejaht:

»Nicht mehr suche ich den Erfolg; nicht mehr jage ich hinter dem Glück her! Ich selbst bin das Glück! Alle Kraft ist in mir, das, was ich ersehne, zu verwirklichen. Als meines Glückes Träger und Wirker bin ich so frei und stark, wie ich mich selbst erkenne und bejahe!«

Aktive Lebensbejahung

Das Leben, sagt Feuchtersleben, »hat immer den Wert und die Bedeutung, die wir ihm geben. Das ist das Wesen und Siegel des Geistes, daß er schaffe, daß er produktiv sei. Und es ist das Vorrecht des Menschen unter den Geschöpfen der Erde, daß er ein Leben des Geistes führen kann.«

Dieses Leben aus dem Geiste ist kein passives Traum-Dasein, sondern ein Leben positiven Wirkens. »Nicht in leeren Träumen wird das Große imaginiert, in Wort und Tat will es verlebendigt sein. Darum verbinde sich mit dem idealen Sinn ein praktischer.« Es gilt, wie Trine ergänzt, »immer eine Haltung des Geistes einzunehmen, durch die das Glück angezogen und realisiert wird. Dazu ist unerläßlich, daß wir an allen Dingen und Menschen nur das *Gute* ins Auge fassen, es an uns heranziehen und so die Schöpfer unseres eigenen Glückes werden«.

Wir sind nicht zum Ausruhen auf die Welt gekommen, sondern zu aktiver Entfaltung und positiver Betätigung unserer Anlagen und Kräfte und zu optimistischer Wertung und Meisterung unseres Lebens. Je mehr uns dynamisches Wirken zur Gewohnheit wird, desto sicherer schützt es uns vor dem Leiden. Denn »das Leid drückt nieder, das Wirken erhebt, die Erhebung belebt. Bis ins höchste Alter wirken und lernen — das ist Leben. Da wächst die Seele in konzentrischen Kreisen göttlichen Sphären zu. Ein ewiges *Vor-*

wärts! ist unser Losungswort: vorwärts auch über das Grab hinaus, über das Jahrhundert, das Irdische hinaus! Wir müssen erreichen, daß der Körper sich bis zum Vergessen seiner Bedürfnisse dem Geiste unterordnet; dann strömt der freie Schwung unserer Kräfte wie ein Meer zwischen einem sichtbaren und einem unsichtbaren Ufer.«

Diese *aktive Lebensbejahung* setzt, wenn sie Segen bringen und uns zunehmend bereichern und beglücken soll, voraus, daß wir das *Gut-Sein* vor das *Gut-Haben* stellen. Gut-Sein bedeutet Pflichterfüllung bei liebevoll aufgeschlossener Haltung allen Wesen gegenüber. Es bedeutet zugleich Überwindung des Widrigen:

Durch bewußte Hinwendung zum Guten, Positiven, Edlen, Wahren und Schönen wird das Negative, Schlechte, Falsche, Häßliche verneint und entmachtet. Immer an allem das Sonnige und Gute sehen, macht und erhält uns stark, gesund und lebenstüchtig. Denn vom Lichten, Guten und Schönen, sagt Feuchtersleben, »lebt das Gute im Menschen und auch seine Gesundheit. Welcher Umgang dich kräftigt und ermutigt, dich zur Fortsetzung deiner Lebensaufgabe tüchtiger macht, den suche; welcher in dir eine Leere und Schwäche zurückläßt, den meide wie die Pest.«

Heiterer Optimismus, aktive Lebensbejahung sind zum Glücklichsein und -bleiben unerläßlich. Gewöhnen wir uns darum, auf alles, was uns begegnet, positiv zu antworten, in jedem Augenblick nur das zu denken und zu fühlen, dessen Verwirklichung wir wünschen, und uns nur den Stimmungen hinzugeben, die unser Kraftbewußtsein, unsere Glückbereitschaft und unsere Tatkraft steigern!

Empfinden wir ein Leid bewußt als klein, so *wird* es klein; denken wir nicht an das Leid, sondern an unser hohes Ziel und unser Berufensein zum Glück, dann verschwindet das Leidige aus unserem Sehkreis und Bewußtsein. Auf diese

Weise werden wir, immer positiv schwingend, am raschesten frei von jeder Empfindlichkeit gegenüber allem, was uns von außen her trifft — um so gewisser, je bewußter wir bejahen, daß wir unserem wahren Wesen nach heil und gesund, licht und stark sind.

Je häufiger wir solche Selbstbesinnung und Bejahung unseres Glücklichseins vornehmen, desto inniger verankern sich die aufbauenden Gedanken in den Tiefen unserer Seele, alles Negative kampflos auflösend und vernichtend; und zugleich werden wir offener und empfänglicher für die Kraft und Hilfe von oben, die dem, der ihr vertraut, in wachsender Fülle zuteil wird.

Armut — arm an Mut

Um unserer Berufung zum Glücklichsein bewußt zu werden, ist ein weiterer Wahn zu überwinden: der Aberglaube an die Unvermeidbarkeit und den Segen der Armut.

Armut und Elend sind Folgen der Verkennung und Herabwürdigung unseres Menschentums. Jesus lehrte mit Recht, daß Gott der Geist der Fülle ist und daß uns, als seinen Kindern, um so weniger mangelt, je lebendiger wir unserer Gotteskindschaft inne werden. Armut ist, wie Krankheit, ein Mangelzustand — Folge der Nichterkenntnis unserer Bestimmung, Auswirkung mangelnden Lebensmuts.

Solange wir von der ›Notwendigkeit der Armut‹ überzeugt sind, solange wir kleinmütig dazu neigen, das Streben nach Reichtum und Glück für zwecklos zu halten, solange wir unmutig mit dem Schicksal hadern, statt es selbstvertrauend zu meistern, solange unser Denken wehmütig auf die ›Ungunst der Umstände‹ und andere vermutete Hemmnisse gerichtet ist, bleiben wir mißmutige Sklaven des

Elends. Vorwärts kommt nur, wer sich von allen Negationen frei macht und frei hält, seine innere Kraft mutig bejaht und wirkend nützt.

Bei uns liegt es, ob wir schwach oder stark, arm oder reich sind. Daß der eine dem gleichen Schicksalsschlag zum Opfer fällt, den der andere erträgt und der dritte überwindet, rührt daher, daß der eine zum mutlosen Verneinen, Verzagen und Versagen neigt, der andere zum demütigen Erdulden, der dritte zum aktiven Bejahen, tapferen Sichbehaupten und mutigen Siegen.

Viele Große und Erfolgreiche entstammten ärmsten Verhältnissen. Sie gaben sich nicht, wie ihre Umwelt, dem *Armut*-Gedanken hin, sondern faßten *Mut*, bejahten ihre Kraft und ihren Aufstieg und meisterten das Leben. Einer von ihnen, Henry *Ford*, gab ihrer gemeinsamen Einsicht und Überzeugung Ausdruck:

»*Es ist ein Unfug, die Armut als eine Art Heil zu predigen. Armut ist weder ein Segen noch eine Tugend, sondern beim Einzelnen die Folge von Denkfehlern, und in Bezug auf die Gesamtheit eine Krankheitserscheinung der Gesellschaft, die aber heilbar ist wie jede andere Erkrankung eines Organismus — nicht durch Spekulation, sondern durch Arbeit. Der positive Arbeitswille in der Welt, das berechtigte Bedürfnis nach besserem Leben und die Gesinnung der Goldenen Regel werden sich gegen alle Irrlehren und Organisationsmängel im Großen und Kleinen durchsetzen.*«

Nun wünscht zwar jeder, glücklicher und reicher zu werden. Aber das Wünschen der meisten ist ziel- und kraftlos und, weil mut-arm, schwächer als der tausendmal genährte negative Gedanke: ›Es hat ja doch keinen Zweck; ich schaffe es nicht.‹

Der Mangel an mutiger Bejahung ist der Grund, daß Glück und Erfolg noch nicht die Regel bilden. Die meisten haben noch nicht die not-wendende *Gesinnung des Glücklichseins*. Sie haben noch nicht begriffen, daß nicht die Umstände sich ändern müssen, damit sie glücklich werden, sondern ihr Denken gewandelt, d. h. vom lähmenden Wahn der *Armut* auf den kraftweckenden Impuls des *Mutes*, der Selbstermutigung umgeschaltet werden muß.

In Wahrheit ist niemand arm, sondern jeder ist reich — reich an inneren Kräften und Fähigkeiten, die es zu aktivieren gilt. Sowie er erkennt, daß der Normalzustand der der Fülle ist und daß die Kraft in ihm ist, alles mutig Bejahte zu erreichen, entfaltet er seine Glückswürdigkeit und mit ihr sein Vermögen zum Reich- und Glücklichsein.

Unser aller Bestimmung ist es, immer vollkommener und glückreicher zu werden, und unsere Aufgabe, guten Mutes danach zu streben. Zurück bleibt nur, wer, arm an Mut, sich selbst aufgibt, während dem Mut-Haben das Gut-Haben und Glücklichsein folgt.

Erreichbarkeit des Reichtums

Um die Erreichbarkeit des Reichtums — das Vermögen, jede Situation mit mutigem Herzen aus eigener Kraft zu wandeln und zu Glück und Fülle zu gelangen — auch dem Skeptiker bewußt zu machen, seien Stimmen solcher angeführt, die zu dieser unmittelbaren Selbsthilfe fanden.

Einer von diesen, die sich als Erben und Träger der Fülle des Ewigen erkannten, sagt über seine Erfahrung mit dem Gesetz der Fülle:

»Wie unerfreulich die wirtschaftliche Zwangslage auch immer sein mag, in der ein Mensch sich befindet — er hat die Kraft in sich, als Sieger aus ihr hervorzugehen, wenn er das Gesetz des Gelingens beachtet. Ich habe das getan und erfahren, wie es mir neue Möglichkeiten erschloß, hilfreiche Freunde zuführte und wachsenden Reichtum. Ich habe erkannt, daß auch das unscheinbarste Geschehen im Leben geistigen Gesetzen folgt. Diese Gesetze müssen wir beachten, damit nicht die Umstände uns, sondern wir sie beherrschen.

Wenn einer arm ist oder in Schwierigkeiten, dann vor allem, weil er ein Grundgesetz des Lebens mißachtete, das ich mit Flammenbuchstaben an den Himmel schreiben möchte, damit jeder es täglich vor Augen hat:

›*Deine Gedanken, Worte und Taten sind es, aus denen die Bedingungen und Geschicke deines Lebens hervorgehen!*‹

Um dieses Gesetz zu beachten, müssen wir erkennen, daß, was wir wünschen, schon jetzt im Reich des Geistes da ist und darauf wartet, daß wir ihm freie Bahn zur Verwirklichung schaffen. Es gibt genug Geld in der Welt, so daß keiner Not zu leiden braucht. Damit aber die Fülle des Lebens sich ihm erschließt, muß er sie zuvor im Geiste unentwegt als seinen Besitz bejahen. Von da an werden sich alle Umstände seines Lebens zu seinem Besten ändern.

Es gilt weiter, wie ich erkannt habe, die Fülle nicht nur gläubig zu bejahen, sondern uns auch entsprechend zu verhalten. Das bedeutet, daß wir dem inneren Reichtum auch äußerlich Ausdruck geben, immer das Beste anziehen, die Glückgewißheit, die in uns ist, auch nach außen verstrahlen, anderen Gutes zudenken und zufügen, freudig geben und jeden Abend mit dem Gedanken einschlafen, daß wir morgen von neuem aus der Fülle schöpfen.

Das Mittel zur Schicksalswandlung heißt: mutige Glücksbejahung. In all unseren Gedanken, Worten und Taten muß sie zum Ausdruck kommen. Jede Arbeit, die wir verrichten, muß sie widerspiegeln, und sie muß nicht nur uns, sondern auch denen, für die wir sie tun, Freude machen. Dann kann keine Sorge uns berühren, da alsdann alles, was wir brauchen, im rechten Augenblick da ist.«

Diese bejahende Grundhaltung ist es, die mit der Glückwürdigkeit auch jenes Glückvermögen auslöst, das dem Glücksjäger fernbleibt: Solange dieser sorgend giert: ›Ich muß bis zu dem Termin jene Summe Geldes haben‹, sieht er den Weg zur Fülle nicht, weil der ›Ich-muß‹-Gedanke wie ein peitschenbewaffneter Sklavenaufseher hinter ihm steht und die angstbetonte Erwartung wachhält, ob das Ersehnte auch rechtzeitig da sein wird... Eben diese Sorgenspannung trübt seinen Blick und blockiert die anziehende Kraft des Geistes, die das Bejahte herbeiruft.

Wenn die Saat des Glücks keimen und reifen soll, muß sie, einmal dem Boden anvertraut, Ruhe haben. Die Erfolgserwartung darf das Gemüt nicht wie eine Zwangsvorstellung in ständiger Unruhe halten.

Voraussetzung erfolgreicher Glück-Verwirklichung ist eine gelassene, entspannte, vertrauende Haltung des Geistes. Wer gläubigen Herzens stets das Beste als selbstverständlich erwartet, erfährt, daß immer Besseres zu ihm kommt, weil seine gelassen-vertrauenden Gedanken geistige Zentren der Anziehung für die Bedingungen bilden, die der Verwirklichung des mutig Bejahten am dienlichsten sind.

Fülle von innen

»Was wir sein oder haben wollen, das sind und haben wir«, sagt Jean Paul, »denn unser Wille, mit dem höchsten vereint, ist so stark, daß wir das werden oder erlangen, was immer wir ernsthaft und aufrichtig wünschen.«

Einer, der dies erkannte und durch die Tat bewies, berichtet darüber:

»Daß es auch für einen von Fehlschlägen Verfolgten möglich ist, zum Erfolg zu gelangen, kann ich auf Grund eigener Erfahrung bestätigen. Meine grauen Haare mögen zeigen, daß ich die Sorgen kennengelernt habe; aber sie können nicht verbergen, daß ich heute auf der Höhe stehe ...

... Vierzehn Jahre lang wirkte ich an verantwortlicher Stelle als Abteilungsleiter eines der größten Exporthäuser unseres Kontinents. Ich habe aus dieser Abteilung das gemacht, was sie heute ist. Als dann der Chef des Hauses starb und sein Sohn die Leitung übernahm, wurden zahlreiche Veränderungen vorgenommen. Meine besten Mitarbeiter wurden über meinen Kopf hinweg in andere Abteilungen versetzt und mir ein junger Mann ohne Erfahrung an die Seite gestellt. Die bald darauf erfolgten Meinungsverschiedenheiten beendete ich durch meine Kündigung ...

... Bald mußte ich einsehen, wie schwer es in meinem Alter ist, eine Stellung wie die von mir bisher bekleidete zu finden. Wie viele Male bewarb ich mich vergeblich, und wie oft mußte ich hören: ›Wir brauchen frisches Blut, junge Leute; Männer über 40 nehmen wir nicht.‹

... Ich war nahe daran, zu verzagen und aufzugeben, als ich einem Freunde begegnete, der mich durch ein paar Worte verstehender Hilfe zur Besinnung rief. Dies etwa sagte er mir:

›Daß Männer über 40 nicht mehr gebraucht werden, ist ein Aberglaube. *Das Leben ruft nicht nach jungen Leuten, sondern nach jungen, lebendigen Gedanken.* Darauf stelle dich ein, denke und fühle dich jung, bringe den Leuten neue Gedanken, die ein Unternehmen auf neue, bessere Grundlagen stellen, und du wirst erleben, daß man nach dir ruft.

Du bist in deiner Stellung eingeschlafen. Deine Arbeit wurde dir zur Routine, deine Gedanken rosteten. Nur darum konnte ein starker Sturm dich umwerfen. Aber du kannst neue Wurzeln schlagen und anderswo höher wachsen als an deinem alten Platz. Laß deine Gedanken wieder jung werden und sich entfalten. Große Unternehmen brauchen immer Männer mit neuen Ideen und kühnen Zielen. Setze sie dir — und das Schicksal setzt dich dorthin, wo du das Große leisten kannst, das dir vorschwebt.

Der Mensch hört nie auf, zu wachsen. Er bildet es sich nur ein und hält eben dadurch seine Fortentwicklung für eine Zeitlang auf. Besinne dich auf deine ewig jungen Innenkräfte und auf dein Berufensein zu ständigem Fortschritt und Erfolg — und dein Weg führt sehr rasch wieder aufwärts.«

Ich folgte diesem guten Rat, entrümpelte meine Gedanken, blickte meinen früheren Wirkungskreis mit neuen Augen an und entdeckte Verbesserungsmöglichkeiten, die mich so begeisterten, daß ich sie meinem früheren Chef schriftlich unterbreitete. Wenige Tage darauf bat er mich zu sich — und heute sitze ich in der Zentrale des Unternehmens, ein Junger unter Jungen, denen das Schaffen Freude macht. Genau das gleiche vermag jeder andere auch, wenn er sich aufrafft und sich richtig einstellt.«

Wünschest du Glück, Erfolg, Fülle, dann verwirkliche sie schon im voraus im Geiste, rufe sie durch beharrliche Bejahung herbei. Oder wünschest du einen Freund oder Lebensgefährten, dann schaffe in dir ein lebendiges Bild deines Ideals — um so eher ziehst du das Wesen an, das deinem Ideal entspricht. Je größer dein Vertrauen auf die Hilfe von innen, desto rascher wird das Wunschbild Wirklichkeit.

Alles wird erreichbar — durch gläubige Bejahung deines Berufenseins zu Glück und Fülle. Selbst wenn es dir jetzt gut geht, solltest du dich täglich mit aufbauenden Kraftgedanken erfüllen, um der positive Mensch zu sein und zu bleiben, der auch in kommenden Zeiten jederzeit aus der Fülle der inneren Kräfte zu schöpfen gelernt hat.

II. Stufe: Entfaltung der Glückskraft

Das Gesetz des Gelingens

Zu Erfolg und Fülle gelangt der Mensch selten dadurch, daß er krampfhaft hinter ihnen herjagt, mit Gewißheit hingegen, wenn er in seiner Jagd einhält und, des inneren Halts und Geborgenseins gewiß, das Glück, das ihm zubestimmt ist, durch gläubig-vertrauende Bejahung und siegbewußtes Handeln herbeiruft, also das *Gesetz des Gelingens* beachtet.

Dies Gesetz besagt, daß der kürzeste Weg zum Glück durch uns selbst, über unser Selbst, führt. Hier, im Zentrum unseres Wesens, liegt der Schlüssel zu allem, was wir ersehnen. Alles Äußere hat seine Entsprechung, seinen Ursprung in unserem Innern.

Jedes Gelingen hat seine Vorverwirklichung im Geiste zur Voraussetzung. Zuerst muß in uns Gewißheit geworden sein, was um uns, in der Außenwelt, Wirklichkeit werden soll. Wie unser heutiges Sein und Leben die Kristallisation unseres seitherigen Denkens ist, so werden wir in Zukunft das sein und haben, was wir heute im tiefsten Innern bejahen und wünschen.

›*Wie Sie wünschen!*‹ — wie oft spricht man dies Wort höflich aus, ohne zu ahnen, daß man damit das Gesetz des Gelingens anspricht. Die Menschen werden so, ›wie sie wünschen‹, wie sie sich in ihren geheimsten Gedanken sehen. Würden sie sich größer wünschen und bejahen, als sie heute sind — wahrlich, sie würden es bald sein!

Wir tragen nicht nur unser gegenwärtiges Schicksal in uns, sondern auch das Wissen um künftiges Geschick — als Frucht und Auswirkung unseres heutigen Denkens und Verhaltens —, wie jeder echte Fall von Hellsehen zeigt. Darum hat Goethe recht: »Unsere Wünsche sind Vorgefühle der Fähigkeiten, die in uns liegen, Vorboten desjenigen, was wir zu leisten imstande sein werden.«

Von ihm stammt auch das Wort: »*Was man in der Jugend wünscht, hat man im Alter in Fülle.*« Auch diese Wahrheit, die auf das Gesetz des Gelingens hinweist, sei durch einen kurzen Erfolgsbericht verdeutlicht:

»Nach dem Kalender werde ich demnächst 70; nach meinem eigenen Gefühl aber bin ich seit zwanzig Jahren immer jünger geworden. Nach dem Wort eines Propheten des Alten Testaments müßte ich jetzt mein Leben beschließen; aber ich denke nicht daran, weil ich immer deutlicher fühle, daß mein Körper sich alle sieben Jahre erneuert, solange mein Geist und mein Wille jung und aktiv bleibt, solange ich mich von den Kräfteströmen des lebendigen Alls vorwärtstragen lasse.

Das Jung- und Tüchtigbleiben ist nach meinen Erfahrungen vor allem eine Sache des Vertrauens und der Einstellung. Und genau so hängt das Glücklich- und Reichsein zuerst von der richtigen Einstellung auf den Ewigen, seine Kraft und seinen Reichtum ab. Hat man diese Einstellung gewonnen, verfügt man jederzeit über so viel Lebens-, Glücks- und Erfolgskraft, wie man für seine harmonische Höherentwicklung benötigt, wobei ich Erfolg und Reichtum nicht unter dem Gesichtswinkel einer armen gierigen Eintagsfliege, sondern im Lichte der Ewigkeit als innere Werte und selbstverständliche Begleiterscheinungen meines geistigen Wachstums sehe und schätze.

Wenn ich auf die bisherigen Jahrzehnte meines Lebens zurückblicke, darf ich bekennen, daß ich die wertvollsten Lebenslehren nicht den hellen, sondern den dunklen und schweren Stunden des Daseins verdanke, in denen mir, wie ich heute weiß, die Hilfe des Ewigen am nächsten war, so daß all mein Sorgen unnötig war. Seine lebendige Kraft war es, die mein Herz und Gemüt immer wieder aufrichtete und heute, da mir die rechte Einstellung längst zur Gewohnheit ward, immerfort in mir tätig ist und mich leitet.

Das ist es, was das Leben mich lehrte: daß nichts königlicher belohnt wird als das unentwegte Vertrauen zum Geist des Lebens und seiner Kraft und Hilfe.«

Antennen des Glücks

Alles Gute ist Gabe von innen und oben und Ergebnis rechter Einstellung. Alle Ideen, Erfindungen und Fortschritte sind im Reich des Geistes schon vorgebildet. Wir können im Grunde keine neuen Ideen schaffen — aber wir können uns auf sie abstimmen, sie auffangen, aus dem inneren Sein ins äußere Dasein rufen und zur Auswirkung bringen.

Rechte Einstellung ist für unser Lebensglück so unerläßlich wie die rechte Abstimmung unseres Radiogeräts für einen guten Empfang. In diesem Sinne sind viele von uns noch schlecht oder unzulänglich eingestellt und abgestimmt — und die Folgen sind Mißklänge und Mißstände im Leben und Schicksal.

Denken wir diesen Gedanken zu Ende: Die *Radio-Wellen*, die in diesem Augenblick von tausend Sendern ausgestrahlt werden, durchzucken gleichzeitig jeden Punkt des Raumes, das Innere unseres Gehirns genau so wie die feinempfindliche Apparatur von Millionen Empfangsgeräten.

Ebenso durchpulsen die *Glück-Sendungen*, die immerfort auf der Welle des Ewigen das All durchschwirren, jeden Raum und jedes Wesen. Allgegenwärtig, können sie von jedem aufgefangen werden, der seine Seelenantenne auf die Glückswelle abgestimmt hat, um die Kraftsendungen des Geistes des Lebens bewußt in Freude, Gesundheit und Glücksmöglichkeiten umzuwandeln.

Wir sind alle Antennen des Glücks und so weit des Geschehens Meister, als wir gläubig-vertrauend auf die Glückswelle eingestellt sind und unseren Willen dem höchsten gleichstimmen. Fühlen und betätigen wir uns bewußt als Glücksempfänger, dann erfahren wir, daß das Glück allgegenwärtig ist und wie Radiosendungen jederzeit von uns empfangen werden kann.

Solange unser Denken auf Unvermögen und andere Hemmnisse, auf Schwierigkeiten und Sorgen gerichtet und abgestimmt ist, können wir naturgemäß nichts Gutes empfangen. Dazu müssen wir unseren Seelenempfänger vielmehr täglich bewußt von neuem auf den Sender des Ewigen einstellen und empfangsbereit halten.

Zuerst die rechte Einstellung — dann folgt der rechte Empfang. Erst die rechte Gedankenhaltung — dann treten die glückhaften Auswirkungen von selbst ein. Die rechte Gedankenhaltung besteht vor allem in der Erkenntnis und Bejahung, daß wir zum Glücklichsein berufen sind und die Fülle des Lebens an Kraft, Gesundheit und Reichtum jederzeit zu unserer Verfügung steht.

Schon das Bewußtsein, auf die Welle des Ewigen eingestellt zu sein, macht uns ruhig, gelassen, standhaft und überlegen. Ziel- und Siegesgewißheit erfüllt uns, gibt uns sicheren Gang und kühnen Wagemut. Und schließlich springt die befreiende Einsicht oder Eingebung in uns auf, durch deren Befolgung wir unser Glück machen.

›Unser Glück machen‹: auch die Sprache weist uns darauf hin, daß unser Glück von *uns* abhängt — von der rechten Einstellung und dem rechten Tun. Der Geist des Lebens tut immerfort das Seine; um an seiner Fülle teilzuhaben, müssen wir das Unsere tun, indem wir die Einstellungsbreite unseres Empfangsvermögens bewußt erhöhen und uns auf den Empfang von Glückssendungen abstimmen, damit immer mehr Gutes zu uns kommt.

Wie es *um uns* aussieht, ist dabei nicht entscheidend; wesentlich ist, wie es *in uns* aussieht: ob wir auf den Glücksender des Geistes des Lebens eingestellt sind. Ist das der Fall, dann nimmt mit der Schärfe und Bewußtheit der inneren Abstimmung unserer Glücksbereitschaft der Empfang alles Guten zu, und damit die Gewißheit:
Zum Glücklichwerden ist es nie zu spät!

Wie man ein Glückspilz wird

Wünsche können ohne Kraft und Talent sein — und das gilt von den meisten —, nie aber, sagt der Dichter, »nie sind Kraft und Talent ohne Wünsche«. Ihnen werden die beharrlich gehegten Wünsche zur Wünschelrute, die um so stärker ausschlägt und Quellen der Fülle anzeigt, je näher sie der Erfüllung kommt.

An sich ist jeder Wunsch, der im Herzen Wohnung findet, erste Ahnung der inneren Gegenwart des Ersehnten und Verheißung seiner Verwirklichung auch nach außen hin. Doch erst mit der Beharrlichkeit des Wünschens wächst das Vermögen, das Bejahte zu realisieren.

Die wertvollsten Helfer bei der Wunscherfüllung sind

jene bejahenden Gedanken, die wir im Herzen *wohnlich* werden, zur *Gewohnheit* werden lassen. Sie sind es, die unsere schlummernde Glückskraft zur Entfaltung und Auswirkung bringen. Das ist die übereinstimmende Erfahrung aller, die dieser Einsicht folgten, wie ein Erlebnis aus vielen verdeutlichen möge:

»Als ich über die Vierzig hinaus war, sah ich mich eines Tages vor der Frage stehen: Was soll ich tun, um die nach schweren Schicksalsschlägen verlorene Gesundheit, Arbeitskraft und Schaffensfreude zurückzugewinnen? Meine Überlegung war damals folgende:

Große Lasten bewegt man mit Hilfe der Dampf- oder elektrischen Kraft. Große Entfernungen überbrückt man durch Auto und Flugzeug. Durch mannigfache Mittel und Kräfte wird die Reichweite des menschlichen Willens um das Vielfache erhöht. Genau so muß es eine Kraft geben, die mich instand setzt, Verlorenes zurückzugewinnen oder weit Größeres zu erlangen. Aber wo ist diese Kraft?

Ich begann mich umzusehen, Bücher zu lesen, Ratschläge anzuhören. Aber die befreiende Lösung fand ich nicht. Eines Tages nun machte ich einen Ausflug, auf dem ich in einer Waldlichtung Rast suchte. Zu meinen Füßen lugte ein winziger Pilz durch das welke Laub am Boden. Einige Stunden lag ich hier und grübelte vergeblich über mögliche Wege der Selbsthilfe ...

... Als ich mich erhob, fiel mein Blick erneut auf den kleinen Pilz. Er war inzwischen sichtlich größer geworden. Ich wunderte mich, wie der kleine Pilz in diesen wenigen Stunden so gewachsen sein konnte. In diesem Augenblick war es mir, als ob eine innere Stimme mir antwortete:

›*Der Pilz wuchs durch die Kraft, die in ihm ist. Die gleiche Kraft ist auch in dir, aus deiner gegenwärtigen Winzigkeit zur vollen Größe deiner selbst dich zu entfalten.*‹

Ich wollte einwenden: ›Aber ich bin doch kein Pilz‹, aber die Stimme fuhr fort:

›*Es gibt nur diesen Weg zur Höhe: Entfaltung von innen her. Bisher strebtest du, von außen her, mit äußeren Mitteln zuzunehmen; jetzt gilt es, zu wachsen, indem du deine Innenkräfte frei und mutig entfaltest. Recke dich auf und sei stark! Du kannst es.*‹

Nachdenklich ging ich heim . . . Ein Jahrzehnt ist seitdem vergangen. Heute bin ich glücklicher und gesünder, leistungsfähiger und reicher denn je zuvor. Wie das geschah? Ich tat es dem Pilze gleich — und wurde dadurch zum Glückspilz.«

Unzählige Erfolgsberichte bestätigen die gleiche befreiende Wahrheit: Die ersten Ursachen allen Unglücks und Glücks liegen nicht außen, sondern innen. Wir selbst säten gestern, was wir heute ernten, und schmieden heut' unser künftiges Glück. Alles hängt von Art und Güte der Saat ab, die wir dem Ackerboden des Schicksals anvertrauen. Je bewußter und beharrlicher wir die Saat positiven Denkens und gläubiger Bejahung ausstreuen — im Gewißsein, daß alles Gute von innen kommt —, desto spürbarer entfaltet und offenbart sich unser Glückspilztum.

Der positive Mensch

Wir haben in der Schule so viel gelernt, daß wir vor lauter Kenntnissen nicht zur Erkenntnis, vor lauter Wissen nicht zur Weisheit gelangen. Dies auch deshalb, weil wir das Wichtigste nicht lernten: die Kunst positiver Lebensführung.

Dies Versäumnis müssen wir nun in der Schule des Lebens nachholen. Wir müssen lernen, selbst zu denken und uns selbst zu ändern, um Leben und Schicksal zu wandeln. Wir müssen lernen, unsere Innenkräfte zu erkennen und recht zu nutzen, aus allem das Beste zu machen, allem dankbaren Herzens und mit liebevoller Bejahung zu begegnen, an allem zu wachsen, uns mit allem Hohen und Lichten eins zu wissen und in allem Schicksal uns selbst als den Wirker zu erkennen...

... Wir müssen lernen, im Gewißsein unserer Berufung zum Glück unser Lebensschifflein als Kapitän über das sturmbewegte Daseinsmeer hinweg zu den Inseln des Glücks zu lenken. Dazu müssen wir lernen, mehr nach innen zu blicken, mehr dem inneren Steuermann als äußeren Führern zu folgen. Wir müssen, kurz gesagt, lernen, ein positiver Mensch zu werden.

Der positive Mensch — der seiner selbst und seiner Kraft bewußte lebensgläubige Mensch — sieht in allem auf das werdende Gute und heißt es willkommen. Für Sorgen, Unwertgefühle und Pechvogelstimmungen hat er weder Zeit noch Neigung. Auf sein innerstes Selbst blickend, schielt er nicht ängstlich oder neidisch auf andere, sondern bejaht sein eigenes Können und sein Vermögen ständiger Höherentwicklung.

Irrtümer und Fehltritte, die auch ihm, als Nachwehen einstigen falschen Denkens und Verhaltens, noch möglich sind, werfen ihn nicht aus der Bahn, weil er sie als unzureichend bestandene Prüfung wertet und als Ansporn, sein Ziel mit geschärften Sinnen, frischem Mut und erhöhter Aktivität anzusteuern und weiterzuschreiten.

Wenn ein negativer Gedanke, eine trübe Stimmung ihn anfallen will, überwindet er sie, indem er sein Denken und Fühlen davon fort- und auf positive Zielbejahung hinlenkt. Er weiß, daß immer nur *ein* Gedanke in seinem Bewußtsein weilen kann und daß *er selbst* bestimmt, welcher Art dieser Gedanke ist. Darum rückt er bewußt aufbauende Kraftgedanken in das Blickfeld des Bewußtseins und hält sie dort beharrlich fest, damit sie wachsen und wirkstark werden. Er läßt sich nicht verstimmen, von außen bestimmen, sondern stimmt und bestimmt sich selbst.

In jeder Lage bewahrt er gleichmütig-heitere Gelassenheit. Er gewöhnt sich, alle Dinge im Lichte der Ewigkeit zu sehen und zu allem den nötigen Abstand zu wahren, um das Gute daraus zu schöpfen und das übrige von sich fernzuhalten. Allem, was um ihn ist, begegnet er mit Liebe, vor allem seinen Nächsten, seinem Werk und seinem Beruf, der ihm nicht Mittel zum Gelderwerb, sondern vor allem Berufung ist. So wird, was er denkt und tut, zum Segen für ihn wie für alle um ihn. Freude und Beglückung spendend, empfängt er von überallher Freude und Förderung.

Für den positiven Menschen ist das Dasein nicht sinnlos, sondern des Sinnes voll, den er ihm gibt — im Bewußtsein seiner Bestimmung und seiner Befähigung zum Glücklichsein. Er tut nichts gedanken- und ziellos, sondern ist jederzeit mit Herz, Haupt und Händen bei dem, was er wirkt.

Indem er so sein Bestes gibt und aus allem das Beste macht, entfaltet er sich zu einem positiven Kraftfeld und bewirkt, daß das Glück sein ständiger Begleiter wird. Er hat das, was den Sieg im Lebenskampf sichert, *in sich* gefunden: den inneren Halt und die Glückskraft, die ihm niemand nehmen kann und die ihn immer höher trägt.

Geistige Hilfstruppen

Jeder sorgenvolle Blick nach außen — auf erhoffte fremde Hilfe — bedeutet Selbstschwächung durch Blockierung der Eigenkraft. Jeder vertrauende Blick nach innen, auf die Kraft und Hilfe von oben, mobilisiert *geistige Hilfstruppen*, die die Überwindung von Widrigkeiten leichter machen.

Was sind und woher kommen diese Hilfstruppen? Es sind die Bildekräfte positiver Herzgedanken, und sie kommen aus dem Lichtraum des Überbewußten, in dem die Ursachenketten allen Geschehens ihren Anfang nehmen.

Unsere gläubig-bejahenden Herzgedanken sind die mächtigsten und zugleich gefährlichsten Energien, die uns zur Gestaltung unseres Daseins mitgegeben sind. Es sind ebenso feine wie wirkstarke geistige Atomenergien, die, negativ entfaltet, zerstörend wirken, uns zu Boden schlagen und in Not und Verzweiflung hineintreiben, hingegen, recht eingesetzt, als schützende Engelskräfte unser Dasein durchlichten und uns zu den Höhen des Lebens emporleiten.

Was wir lernen müssen, ist, diese spirituellen Kernenergien *richtig denkend* in fördernde Hilfskräfte zu verwandeln, die uns stark genug machen, jede Schwierigkeit und Not erfolgreich zu meistern, indem sie zuerst um- und hochstimmend auf unser Gemüt und unser Verhalten und im weiteren umbildend auf die äußeren Verhältnisse einwirken.

Richtig denkend! Je entschiedener wir uns, durch tägliche Übung, zur Gewohnheit machen, an allen Wesen, Dingen und Umständen immer zuerst das Positive, Gute zu sehen und stets bejahend zu reagieren, desto zielsicherer verwandeln die dadurch mobilisierten geistigen Hilfstruppen kraft ihrer positiven Ladung alle auf uns bezüglichen oder gerichteten Strebungen und Strömungen der Umwelt in Förderungen und Glücksgelegenheiten.

Dieser geistige Transmutations- oder Umwandlungs-Prozeß bewirkt, daß unter den gleichen Verhältnissen, in denen der zu negativem Denken und Fühlen Neigende laufend Anlässe zum Ärgern, Sorgen, Grübeln, Klagen und Anklagen findet und aus einer Widrigkeit in die nächste stolpert, der an bejahendes Herzdenken Gewöhnte die geistigen Hilfstruppen zunehmend alle Wege ebnen, alle Schwierigkeiten beseitigen sieht, so daß er auch dort sichtlich vorankommt, wo er scheinbar wenig oder nichts tut ...

... In Wirklichkeit tut er das Beste, was er überhaupt tun kann: er läßt vertrauensvoll die geistigen Hilfstruppen mitarbeiten und gibt ihnen durch sein mutiges, zielbejahendes Herzdenken ständig positive Tatimpulse, so daß sie, auch wenn er schläft, unablässig sein Wohl wirken.

Um zunehmend glücklicher zu werden, gilt es folglich, ebenso beherzt wie bewußt durch dynamisches Herzdenken eine wachsende Schar geistiger Hilfskräfte einzusetzen und im Vertrauen auf ihren Beistand gelassen und siegbewußt unseren Weg zu gehen. Dann gehören wir bald zu den Lebenskünstlern, von denen es heißt, daß ihnen ›alles, was sie beginnen, gelingt‹.

Denn durch diese Haltung wird ein Automatismus, richtiger: ein Glück-Dynamismus eingeschaltet und tätig erhalten, der Aufstieg und Erfolg zu Selbstverständlichkeiten werden läßt — um so sicherer, wenn sich diese Einstellung mit dem Vertrauen zu dem paart, der uns die geistigen Hilfen zuführt und seinerseits dafür sorgt, daß alle Widrigkeiten unsere Kraft und Überlegenheit steigern. Folgen wir, dessen gewiß, der inneren Führung, dann erfahren wir, wie immer mehr alles, mag es günstig oder ungünstig erscheinen, unserem Besten dient.

Sowie wir dem Guten in allem vertrauen, strömt uns von überall her Gutes in Fülle zu.

Schöpferische Bildekräfte

Wenn von den Bildekräften positiver Herzgedanken gesprochen wird, ist klarzustellen, daß sie keine blinden Gestaltungskräfte sind wie etwa jene, die das Wachstum eines Kristalls, die Kristallisation, bewirken, sondern auf Wesens-Herausbildung, also auf Veredelung und Vervollkommnung gerichtete schöpferische geistige Wirkkräfte.

Gewiß ist ihr Kern ein *Gedanke* — aber keines jener blassen, flüchtigen Gedankenbilder, wie sie, im Wachsein wie im Traum, in Scharen über das innere Blickfeld huschen, sondern ein vertrauensgetragener, zielhaft-initiativer *Kraftgedanke,* dessen positive Ladung ihn zu einer vorherrschenden Strebung werden und das innere Zielbild mehr oder minder rasch sichtbar herausbilden läßt.

Ein solcher Kraftgedanke umkleidet sich gewissermaßen mit einer Ätherhülle und strebt, sich darüber hinaus mit einer materiellen Hülle zu versehen, d. h. sich sichtbar zu realisieren, wobei seine Strahl- und Lebenskraft mit der Beharrlichkeit der Wiederholung zunimmt. Wir leben in einer Gedankenwelt und sind von sichtbaren und unsichtbaren Gedanken umgeben. Die unsichtbaren sind die Ursacher unseres Schicksals, die sichtbaren sind die Dinge und Umstände.

Nun wächst das Potential eines Kraftgedankens um die Energie gleichgerichteter Gedanken, die als Verwirklichungshelfer von ihm angezogen werden. So werden aus Gedankenformen Gedankenwesen: *schöpferische Bildekräfte,* schicksalgestaltende Potenzen. Jeder kann durch ihren rechten Einsatz die Macht des Geistes in einem Ausmaß erweisen, den kein Materialist für möglich hält. Jeder kann, durch immer bewußtere Verbindung mit der inneren Führung und mit dem Beistand des inneren Helfers, aus einem Seelenschmied zum Schicksalsschmied werden, der positiv in den Ablauf der Geschicke einzugreifen vermag.

Daß die meisten hier zu wenig erreichen, liegt daran, daß sie sich nicht fähig fühlen, die Brücke des Vertrauens über den trüben Strom ihrer Ängste und Sorgen zu schlagen, über sie zur Sonnenseite des Lebens hinüberzuwechseln und, buchstäblich, ›ihr Glück zu machen‹.

Wir haben tüchtige Ingenieure, aber was fehlt, sind *Ingenieure des Geistes*, die die schöpferischen Bildekräfte und Schicksalsbaustoffe konstruktiv einzusetzen wissen, weil ihnen aufgegangen ist, daß alle Energien des Universums in ihnen sind und ihrer Erweckung und Nutzung harren.

Unser ganzes Dasein ist, von innen gesehen, eine unablässige Demonstration der Tatsache, daß alles gedankengeboren ist, daß wir selbst Ausgangspunkt und Urheber unseres Schicksals sind und daß jede gewünschte Wandlung unseres Lebens in uns beginnen und durch rechten Einsatz der schöpferischen Bildekräfte bewirkt werden muß.

Wie genug Luft zum Atmen da ist für alle Wesen, so ist Glück und Reichtum für alle da. Und wie wir, um nicht zu ersticken, *aus*atmen müssen, so müssen wir, um nicht zu verarmen und zurückzubleiben, freudig aus der Fülle *geben*, die in uns ist. Dann kommt das tiefe *Ein*atmen, das reichliche *Empfangen* von selbst.

Das bedeutet, daß der auf Bejahung des Glücks und Reichtums gerichtete Einsatz der schöpferischen Bildekräfte nie auf uns und unser eigenes Glück beschränkt sein darf, sondern gleichermaßen die Wesen um uns und ihr Glücklichsein umfassen muß. Wir erfahren immer zugleich, was wir anderen zudenken, wünschen und zufügen. Das ist gemeint, wenn gesagt wird, *daß alle Zukunft Zurückkunft unserer ausgereiften Gedanken ist.*

Real-Idealismus

»Ideen sind mächtiger als Körperkraft«, sagt Sophokles. Das zeigt sich dort, wo eine *Idee*, ein inneres Gedankenbild, zum *Ideal* wird, zu einem dynamischen Vorbild oder Zielbild, dessen innewohnender Drang nach Selbstgestaltung seine zunehmende Verdichtung, Sichtbarwerdung, Verkörperung gemäß der Inbrunst bewirkt, mit der das Ideal von uns gehegt wird.

Wir sprechen hier von ›Real-Idealismus‹ und meinen damit die bewußte Aktivierung der den Ideen und Idealen innewohnenden lebendigen Bildekraft. Ihre Entfaltung macht deutlich, daß Gedanken keine substanzlosen Gespinste, sondern Mutterboden und Baustoff sind für alle Bewegungen, Werke und Fortschritte des Menschengeschlechts, Auslöser schöpferischer Kräfte, die der Verwirklichung dienen.

Der Geist des Lebens ist, so gesehen, der erste und größte Real-Idealist: alles, was wir im Universum erblicken, sind materialisierte Gedanken Gottes, uns selbst mit eingeschlossen. Gleichermaßen sind alle Dinge, Erfahrungen und Umstände unseres Daseins materialisierte Ideen unseres schöpferischen Geistes.

Wie der Geist des Lebens das Idealbild des Kosmos in sich trug, und wie ein Architekt zuerst das Idealbild des Gebäudes in sich schafft, das er plant und errichten will, so müssen wir das geistige Urbild, Vor- oder Zielbild dessen, was wir realisieren wollen, zuerst in uns zeugen, hegen und austragen, bis die ihm innewohnende Lebenskraft sich zu entfalten und die seiner Verkörperung dienlichen Baustoffe anzuziehen beginnt.

Daß hier viele versagen, liegt daran, daß sie ihren Ideenprojektor von Anfang an unscharf einstellen, so daß kein plastisches Innenbild entstehen und keine exakte Verwirklichung erfolgen kann. Sie sagen beispielsweise: ›Ich wünsche mir ein eigenes Haus und werde es erlangen.‹ Dieser Wunschgedanke ist viel zu allgemein, das Idealbild zu unbestimmt, der Zielgedanke zu verschwommen, um die Verwirklichung zu ermöglichen.

Wenn wir untersuchen, was die Erfolgreichen — die realidealistischen Praktiker — taten, zeigt sich, daß sie nicht allgemein ›ein Haus‹ bejahten, sondern ›ihr Haus‹: ein ganz bestimmtes Haus, dessen Bild nach Lage, Form und Größe mit allen Details der Einteilung und Zahl der Räume, ihrer Einrichtung und Zweckbestimmung lebendig vor ihrem Geiste stand. Hinzu kam, daß sie zugleich die Zielerreichung selbstvertrauend und erfolggläubig bejahten und auf ihr Ziel hin in Bewegung blieben. Dabei kam ihnen der dem Ideal eigene Vergegenständlichungsdrang zu Hilfe und bewirkte, daß die Umstände ihnen sichtlich entgegenkamen und die Zielerreichung erleichterten.

Und noch ein Drittes, das eigentlich das Erste ist, kam hinzu: Die Idealverwirklichung geschieht nicht im freien Raum, sondern im Strom des Lebens, in der ständigen Auseinandersetzung mit anderen, oft entgegenstehenden Kräften und Tendenzen, so daß Widerstände, Rückschläge, Enttäuschungen eintreten, materielle Hilfsquellen zu versiegen und Verwirklichungsmöglichkeiten in die Ferne zu rücken scheinen. Um das zu meistern, fügten die Erfolgreichen zur aktiven Bejahung des Ideals das *Vertrauen zur Hilfe von innen*. Alsdann erwiesen sich die Widrigkeiten als notwendige Krafterprobungen und heimliche Hilfen. So sah es Epiktet:

»*Denke bei jeder Schwierigkeit, daß Gott, gleich den Lehrern der griechischen Athleten, dir ebenbürtige Gegenspieler bestimmt, damit du in den olympischen Spielen des Lebens zum Sieger werdest, was ohne Mühe nicht möglich ist.*

Weiche darum Widrigkeiten nicht aus, sondern nimm den Kampf entschlossen auf, begegne der Not mit Vertrauen, und du wirst erfahren, wie schnell du sie dann meisterst.«

Eben dies meint Jesu Mahnung, zuerst nach dem ›Reiche Gottes‹ zu trachten: Versichert euch zuerst der Hilfe von innen, dann werdet ihr alles erlangen, was ihr ersehnt und gläubig bejaht. Diese Haltung ist es, die das Gelingen sichert.

Weisheit der Freude

»Die Zeit ist schlecht, wo Sorgen trägt so mancher ohne Mut. Doch wo ein Herz voll Freude schlägt, da ist die Zeit noch gut.« Wer gar an bejahendes Herzdenken gewöhnt ist und die Kunst der Freude beherrscht, jenen »positiven Affekt der Seele, der den Geist zu höchster Vollkommenheit erhebt«, der erfährt, wie mit der Entfaltung seiner natürlichen Anlage zu Frohsinn und Glück die Dinge und Umstände stufenweise von innen her durchsonnt, heller und freundlicher werden und das Leben lichter und leichter wird.

Den so Gesinnten erkennt man an seinen strahlenden Augen, den aufwärtsweisenden Mundwinkeln, der aufrechtfreien Körperhaltung und jenem natürlichen Benehmen, das anzeigt, daß Freude der ihm gemäße Zustand ist, weil, wie er weiß, jedes Wesen zum Froh- und Glücklichsein bestimmt ist.

Freude ist das göttliche Element der Seele. Je mehr wir uns freuen, desto mehr Schöpferkräfte werden in uns aktiv. So ist Freude, wie der Frühling, ein Jungbrunnen des Leibes wie der Seele, ein Talisman gegen Krankheit und Mißgeschick und der beste Heiler der Furcht und Sorge.

Man kann sich zu Tode sorgen und sich gesund freuen. Jeder Freude-Impuls erhöht den inneren Heilmut. Er bewirkt, wie der Dichter-Arzt Schleich nachwies, »einen Hemmungsfortfall im Seelenapparat« . . . Manchen allerdings macht erst das Leid williger, der Weisheit der Freude zu folgen.

Der *Weisheit der Freude* folgen heißt nicht, der Lust zu folgen, uns in Zerstreuungen und eitle Vergnügungen zu stürzen, die am Ende Leere, Reue oder Scham hinterlassen, sondern es heißt, jener als Antwort auf die gläubige Bejahung des Guten von innen her aufstrahlenden Heiterkeit des Herzens zu folgen, die sich als froher Gleichmut in allen Wechselfällen des Daseins bewährt.

Freude ist der Antipode der Lust. Lust ist mehr körperliches Behagen, Freude seelisch-geistiges Wohlgestimmtsein. Lust ist sinnengebunden und flüchtig; Freude entquillt der Seele und leitet zu wachsendem Kraft- und Glücksbewußtsein. Lust macht uns zum Sklaven des Begehrten; Freude erhebt uns zur Meisterschaft über die Dinge, einerlei, wem sie gehören. Denn Lust ist ein Kind der Ichsucht, Freude Geschenk der Selbstlosigkeit. Lust will nehmen und steht am Ende mit leeren Händen da; Freude will geben und wird eben dadurch zum beglückt Empfangenden . . .

Der Lebenskünstler weiß alle Lust zu Freude zu vergeistigen und allem Beglückenden Dauer zu verleihen. Seine höchste Freude ist das Bewußtsein seines immerwährenden Einsseins mit dem Ewigen und seiner Berufung zum Glücklichsein. Diese frohe Gewißheit ist es, die ihn lebensmutig und zugleich gütig gegen seine Umwelt macht — mit der Folge, daß sein Dasein immer harmonischer und sein Wirken immer erfolgreicher wird.

Zu solcher inneren Sonnigkeit und Freude finden wir am raschesten, wenn wir andere froher und glücklicher machen. Schon wer freundlich lächelt, sagt ein Weiser, »kann Sonnenschein in das Leben anderer hineinzaubern, und in dem

Abglanz seiner Sonnenstrahlen wird er selbst das Glück finden, das er kaum noch zu erhoffen wagte«. Je mehr wir lächelnd gut zu sein lernen, desto mehr Gutes kommt zu uns, weil es uns zukommt.

Ein bewährter Helfer bei dieser Freudegewinnung und Glückmehrung ist die *Dankbarkeit*. Der Undankbare findet alles selbstverständlich und gewahrt nicht die bunten Lichter der Freude, die alle Dinge widerspiegeln. Der Dankbare hingegen empfängt alles als Geschenk und Bereicherung und wird, selbst aus kleinen Dingen Freude schöpfend und willig weitergebend, für immer größere Beglückungen empfänglich.

Zauberkraft des Lächelns

Ein weiteres Tor, durch das nicht nur, wie Morgenstern sagt, »viel Gutes in den Menschen hineinhuscht«, sondern noch mehr Gutes aus dem Schatz seines Herzens in die Welt hinausstrahlt, ist jenes herzhafte Lächeln, das unmittelbar durchsonnend und erwärmend wirkt und jeden davon Berührten heiterer, schaffensfroher und stärker macht.

Homer nennt es eine Eigenschaft der Götter: es ist ein himmlisches Lächeln, das sich langsam über die Züge breitet, die Hinwendung zur inneren Sonne offenbart, das Göttliche in der Seele für einen Augenblick aufleuchten und spüren läßt, wie im Licht von innen alles Widrige entwird und alles Gute gedeiht.

»Wenn dein Herz sich freuen, dein Gesicht lächeln will, so laß es — und wenn nicht, so gewöhne es daran!« Diesem Rat liegt die Erkenntnis zugrunde, daß der Mensch nicht nur lächelt, wenn er froh ist, sondern daß er auch froher und glücklicher wird, wenn er zu lächeln versucht...

Das ist eine nützliche Erkenntnis. Mit jedem Lächeln, das

wir unseren Zügen entlocken, können wir einen Schmerz lindern, ein Übel mindern, Widrigem wehren, Gutes mehren und Not überwinden. Mit jedem Lächeln und Lachen heben wir ein Unlustgefühl auf und legen den Grund zu einer positiven Stimmung — also zu einem Plus im Lebenskampf, das uns alsbald zugute kommt.

Indem wir etwas mutig als gut bejahen und freundlich anlächeln oder darüber lächeln, erheben wir uns darüber. Jedes Lächeln macht uns freier und überlegener. Lächelnd, sehen wir uns längst wieder auf besonnten Höhen, indes der Mißgelaunte sich noch mit dem gleichen Ärger herumbalgt.

»Je mehr ein Mensch des ganzen Ernstes fähig ist, desto herzlicher kann er lächeln und lachen«, wie Schopenhauer bemerkt. Man kann in der Tat sehr ernst und verantwortungsbewußt sein — und trotzdem lächeln. Man kann Sorgen haben — und dennoch lächeln. Eben dieses Lächeln ist Kennzeichen innerer Lichtheit und Überlegenheit. In ihm leuchtet jener echte Humor, jene Heiterkeit des Herzens, die die Seele über Abgründe hinwegträgt und ihr den Sieg sichert.

So mancher Sieger im Lebenskampf wurde es, weil er es verstand, sich lächelnd über Schwierigkeiten hinwegzuschwingen — im Bewußtsein, daß herzhaftes Lächeln nicht nur Kummerfalten glättet, also sein *Aussehen* verbessert, sondern auch seine *Aussichten*. Bei jedem Wettbewerb der Kräfte, bei jeder Verhandlung oder Entscheidung, in jeder Situation behält er leichter die Führung und wird auch mit schwierigen Charakteren fertig, weil er selbst einen Widerspruch in eine freundliche Form zu kleiden weiß, die den anderen umstimmt oder ihm die Möglichkeit nimmt, Gegengründe anzuführen, und weil sein *sonnenhaftes Selbstvertrauen* ihm die größere Ausdauer und Beharrlichkeit verleiht.

Diese innere Sonnigkeit meint Schleich, wenn er sagt, daß »ein Mensch so stark ist, wie er heiter sein kann. Man ist in dem Maße jung und dynamisch, wie man empfänglich bleibt für die Freude der Jugend. Heiterkeit des Herzens ist Kennzeichen innerer Freiheit und Größe, während Ernst Unfreiheit verrät. Vertraue darum dem Heiteren mehr als dem Ernsten. Er ist lebensfähiger. Der Sinn des Lebens wäre Unsinn, wenn er nicht auf Freude gestellt wäre. Die Freude ist der produktive Impuls der Schöpfung.«

Immer ist der Sonnigere der Besonnenere und darum der, der die größere Aussicht hat, der Gewinnende zu sein.

Magnetismus des Selbstvertrauens

Wie der selbstunterschätzende Kleinglaube zur Folge hat, daß viele Wünsche unerfüllt bleiben, so ruft andererseits jede selbstvertrauende Überzeugung, etwas zu können, jene Kräfte wach, die die Idealverwirklichung ermöglichen.

Wie das geschieht? *Mutiges Selbstvertrauen* — das letztlich Ausdruck des Lebens- und Gottvertrauens ist — *erhöht unsere Anziehungskraft für alles Gute.* Es erweist uns als ein Kraftfeld, in dessen Bereich andere Wesen sich sympathisch berührt und angezogen fühlen und sich unserem stärkeren Gravitationsfeld anzugleichen streben. Es ist jenes ›gewisse Etwas‹, das die Großen und Erfolgreichen überlegen macht und die Menschen um sie herum zu aktiver Mithilfe veranlaßt, wobei jeder Erfolg ihre Strahlkraft erhöht, ihnen auch die Dinge und Umstände geneigter und den Aufstieg zu den Höhen des Lebens leichter macht.

»Und was kann *ich* tun, um meinen Glücks-Magnetismus zu erhöhen?«

Folgendes: Ergreife jede Gelegenheit, dein Selbstvertrauen durch bejahendes Denken, aufrechte Haltung und heitergelassenes Verhalten zu demonstrieren. Handle jederzeit so, als ob du bereits der Glückspilz seiest, der du zu sein wünschest. Gehe an jede Arbeit, jede Aufgabe mit der mutigen Gewißheit, daß du sie meisterst. Erfülle dich mit der frohen Gewißheit, daß du zum Glücklichsein bestimmt bist!

Wenn du sprichst, achte darauf, daß kein negatives Wort, kein Zweifel, keine Verneinung anderer von deinen Lippen kommt. Deine Worte und Handlungen seien lebendiger Ausdruck selbstvertrauender Zielstrebigkeit und Sieggewißheit. Dann wird das immer wache Geborgenheitsverlangen der Wesen um dich herum sie geneigt machen, sich dir als dem Stärkeren zu verbünden und so dein Durchsetzungsvermögen zu vergrößern.

Erhöhe weiter die Konzentrationskraft deines Wollens. Dynamisches Gesammeltsein auf das jeweilige Ziel bewirkt nicht nur gesteigerte Leistung, sondern auch jene stärkere magnetische Ladung deines Wesenskraftfeldes, die das Wollen und Streben anderer dem deinen gleichrichtet — um so mehr, wenn dich jene ruhige Gelassenheit erfüllt, die bewirkt, daß die sonnenhafte Gravitation deines Wollens Umwelt und Umstände der Verwirklichung deiner Ideale dienlich macht.

Wo positives Denken, gläubiges Vertrauen und sieghaftes Wollen das Verhalten und Handeln bestimmen, nimmt der Erfolgs-Magnetismus ständig zu, und mit der stärkeren Strahlung des glücksgläubigen Selbstvertrauens wächst abermals die Achtung, Zuneigung und Mithilfe der Umwelt . . .

Je mehr wir uns zutrauen und mutig in Angriff nehmen, desto mehr Verwirklichungskräfte werden in uns wach, desto mehr Vertrauen wird uns von anderen entgegengebracht, desto höhere Stellungen und Aufgaben werden uns anvertraut und desto Größeres werden wir leisten. Erkennen und bejahen wir uns darum als sonnengleiches Zentrum wachsender Glückskraft!

Dieses Selbstvertrauen, das allen Großen eignet, ist in der Regel zugleich Schicksalsvertrauen — also das Bewußtsein und Gewißsein, daß hinter der eigenen Kraft das universelle Kraftfeld des Geistes des Lebens steht, dessen Beistand sich auf dreierlei Weisen äußert, nämlich dadurch, daß immer so viele Kräfte und Fähigkeiten in uns lebendig werden, wie wir brauchen, um das Leben zu meistern, daß, was *wir* uns zutrauen, auch die Umwelt uns zutraut, und schließlich, daß immer mehr Dinge und Umstände sich als heimliche Helfer und Glückbringer erweisen.

Sei ein Glück-Sender!

Unsere Glückwürdigkeit und -empfänglichkeit wächst in dem Maße, wie wir uns als Glück-Sender betätigen. Auch dies sollten wir zu unserem Gewinn erkennen und beachten:

Wir leben in einem Meer von Schwingungen, durch die alles Lebendige im All miteinander in geistigem Austausch steht. Jeder von uns ist ein Gedanken- und Kraft-Sender und -Empfänger, der Tag und Nacht in Betrieb ist und ständig Vorstellungen, Empfindungen, Gefühls-, Willens- und Tat-Impulse ausstrahlt und aufnimmt.

Solange die Gedanken noch unverkörpert sind, sind sie räumlich wie zeitlich ungebunden, so daß sie jederzeit und überall von Aufnahmewilligen aufgefangen und realisiert werden können, ähnlich wie ein Radiogerät elektromagnetische Wellen auffängt und in Wort und Ton umwandelt.

Es gibt Menschen, deren erhöhte Sensibilität (Fühl- und Empfindungsvermögen) sie fremde Gedankenwellen mit unterschiedlicher Exaktheit aufzunehmen befähigt. An sich besitzt *jeder* dieses Vermögen, auch wenn es bei den meisten unentfaltet ist. Oft bedarf es nur einer Drehung am Schalter der Empfangswilligkeit — und man nimmt Gedanken auf, die ›in der Luft liegen‹, auf deren Wellenlänge man sich ›eingestimmt‹ hat.

Unser Empfangsvermögen nimmt zu, wenn wir uns gewöhnen, oft in der Stille nach innen zu horchen und uns immer williger von der inneren Führung leiten zu lassen, die uns wacher und aufnahmefähiger für Gedankenwellen und Inspirationen macht, die unserem Glück und Fortschritt dienlich sind.

Ebenso erhöhen wir unser Empfangsvermögen für gute Gedanken, Einfälle und Glücksmöglichkeiten, wenn wir der Goldenen Regel folgen und das Gute, das wir von der Umwelt erwarten, zuerst selbst zu ihr hinausstrahlen, uns also bewußt als *Glück-Sender* betätigen. Denn was wir empfangen, entspricht in Inhalt und Auswirkung dem, was wir senden . . .

Wir haben es in der Hand, unsere ›Antenne‹ auf höchste positive Schwingungsfrequenzen und Kraftübermittlungen abzustimmen und uns im gleichen Maße gegen niedere, negative Gedankenwellen abzuschirmen. Reichweite und Wirksamkeit unseres ›Senders‹ hängen von unserer Konzentration und von der Gefühlsbetontheit und Überzeugungskraft unserer jeweils ausgestrahlten Gedanken- und Gefühls-Impulse ab, während die Aufnahmefähigkeit unseres ›Empfängers‹ vom Grade unserer spannungsfreien Hör- und Empfangswilligkeit bestimmt wird.

Ein Pessimist strahlt überwiegend negative Gedanken und Gefühle aus und empfängt über verwandte Frequenzen (Schwingungsbereiche) entsprechend niederziehende Impulse, während der Optimist positive Kräfte ausstrahlt und auf gleichen Wellenlängen Lichtgedanken und Förderungen empfängt. Die Art des Empfangs — die Beschaffenheit des Schicksals, das einen Menschen trifft — gestattet Schlüsse auf die Tendenz seiner Sendungen. Wer die meisten positiven Gedanken ausstrahlt, gewinnt einen Teilnehmerkreis, aus dem ihm zunehmend positive Rücksendungen als Beglückungen zugestrahlt werden. Woraus sich ergibt:

Wer besseren ›Empfang‹ wünscht — ein freundlicheres Leben, mehr Gesundheit und Wohlergehen, Glück und Erfolg —, der stelle seinen ›Sender‹ auf entsprechend positive ›Wellenlängen‹ ein. Macht er sich so auf dem Wege bewußten Gedankenradios zum *Glücksender* für seine Umwelt, wird er im gleichen Umfang auch zum *Glück-Empfänger*. Er gelangt in lebendigen Gedanken- und Kraftaustausch mit gleich-gestimmten Wesen, der nach dem Gesetz der Anziehung des Gleichen wiederum zu entsprechend positiven Schicksalskontakten und Glücksgelegenheiten führt, die sein Dasein immer lichter und reicher gestalten.

Steigerung der Glückskraft

Die erfolgreichsten Glücksender und -empfänger sind jene, die es sich zur Gewohnheit machten, an allem zuerst das Gute zu sehen und willkommen zu heißen. Wo das geschieht, wird die Glückskraft ständig gesteigert und im gleichen Maße das Leidvoll-Böse entmachtet.

Auch diese Kunst sollten wir meistern lernen und uns, gerade in dunklen Stunden, besinnen, daß alles gut ist, und das Gute tun. Um so rascher entwird unser Weh in den Flammen der Freude, die wir in den Herzen anderer entzünden. Und noch eines wird uns dabei bewußt:

Stete Bejahung des Guten bringt uns in innigere Verbindung mit dem Unendlichen Geist des Guten und mit dem

Strom des Glücks. Im gleichen Maße wird die innere Führung zum Guten, der ›Zug nach oben‹, spürbarer und wir fühlen, was jeweils zu tun oder zu lassen ist, damit nur Gutes in unser Leben Eingang finde.

Möchte jeder des unvergänglichen Glückes teilhaftig werden, das der Gewißheit der inneren Einheit mit dem Geist des Lebens entquillt! Möchte jeder erkennen, daß er nicht das leidgebundene Erdenkind ist, das er, von außen her gesehen, zu sein scheint, sondern ein Größerer und Reicherer, als die Welt ahnt, weil sein innerstes *Selbst*, göttlich-geistigen Wesens, Eigner der Fülle des Lebens und jedem Wechsel, jeder Not überlegen ist!

Es ist jenes ›Dritte Ich‹, das Richard Wilhelm in der ›Seele Chinas‹ das höchste heißt:

»Das erste Ich ist ein unechtes Ich, das zweite Ich ist das echte Ich, das dritte aber ist das göttliche Selbst innerhalb des echten Ich. Der Natur nach ist das erste Ich der sterbliche Leib, das zweite die Seele, das dritte das wahre geistige Wesen. Wenn der Mensch dieses allen Wesen gemeinsam zugrundeliegende Selbst findet, dann ist er wahrhaft Ich. Von diesem Dritten Ich gilt: ›Der Himmel mag vergehen, so gehe ich doch nicht unter; die Erde mag vernichtet werden, so werde ich doch nicht vernichtet . . .‹

. . . Wenn ein Mensch, der die Wahrheit sucht, nicht dieses Dritte Ich findet, so bringt er nicht nur in diesem Leben die Vollendung der Arbeit nicht zustande, sondern selbst während eines tausendfachen Lebens in allen Weltperioden bringt er es nicht fertig. Wenn es einem also darum zu tun ist, im Großen sein Leben zu meistern, muß er sich Mühe geben im Blick auf das Dritte Ich: sein wahres *Selbst*.

Meister K'ung sagt: ›Wer die Menschen durch die Kraft des inneren Wesens lenkt, der gleicht dem Nordstern, der an seiner Stelle weilt, von allen Sternen umkreist. Dieser

Nordstern, den alle Himmelslichter umkreisen: das ist das allgegenwärtige göttliche Selbst, das nichts tut und doch nichts ungetan läßt, der wahre Herr der Welt und der Wesen.‹«

Dieses Selbst als unseren inneren Führer zu fortschreitender Vollkommenheit zu erkennen, ist das Beste, das wir in der Erfolgsjagd des Alltags nie vergessen dürfen, wenn wir unsere Glückskraft ständig steigern wollen. Denn es ist der Quell alles Guten: aus ihm strömt die Kraft des Gutseins und Guttuns und die Fülle des Glücks. Es ist leicht, zu diesem Quell zu gelangen: wir brauchen nur unser Einssein mit ihm zu bejahen, ihm restlos zu vertrauen und seine Kraft gelassen durch uns wirken zu lassen. Jeder Platz in uns, der vom Ich und seinem Sorgenwahn freigegeben wird, wird von unserem Selbst in Besitz genommen und zu einer Wirkstätte des Guten.

Wie wenige wissen um dies Geheimnis des Glücks. Diese wenigen aber sind die wahrhaft Glücklichen. Auch *du* kannst einer von ihnen sein.

Richtig sehen lernen

Der noch Lebensblinde sieht vor allem das Leidige und klagt: ›Das Unglück überwand mich, weil es stärker war!‹ Der Sehende gewahrt unter den gleichen Umständen: Der Mensch ist mächtiger als das Unglück, weil er seiner Geschicke Schöpfer ist! — Den einen drückt die Not nieder; dem anderen wird sie zum Trittstein zu größerem Glück. So erwächst aus mangelnder Sicht Gebundensein an äußere Bedingungen, aus Klarsicht Freiheit innen und außen.

Richtig sieht, wer auf sein Selbst als den Quell allen Glücks blickt. Er wendet sich von Ansicht und Anschein zur

Einsicht und Sicht der Wirklichkeit. Richtig denkend, beginnt er den Tag mit der Bejahung: ›Heute fühle ich mich glücklich und froh und werde auch andere froh und glücklich zu machen suchen. Mit jedem Tage wächst mein Glück‹, und beendet ihn mit der Bestätigung: »Ich habe heute das Gute bejaht und seiner Verwirklichung gedient.«

Wer alles, was kommt, als notwendigen Baustoff für sein Größer- und Stärkerwerden und als Bestandteil seines Lebensglücks dankbar bejaht und ausschöpft, wandelt es in Stufen, die ihn höherleiten.

Wie der Tod des Lebens andere Seite ist, so ist das Leid die Rück-Seite des Glücks. Größere Schatten künden helleres Licht. Wie Krankheit stürmischer Übergang bis zu neuem Heilsein, so ist Unglück noch verborgenes Glück, das noch nicht voll ›ent-wickelt‹, noch von enttäuschenden, weil täuschenden Hüllen umwickelt ist, die es zu entfernen gilt . . .

. . . In Wahrheit sind weder Vergehen noch Leid, weder Not noch Unheil existent. Alles Unvollkommene ist Schatten des Vollkommenen. Schatten aber ist nichts aus sich selbst; er ist, weil Licht ist. In Wahrheit ist Glück unseres Wesens Natur und Bestimmung, Unglück nur sein vergänglicher dunkler Widerschein.

Wenn du dies nur erkennen wolltest! Wenn dein hart und blind gewordenes Herz nur vertrauen und sich, wie des Kindes Herz, aufschließen und liebend hingeben wollte! Wie manchem ward diese Einsicht unter Tränen: als er alles verloren glaubte und sein Unglück annahm, öffneten sich seine Augen, sahen das verborgene Glück und gewahrten: Alles ist gut!

In dem Maße, wie wir hinter allem Unerfreulichen und Dunklen das *Gute* als das Wirkliche sehen, rufen wir es aus der geistigen Gegenwart in die sichtbare Erscheinung. Indem wir uns ständig von der göttlichen Liebe umhegt sehen, stellen wir uns unter den höchsten Schutz, den es gibt und gewinnen jenen inneren Halt, der Geborgenheit gewährt.

Dieser innere Halt wird vom Zeitenstrom des Wechsels und Vergehens nicht berührt. Sehen wir uns mit ihm, dem nieversiegenden Quell allen Glücks, eins, sind wir gegen Leid und Unheil gefeit. Unser Lebensschiff ist dann im göttlichen Seinsgrund verankert und nicht länger ein Spielball der Wogen des Daseinsmeeres.

Darum: Wer mit dem innersten Kern seines Wesens, seinem Selbst, im Einklang ist, ist glücklich. Wer mit ihm in Harmonie ist, ist auch in Harmonie mit dem Unendlichen, dem Geist des Lebens. Im gleichen Maße steht er über dem Dasein und erlebt, wie alles, was ihn trifft, ihn trefflicher und reicher macht.

Auch du bist berufen, diesen Höhenpfad zum Glück zu gehen und auf ihm ein Sehender zu werden!

Heute heißt unser Planet in der Sprache der Geister noch ›der Dunkle‹, und die, die auf ihm wohnen, ›die Blinden‹ . . . Aber die Zeit ist nahe, da unser Erdball ›der Lichte‹ heißen wird, da seine Bewohner sehend werden, mit geöffneten Geistesaugen den Reichtum des Lebens gewahren und ihr Glücksvermögen unaufhörlich steigern.

Das Reich der Fülle

Seit jeher zog es Menschen in die Ferne — einst zu Ophir, dem Goldland Salomos, später zum sagenhaften Eldorado mit seinen Schätzen an Gold, Erzen und Edelsteinen, und heute nach allen Richtungen, um am wirtschaftlichen Reichtum fremder Länder teilzuhaben.

. . . Seit jeher blickte die große Mehrzahl der Glücksucher, wenn das Stichwort ›Reichtum‹ fällt, nach *außen*. Die wirklich Weisen und Großen in allen Bereichen des Lebens hingegen entdeckten schon früh, daß das reichste Goldland, der eigentliche Quellgrund wachsender Fülle, nicht draußen in weiter Ferne liegt, sondern in nächster Nähe: im eigenen *Innern*, und daß, wer das Reich der Fülle in sich entdeckt, auch rings um sich Reichtum findet und schafft.

Die Fülle des Glücks ist allezeit im Überfluß vorhanden, so daß niemand zu darben braucht. Der sicherste Zugang zu ihm liegt in uns. Wer das erfaßt hat, wird zuerst einwärts blicken und, wenn er den Reichtum des Innern zu münzen gelernt hat, ihn auch um sich herum ins Dasein rufen. Von da an erfährt er sich als Treffpunkt für alle Beglückungen des Lebens in einem Umfang, der dem Grade seiner gläubigen Bejahung entspricht.

Hier wie überall wirkt das Gesetz der Anziehung des Gleichen: Die Männer und Frauen, die neue Bereiche des Lebens eroberten und die Fülle scheinbar aus dem Nichts schöpften, glaubten schon vorher an ihr Glück — und bewirkten dadurch, daß, was sie im Innenreich der Fülle erspähten und fanden, im Geiste bejahten und ergriffen, von ihnen auch in der Außenwelt verwirklicht wurde. Hier gilt:

Wer sich selbst erkennt und zum Reich der Kraft und Fülle in sich gefunden hat, der sieht sich auch im äußeren Dasein in den Bereich wachsenden Reichtums gestellt. Eben sein Gewißsein, daß die Fülle ihm als dem Erben und Eigner des Glücks zukommt, bewirkt, daß sie auf ihn zu kommt und ihn bereichert.

Wer das noch nicht erkannt hat, sieht sich in ein sorgenvolles Dasein gestellt. Seine Wirklichkeitsblindheit läßt ihn die Dinge noch als das sehen, was sie zu sein scheinen, aber nicht sind: den Körper als leidigen Mahner der Vergänglichkeit, die Umstände als Bestimmer seines Glücks oder Unglücks, das Fatum als den Gesetzgeber seines Lebens ...

... Der zur Selbsterkenntnis und Daseinsdurchsonnung Gelangte hingegen weiß um den Schicksalswirker im eigenen Innern. Zu diesem Wirklichkeits-Erwachen fand er in der schweigenden Einkehr und Heimkehr zu sich selbst, die zugleich Innewerden seines Einsseins mit dem Ewigen ist ...

Soweit er sich dem lichten Kern seines Wesens nähert, sich, dem Schmetterling gleich, seines bisherigen Raupendaseins entledigt und zur Selbstverwirklichung schreitet, öffnen sich ihm die Tore zur Fülle des Glücks.

Von da an spricht er nicht mehr davon, daß er schwach und unvermögend sei, dies oder jenes zu vollbringen, daß er sich einer Aufgabe nicht gewachsen fühle, daß er ein Pechvogel sei, daß alles gegen ihn stehe und andere mehr Glück hätten als er. Vielmehr läßt er sich von da an von der kraftweckenden Gewißheit Schritt um Schritt aufwärts tragen:

»Das Reich der Fülle ist in mir! Die Kraft in mir ist mein Helfer! Mit ihrem Beistand ist mir alles möglich! Mit ihr verbündet, bin ich meines Glückes Schmied.«

Auf der Sonnenseite des Lebens

Leben heißt kämpfen, sagt Seneca. Was er damit meint, ist nicht, daß wir im Dunkeln verbissen gegen Not und Armut kämpfen, sondern daß wir in der Sonne im Streben nach Selbstentfaltung, Aufstieg und Glück unsere Kräfte und Fähigkeiten erproben und mehren. Das eine ist unsicheres Stolpern über unsichtbare Hindernisse, das andere ein von der Aussicht auf den Sieg durchsonnter Wettkampf der Geister.

Jeder hat es in der Hand, aus seinem Dasein das eine oder das andere zu machen. Es ist eine Frage rechter Selbst-Stimmung. Denn Denken und Dasein sind immer ein-stimmig.

Wenn in unserem Leben etwas nicht stimmt und wir noch nicht auf der Sonnenseite weilen, gilt es zu prüfen, was *in uns* nicht stimmt, wo unser Denken und Handeln nicht harmonisch zusammenstimmt mit dem Willen der Welt.

Unser erster Blick gelte stets unserer vorherrschenden Seelenstimmung. Denn mancher ist nur verstimmt, der glaubt, unvermögend und erfolglos zu sein. Andere meinen, besonderes Glück zu haben, und sind nur in Übereinstimmung mit dem Harmoniegesetz. Auf die seelische Hochstimmung und den inneren Einklang mit dem Rhythmus des Lebens kommt alles an. Hört die innere Mißstimmung auf, verschwinden auch die äußeren Unstimmigkeiten, die wie Unpäßlichkeiten, Fehler und Fehlschläge nur Echo innerer Verstimmungen und Gleichgewichtsstörungen sind.

Solange das feine Instrument der Seele, das Schaltwerk der Gedanken und Gefühle nicht recht gestimmt ist, sind Organverstimmungen und Unstimmigkeiten im äußeren Dasein unvermeidlich. Weder vermag der Geist des Lebens seinem Willen durch uns Ausdruck zu geben noch vermögen wir das Beste aus unserem Dasein zu machen. Denn jeder innere Mißklang verleitet zu *Mißverhalten* — und das Ergebnis sind *mißliche Verhältnisse*.

Was hiergegen hilft, sind innere Entspannung und Harmonisierung durch bewußte Hinwendung zur Sonnenseite der Dinge und des Lebens. Entspannt, wird es uns leichter, uns auf den Ton des Lebens abzustimmen, der uns gemäß ist. Richtig gestimmt, vermögen wir das Geschehen erfolgreich zu bestimmen und uns als Träger des Glücks zu erweisen.

Ist der innere Himmel wolkenlos, verfreundlicht sich auch das äußere Dasein. Sind wir unserer sonnenhaften Strahlkraft und Überlegenheit gewiß, dann reckt sich der schlummernde Riese — unser Selbst —, Ungewißheit und Unrast fallen von uns ab, alle Fragen lösen sich, und wir gewahren, daß auch die höchsten Lebensziele nicht vermessen, sondern uns angemessen sind, weil wir auf fortschreitende Vervollkommnung angelegt sind ...

Wir sind Teile der Einheit und eins mit dem Einen. Diese Einheit war nie unterbrochen; nur unsere Nichterkenntnis und Ichhaftigkeit sah und schuf Sonderung und Trennung, Schatten und Not. Sowie wir zum Selbstsein gelangen, ist die Einheit wiedergewonnen. Selbstbesinnung bewirkt Daseinsdurchsonnung: aus Dunkel und Dämmerung halbbewußten Traumlebens wechseln wir hinüber auf die Sonnenseite des Lebens.

Und dann wissen wir: Das Licht der Welt ist in uns. Und verstehen die Mahnung: ›Lasset euer Licht leuchten!‹: Gleichwie die Sonne immerfort strahlt, so sollen wir immerfort Jasagende und Lichtbringer sein. So licht müssen wir werden, daß alles Dunkle und Unvollkommene sich in den Strahlen der Innensonne löst und selbst zu Licht wird. So werden wir immer mehr Lichtsuchern zur belebenden Sonne — bis sie aus eigener Kraft zu leuchten beginnen und gleich uns bewußt auf der Sonnenseite des Daseins leben.

Der Sonnen-Sinn der Seele

Um auf die Sonnenseite des Lebens zu gelangen, müssen wir uns als Sonnenkinder erkennen und den Sonnensinn der Seele wecken. Goethe bejahte unsere Fähigkeit dazu: »Wär' nicht das Auge sonnenhaft, die Sonne könnt' es nie erblicken; läg' nicht in uns des Gottes eigen Kraft, wie könnt' uns Göttliches entzücken.«

Nicht nur der geistige Kern unseres Wesens ist sonnenhaft, auch unsere Körperhülle ist sonnengeboren. Unser ganzes Nervensystem ist, wie der Dichter-Arzt Schleich betont, »ein Geflecht der Sonne. Sie spannt die Harfensaiten, auf denen wir ihr Lied singen. Ein Strahl der Sonne, dem wir uns willig öffnen, kann mehr erwecken, als tausend Nächte zu ersticken vermögen. Indem wir fröhlich lächeln, jauchzen wir dem Weltall tausend Ja! entgegen. Unser Lebenslied konsoniert zum Welt-Akkord; jede Dissonanz zu ihm ist Unlust.«

Den Sonnensinn der Seele sprechen wir mit jedem frohen Aufblick zur Sonne ebenso an wie im bejahenden Einblick zur Innensonne. Dorthin gewendet, lernen wir uns auf uns selbst zu besinnen und von innen her zu durchsonnen, wieder bei uns selbst und glücklich zu sein — und glücklich zu machen.

Mit Recht bekannte der Philosoph David Hume, daß »die Gewohnheit, alle Dinge von der lichten Seite zu betrachten, mehr wert ist als das höchste Einkommen«. Denn der erwachte Sonnensinn macht uns hellsichtig und hellhörig für die Inspirationen der inneren Führung wie für die lichten Botschaften des Lebens.

Je lichter wir das Leben sehen, desto leichter wird es. Jeder trägt so viel, wie er aufnimmt. Wenn unser Trachten abnimmt, betrachten wir das Leben als weniger schwer, und unsere Traglast wird geringer. Gleichermaßen, wenn wir der lichtwärtsweisenden Führung von innen folgen. Wir lassen uns dann von der Freude leiten, die uns »zu allem Guten aufgelegter macht und dem Gemüt Kraft gibt, sich mutig mehr zuzumuten und mehr für andere zu leisten«.

Der Sonnensinn der Seele läßt uns die Dinge und Geschehnisse von oben statt von unten sehen, aus lichter Höhe, mit wacheren Organen für das verborgene Gute und jener Weisheit, die das Leidige gelassen löst und meistert.

Ob das, was unseren Weg kreuzt, uns zum Kreuz und Leidbringer wird, hängt vom Grade unserer inneren Licht-

heit und Wachheit ab, die uns befähigen, jedes Leides heimlichen Segen zur Offenbarung zu bringen. Diese innere Aufhellung und der damit einhergehende Aufstrom an Kraft schreitet stetig fort — bis die lichten Innenkräfte uns ganz erfüllen, jede Zelle der Körperhülle durchströmen — bis unser ganzer Leib licht wird und heil — bis wir fühlen, daß wir unserem innersten Wesen nach ein Licht- und Kraftfeld sind, dessen Möglichkeiten mit der bewußten Betätigung seiner Strahl- und Wirkkraft laufend zunehmen — und bis wir von der inneren Durchlichtung schließlich zur Erleuchtung gelangen, in der das Auge des Geistes sich auftut und wir beglückt erkennen:
»*Wieviel Licht ist in mir!* Welche Kraftfülle, welcher Reichtum ist in mir angelegt! Ein Ozean lichter Kräfte wogt in mir, will durch mich hinausströmen und segenbringend tätig werden, damit ich wachse und mich als der Riese an Geist, Kraft und Glück erweise, der ich meinem Wesen nach bin!«

Die innere Sonne

Der Sonnensinn der Seele ist kein Kind der äußeren Sonne, sondern der inneren, die nie untergeht. Auch dieser Wahrheit gilt es bewußt zu werden, um unsere Wirklichkeitsblindheit zu überwinden.

Wer die Welt als Jammertal wertet, wird sie weithin so erleben. Wer sie als lichtes Paradies bejaht, findet allerorten Freude und Förderung.

So viele Lebensblinde — so viele Unglückliche. Die äußeren Nöte haben ihre feinsten und tiefsten Wurzeln im Innern: im hartgewordenen Herzen, im Mangel an Vertrauen, im Blindsein für die Wahrheit, daß innen Licht ist . . .

... Gewiß hat jedes Ding neben seiner lichten, wirklichen eine dunkle, scheinhafte Seite. Doch nur, solange wir das Dunkle für das Wirkliche, die Dinge für das Bedingende halten und nur das Licht gewahren, das von außen kommt, nur solange wir, geistblind, die *innere Sonne* nicht sehen, erleiden wir das Leben, leiden wir am Leben. Sowie wir innerlich wach und hell werden, lieben wir das Leben und wissen, was Glück ist.

Denn ungeachtet unserer Wirklichkeitsblindheit strahlt die innere Sonne immerfort am Himmel der Seele. Und die Zeit ist nahe, da ihr Licht allen sichtbar, ihre Kraft allen spürbar und die Wahrheit, die frei macht, allen bewußt werden wird:

Es gibt unendlich viel Glück in der Welt, weil der innerste Kern der Wesen und Dinge licht ist! In jeder Sekunde brandet die Flutwelle des Glücks tausendmal um die Erde. Jeder bewußte Atemzug, jeder frohe Gedanke, jedes Wort, das wir offenen Herzens vernehmen, jedes Wesen, dem wir bejahend entgegentreten, ist ein Glückträger und -spender. Glück schlummert in allem, was uns begegnet — wir müssen nur die Augen öffnen, damit die Sonne des Glücks uns leuchtet und hellsichtig macht für unsere wirkliche Größe und Bestimmung.

Nur unsere ichhafte Blindheit zog uns in Unnatur, Wirklichkeitsferne und Leidgebundenheit hinab. Sehend geworden, erkennen wir unser Berufensein zum Glück und lassen die Kraft der Innensonne sich durch uns als Liebe, Güte und Vollkommenheit offenbaren. Sehend geworden, kennen wir kein Verneinen mehr, sondern nur mehr frohes Bejahen.

Alles bejahend, bejahen wir, um das nochmals zu sagen, auch die *Not* — als Weisung zum Licht, als Wecker der Kraft, als Mittel der Reifung und Vollendung. Wer die Sonnenhaftigkeit seines Wesens nicht in froher Einwärtswendung bejaht, wird ihrer in den Stunden der Kraftbewährung und Notüberwindung bewußt:

Die Not, die uns aufruft, uns aufzuraffen, zerreißt Nebel der Nichterkenntnis, bricht in die dichte Hülle, die die Lichtheit unseres Innern verbirgt, Breschen, durch die bis dahin gebundene Kräfte nach außen streben und helfen, eben diese Not zu wenden. So führt die Not zur Entfesselung des Riesen in uns, dessen Lichtkraft allen Dunkelmächten überlegen ist und uns befähigt, im Wechsel und Wandel des äußeren Daseins den Weg zu den Höhen wirklichen Lebens zu finden und zu gehen.

Und noch ein Letztes mag uns dabei aufgehen:

Keine Zeit war stürmischer als die Gegenwart. Wenn wir gerade in diese Zeit hineingeboren wurden, dann um der Aufgaben willen, die wir im Lebensganzen zu erfüllen haben. Erkennen wir unser Hiersein als Berufung, ohne die wir in ruhigeren Zeiten geboren wären ... Eben weil wir stark und fähig sind, sind wir in diese Wendezeit gesandt, um dem Geist eines neuen, lichteren Äons zum Durchbruch zu verhelfen. Dieser Berufung folgend, verwandeln wir jede Not in ein Mittel fortschreitender Selbstdurchlichtung und -vollendung.

Ewige Gegenwart

Zum Meister des Heute und Bildner des Morgen wird der Mensch, der zu sich selbst erwacht. Denn zu sich selbst erwachen heißt sich selbst bestimmen, seine Zukunft formen und den Strom des Glücks in sein Leben leiten. Das gelingt ihm so weit, als er sich willig dem Einstrom der künftigen Fülle öffnet, zugleich die Gegenwart nützt und wachsendes Glück um sich verbreitet.

Unsere Zukunft ist ein Meer, dessen eines Ufer unser

Selbst und dessen anderes der Geist des Lebens ist. Von der Warte der Gegenwart gesehen, ist sie ein Lichtstrom, der durch das Heute fließt und in Ewigkeit nicht endet.

Im Morgenglanz der inneren Sonne gewahren wir ähnliches, wie es der Dichter, Eduard Mörike, auf der Höhe seines Glücks erlebte:

».... Es war, als erleuchtete ein zauberhaftes Licht die hintersten Schichten meiner inneren Welt, als bräche der unterirdische Strom meines Daseins plötzlich zu meinen Füßen aus der Tiefe hervor, als wäre das Siegel vom Evangelium meines Schicksals gesprungen...

... Ich habe gewisse Zeiträume wie blindlings durchlebt. Aber für den kurzen Moment, wo die Richtung meiner Bahn sich verändert, wurde mir die Binde abgenommen; ich darf mich frei umschauen als wie zu eigener Wahl, und freue mich, daß, obwohl eine Gottheit mich führt, ich doch eigentlich nur meines Willens, meiner Gedanken bewußt bin...

... Die Macht, die mich nötigt, steht nicht als eigensinniger Treiber unsichtbar hinter mir; sie schwebt vor mir; *in mir* ist sie, und mir deucht, als hätt' ich von Ewigkeit her mich mit ihr darüber verständigt, wohin wir zusammen gehen wollen, als wäre mir dieser Plan nur durch die endliche Beschränkung meines Daseins weit aus dem Gedächtnis gerückt worden, und nur zuweilen käme mir mit tiefem Staunen die dunkle, wunderbare Erinnerung daran zurück...«

Gleichermaßen erhebt sich die Seele dessen, der der ewigen inneren Gegenwart der Zukunft bewußt ward, über den engen Sehkreis des Alltags und schaut aus lichten Höhen ihr Leben und ihren Weg durch Raum und Zeit. In der Helle des inneren Tages überblickt sie alle Fäden des Daseins wie etwas Selbstgewähltes und Selbstgewirktes und zugleich von der gütigen Macht des Ewigen Gewolltes.

In dieser Allschau wird der Augenblick zur Ewigkeit. Das Jetzt weitet sich zur Zukunft. Zugleich erquillt aus dieser lichten Überschau das Bewußtsein ewigen Geborgenseins, was auch immer die Zukunft bringen mag.

So gilt der Weisen Wort mit Recht: »Was ist die Zukunft? Für dich — nichts als du selbst!« Spähe darum nicht sehnsuchtsvoll nach besseren Tagen aus, sondern schau auf dich selbst! Alle Vollkommenheiten der Zukunft schlummern heute schon in deiner Seele. Bei dir liegt es, wieviel davon du hier und jetzt aus dir zur Entfaltung bringst.

Alle Zukunft ist als ewige Gegenwart in uns. Welche Machtfülle ist damit in unsere Hand gegeben, welche Verantwortung aber auch — und welche Möglichkeiten. Aller Fortschritt hängt davon ab, was wir aus unserer schlummernden Vollkommenheit, aus unseren ungeweckten Kräften machen! In uns ist die Kraft, um die alles Werdende kreist: In uns leuchtet die Sonne des *Selbst*, aller Zukunft Bürge. Vertrauen wir uns seinem Licht und seiner Führung an, offenbart sich unser Leben als täglich neue Gelegenheit, als Selbstgestalter unserer Zukunft in immer größere Fülle hineinzuwachsen.

Gestalter der Zukunft

»Es reden und träumen die Menschen gar viel von besseren künftigen Tagen« — und vergessen darüber, daß alle Zukunft aus der von der Vergangenheit geformten Gegenwart herauswächst. Vielen am Leben Leidenden ist diese glückverhindernde Haltung eigen: ihre Sehnsucht verlegt die Verwirklichung ihrer Ideale in ein fernes *Einst* — in eine Ewigkeit jenseits des Todes oder in ein Goldenes Zeitalter, das einmal anbrechen soll.

Die einen warten, vom Dasein enttäuscht, auf ein ewiges Leben jenseits der Zeit. Sie sehen in der leid- und wechselvollen Welt kaum mehr als ein Wartezimmer, dessen Tür der Tod öffnet, um sie in ein vollkommeneres Leben zu geleiten...

... Sie haben noch nicht erkannt, daß schon ihr Erdendasein ein Teil der ersehnten Ewigkeit ist, daß sie immer und überall inmitten der Ewigkeit leben, sie aber verkennen, solange sie nicht hier und jetzt, mitten im Alltag, ihres ewigen Seins und Wesens innewerden und einsehen, daß *alle Zukunft* an den gegenwärtigen Augenblick gekettet ist und davon abhängt, was sie aus ihm machen, jedoch vergeblich erwartet wird, wenn sie sich der ewigen Gegenwart verschließen.

Andere glauben an das Kommen eines neuen Zeitalters, in dem alle Blütenträume reifen. Aber wenn wir auch heute im Aufgang eines neuen Weltenmonats im großen Kosmischen Jahr leben, in der Morgenröte eines lichteren Äons, so bleibt der einzelne von dieser Wendezeit doch unberührt, solange er selbst ungewandelt und unaufgeschlossen verharrt und von außen erhofft, was aus seinem Innern erblühen soll...

... Erst wenn er innerlich erwacht, wird er empfänglich für die neuen Schwingungen, die die Erde berühren, empfindsam und aufnahmefähig für die Kraftwellen von oben.

Es ist belanglos, wann die neue Zeit anhebt. Entscheidend ist allein, ob und wann der einzelne sich ihren Geistwellen innerlich öffnet. Die Zeit der Wandlung hat nur dem etwas zu sagen, der zur Selbstverwandlung und Erneuerung bereit ist. Denn nicht die Dinge sollen sich wandeln, sondern die Wesen.

Die lichtere Zukunft wachsenden Glücks beginnt dort, wo ein Mensch zu sich selbst und seiner inneren Größe und

Kraft erwacht und seines Berufenseins zum Glück bewußt wird. Ihm ist die Zukunft nicht mehr ungewiß.

Das ist die befreiende Erkenntnis, zu der jeder erwachen sollte: daß er jetzt und immer der Gestalter seiner Zukunft ist durch alles, was er denkt und tut. Wohl mögen ihm die Gipfel einstiger Größe noch verborgen sein, doch kann er seine Zukunft jederzeit an den Bedingungen ablesen, die er durch sein Denken und Fühlen, Wollen und Wünschen, Verhalten und Tun heute für morgen schafft.

Wir leben alle in der Morgenröte des Kommenden. Ob wir der steigenden Sonne entgegenschreiten oder in den Dämmer der Nacht und Not zurückweichen, liegt bei uns. Nichts treibt uns denn wir selbst. Alles hängt von unserem Glauben und Vertrauen ab. Die Evolution im Universum wie in uns steuert einem Maximum an Kraftentfaltung, Geistmächtigkeit und Vollkommenheit zu.

Darum gilt es, schon heute aus dem Ewigen zu leben und alle Zukunft als innere Gegenwart zu bejahen. Unser Denken und Tun sei Ausdruck der Gewißheit, daß wir von Ewigkeit zu Ewigkeit leben und wirken, daß die Unendlichkeit der Gottheit den Urgrund unserer Seele bildet und daß der heutige Tag Glied einer endlosen Kette von irdischen und kosmischen Tagen ist, die aus dem Schattenland der Vergangenheit bis dorthin reichen, wo das göttliche Licht in uns tagt und aufstrahlt.

Kraft aus der Stille

Das verläßlichste Mittel, mitten in der Zeit die Ewigkeit zu berühren und künftigen Glückes gewiß zu werden, ist die *Stille*. In ihr können wir uns jederzeit dem abstumpfenden Einerlei des Alltags entziehen und zum Licht des inneren

Tages erwachen, aus dem Nichtwissen zum Gewißsein unserer Kraft und Bestimmung gelangen, aus der Not des Einsamseins und Verlassenfühlens zur Erkenntnis unseres inneren Einsseins mit dem Ewigen.

Im Anfang gleicht der Eintritt in die Stille dem Vordringen in einem schweigenden Urwald. Je tiefer wir in uns selbst entsinken, desto wunderreicher wird das Innenland der Seele: wir stoßen auf Urwaldriesen unbewußter Fähigkeiten; hinter verhüllendem Schlingpflanzengewirr vergessener Hoffnungen und Ängste, verdrängter Wünsche und Träume entdecken wir erquickende Quellen heimlichen Wissens. Wir stoßen staunend auf Lichtungen göttlicher Weisheit, die auf uns warteten. Wundersame Erkenntniswesen nahen uns freundlich, eines lichter und beglückender als das andere: hilfreiche Geister schöpferischer Gedanken, Tröstungen und Intuitionen...

... Ohne daß wir sie rufen, kommen sie zu uns und raunen um so vernehmlicher Rat, je restloser die Stimmen der Sinne und der Außenwelt verstummen. Aus den Erleuchtungen, die sie uns schenken, schöpfen wir die Kraft und den Mut zum rechten Verhalten und Handeln. Und wir erleben, wie unsichtbare Bildekräfte uns beistehen und helfen, erkannte Schwächen und Nöte von innen her zu überwinden. Wir lernen, unser Schöpfertum um so vielseitiger zu entfalten, je gelassener wir uns der Weisheit der inneren Führung überlassen.

Wir gewahren, daß alle großen Gedanken und Werke hier, im Reich der Stille, geboren werden, von keinen äußeren Dingen und Umständen abhängig oder bestimmbar, weil hier die Wirklichkeit am Werke ist — die Schöpferkraft des Ewigen.

Wir sind nie dynamischer und schöpferischer, hellsichtiger und weitblickender als in der Stille, in der unser zeitliches

Wesen das ewige in uns, das Ich das *Selbst* berührt und an seiner Kraft und Fülle teilhat. Alles nur-äußere Werk bleibt demgegenüber Traumgespinst, mag es auch von sinnenfroher Begeisterung verklärt erscheinen. Erst in der Stille erheben wir uns aus allen Daseinsträumen zu den lichten Regionen voll-wachen wirklichen Lebens aus dem Geiste.

In der Stille vollzieht sich jene Erneuerung unseres Wesens und Lebens, die uns zugleich hellsichtig macht für die Wahrheit, daß eine Zukunft für uns Gegenwart werden will, in der jeder in diesem Innenland der Seele so daheim ist wie in der äußeren Sinnenwelt. Alle Entwicklung des Menschen zielt darauf ab, das Blickfeld seines Bewußtseins und das Kraftfeld seines Wesens beständig zu erweitern, so daß ihm immer größere Teile der Wirklichkeit bewußt und dienstbar werden auf seinem Ewigkeitswege fortschreitender Selbstverwirklichung und Vollendung...

... Schon am Beginn dieses Weges, noch ehe das größte Abenteuer seines Lebens anhebt, wird er, selbst-erwacht, lächeln über die Dinge und Sorgen, die den Menschen von heute bekümmern — wie ein Erwachsener ob der Ängste lächelt, die ihm als Kind das Herz betrübten.

Wintersonnenwende der Seele

Vom Dichter und Glücksucher Hermann *Stehr,* dessen Leben eine Kette von Mühsalen und Entbehrungen war, stammt das Wort:

»Die Schwere meiner Existenz drückt, aber erdrückt mich nicht. Je härter das Leben wurde, desto härter, kühner, freier blickte ich es an und hörte auf keinen anderen Richter als den in meiner eigenen Brust. Die Not war mir so treu wie die Armut, aber auch ein himmlischer Sinn und, je älter ich wurde, eine immer festere Zuversicht, daß nur der Mensch selbst sich schaden kann, sonst nichts auf Erden und in der Welt...

... Der Mensch selbst schafft sich die Umstände seiner Siege und Niederlagen, seines Aufstiegs und Abstiegs, wie sein Schicksal die Selbstdarstellung seines Wesens ist, jenes Wesens allerdings, das ertragen werden kann, während seine eigentliche Wesenheit weder Anfang noch Ende hat und Geburt und Tod nicht kennt, weil sie göttlich und ewig ist.«

Niemand, der wahrhaft frei werden und sein Leben meistern will, vermag sich diesem unaufhörlichen Ringen zu entziehen. Wohl aber vermag er jederzeit, es zu verwesentlichen und zu durchlichten, so daß ihm der erhabene Sinn des Erdenringens beglückend bewußt wird, wie es *Fichte* in seiner ›Anweisung zum seligen Leben‹ gezeigt hat. Nur wenn dieses ›selige Leben‹ hier und jetzt, mitten im Daseinskampf, bejaht und verwirklicht wird, ist es uns auch jenseits der Todespforte gewiß. Die Einswerdung mit dem Ewigen, auf die es ankommt, will nicht bloß erträumt, sondern *erwirkt* werden. *Wer sie nicht durch die Tat verwirklicht, der verwirkt sie.*

Einzige Richtschnur sei uns hier die innere Stimme des Selbst, durch die wir unmittelbar mit dem Ewigen in Verbindung stehen. Sie befähigt uns, aus freiem Willen das Rechte zu wählen und in Harmonie mit dem Ewigen das Notwendende zu vollbringen, wie es Fichte bejahte:

»Die Stimme des Gewissens in meinem Innern, die in jeder Lage in meinem Leben mich unterrichtet, was ich in ihr zu tun habe, ist es, durch die der ewige Wille in mich einfließt und mir verkündet, wie ich zu meinem Teile in die Ordnung der geistigen Welt mich zu fügen habe. Hier stehe ich mit dem Einen, das da ist, in Verbindung und nehme teil an seinem Sein.«

Das Erwachen der Gewißheit, daß das Gewissen, die innere Führung, der Bürge unserer Gottunmittelbarkeit ist, bedeutet die *Wintersonnenwende der Seele*, das vorfrühlingshafte Keimen und Aufbrechen schlummernder Innenkräfte, die den Menschen befähigen, Fesseln vermeintlicher Ohnmacht, seelischer Starre und Knechtschaft zu sprengen, Leid und Leben zu enträtseln und sich zum freien Wirker und Erfüller des Vollendungswillens des Ewigen zu entfalten...

... Eben dieses Bewußtsein inneren Verbundenseins mit dem Ewigen und seiner Kraft und Fülle — der Sinn des Wortes ›religio‹ — ist es, das den Menschen stark und frei und schicksalsüberlegen macht. Den Weg zu dieser die Winterstarre überwindenden Wende kann man, wie es hier geschieht, sichtbar machen; doch kann man niemanden zwingen, ihn zu gehen. Beschreiten werden ihn immer nur jene, die sich als Träger der Kräfte des Ewigen und als zum Glücklichsein berufen erkennen, das Abenteuer des Lebens zu wagen bereit sind, sich den belebenden Strahlen der Innensonne willig öffnen und die erwachenden Schöpferkräfte mutig zum Wirken bringen.

Wo immer diese Weihenacht der Wiedergeburt durchschritten, wo die Wiederkehr des inneren Lichts erlebt, das Aufflammen des Ewigen im Vergänglichen beseligt verspürt, die bewußte Wiederverbindung mit dem Geist des Lebens vollzogen wird, da beginnt mit dem frühlinghaften Erwachen ungeahnter Glücks- und Werdekräfte ein neues kosmisches Jahr der Seele.

Das größte Abenteuer

Als Weltenwanderer erkennen wir uns in der Stille, die ihr Schicksal bisher von einer Stätte zur nächsten trieb — als ruhelose Abenteurer des wechselreichen Lebens. Nun aber, in der Wintersonnenwende der Seele, wird uns bewußt, daß das größte Abenteuer beginnt, sowie wir unsere Wanderschaft selbst-besinnend unterbrechen und uns, innehaltend, dem Kreislauf der Illusionen entziehen, um den Gipfel des unbewegten Bergmassivs der Wahrheit, Wirklichkeit und Selbstverwirklichung zu erklimmen und eins zu werden mit Dem in uns, der ohne Wandel ist und Wechsel, ohne Wahn und Weh.

Solange wir dieses Abenteuer nicht wagen, den Innenweg zum wahren Glück, das Dauer hat, nicht mutig bis ans Ende gehen, pendeln wir ruhelos zwischen der Gier nach Daseinsgenuß und der Angst vor dem Vergehen ... In der selbstbesinnenden Versenkung hingegen, die nicht Ziel ist, sondern Mittel und nur des Abenteuers Anfang, lösen wir uns stufenweise von allem, was an uns vergänglich ist, bis nichts zurückbleibt als das reine Selbst ...

... Im gleichen Maße geht uns auf, daß unser bisheriges Streben, Kämpfen und Suchen nichts war als Flucht vor dem Leid, Ringen mit dem Leid und immer neues Besiegtwerden durch das Leid ... Zugleich aber wird erkennbar, daß das Leid unserem innersten Wesen fremd ist und daß wir uns nur auf unser *Selbst* zurückzuziehen brauchen, um des Leides Herr zu werden: auf den unbewegten Mittelpunkt unseres Wesens.

Bisher lebten wir an der Peripherie unseres Selbst. Nun aber wissen wir, daß es gilt, vom Umkreis zum ruhenden Zentrum heimzukehren. Nun gibt es kein Zurück mehr in dem größten Abenteuer unseres Daseins, das mit dem Überschreiten jener Grenze in uns anhebt, die Zeitlichkeit und Ewigkeit scheidet.

Die Gewißheit der Nähe unvergänglichen Glücks durchzuckt uns, Wagewille erhebt sich in uns und mutig betreten wir das wandelfreie Reich der Wirklichkeit, in dem ›jeder Schritt Unermeßlichkeit‹ ist und grenzenlose Ausblicke eröffnet auf die Ewigkeitsbahn unseres Wesens.

... Schon beim ersten Ausblick in das Tausendströmeland der Kraft und Fülle durchpulst uns selige Gewißheit:

Wie der Mensch erst einen Teil der Kräfte der Natur kennt und meistert, so beherrschte er bisher nur einen Bruchteil seiner Innenkräfte und schöpferischen Vermögen. Aber wie der Lichtstrahl ferner Sterne durch sein Spektrum dem Astronomen ihre Beschaffenheit enthüllt, so kündeten seit je die in Erleuchteten aufblitzenden Gewißheiten von unermeßlichen Kräften, die in jedem Wesen schlummern, und davon, daß sie, die Künder, nur Stufen sind, die jeder einzelne ersteigen muß und überschreiten wird, Vorstufen weit höherer, die der Geist der Welten bereit hält.

Bisher haben wir erst den kleinsten Teil unseres wirklichen Wesens entfaltet: die Außenhülle, das Tier in uns, das der Endlichkeit angehört, und die verbergende Erdschicht: den Menschen in uns. Aber der Feuerkern unseres Wesens, der Gottfunke in uns, harrt noch seiner Entfaltung. Dessen innewerdend, sehen wir uns vor dem größten Abenteuer: vor der Aufgabe, den Teil unserer selbst, der die Unendlichkeit berührt und in ihr seine Heimat hat — unser ewiges *Selbst* — zu offenbaren.

Das bedeutet, daß wir von nun an immer rascher und mächtiger geistig reifen und wachsen, den Aufbruch der Tiefenkräfte unseres Wesens bewußt fördern und unerschrocken ins unbekannte Innenland der Wirklichkeit vordringen müssen, um an der ganzen Fülle seiner Macht und Glücksmöglichkeiten teilzuhaben.

Das innerste Selbst

Solange einer nur sein *Ich* sieht und sich als abhängigen Teil des Lebenskreislaufs fühlt, leidet er ... Solange er, traumumfangen, sein Wesen der Scheinwelt gleichsetzt und Illusionen nachjagt, leidet er ... Solange er, seiner inneren Größe und Glückbestimmung unbewußt, nach Scheinglück giert und verlangt, wird er enttäuscht und leidet ... Erst wenn er nach dem Höchsten langt, sich auf sein wahres *innerstes Selbst* besinnt, durchbricht er den Teufelskreis des Wähnens, Gierens und Leidens. Denn sein innerstes Selbst ist jenseits von Werden und Vergehen.

Dies gilt es zu erkennen: Alles, was wir an uns wahrnehmen und empfinden, sind nicht wir selbst. Da wir es nicht selbst sind, können wir uns ihm entziehen. Und da alle Dinge, die wir wahrnehmen, empfinden, fühlen, dem Vergehen unterworfen sind, können wir uns allem Vergänglichen entziehen — indem wir uns auf uns selbst zurückziehen.

Dieses Zurückziehen auf unser innerstes Selbst ist das größte Abenteuer, das wir im Reich des Lebens unternehmen können. Denn es führt uns über das Freiwerden von allem, was uns leiden läßt, zur Verwirklichung unserer Glück-Bestimmung.

Seit Beginn der Menschheitsgeschichte haben Weise und Vollendete den Glücksucher zu diesem Abenteuer aufgerufen: »Du, Seele, bist von Anfang an befreit / aus Finsternis, bist fleckenloses Licht / Nur bange bist du, hast Gewißheit nicht / Wach auf! Sieh dich erlöst von Ewigkeit!«

Um dazu zu erwachen, müssen wir uns über unser vergängliches Ich hinausschwingen und zu unserem ewigen Selbst heimkehren. Denn ›nur wenn man auf die Wurzel zurückgeht, kann man das Wesen gewinnen‹. Alsdann erweisen sich alle Dinge als Verhüllungen der Wirklichkeit, die sichtbar wird, sowie wir zum Kern unserer selbst gelangen.

Der Aufgang des ewigen Selbst ist die Abenddämmerung des Ich. Wenn wir unser Ich lassen, um das Selbst zu gewinnen, bewahrheitet sich das alte Wort: Wenn ein Mensch seines inneren Adels bewußt wird, entscheidet er sich schnell — und alles fällt ihm auf einmal zu. Wenn er sich allem, was nicht er selbst ist, entzieht, wird ihm unermeßliches Glück zuteil. Denn nichts geringeres ist dieses Abenteuers Frucht als der Triumph über Leid und Vergehen: wir wachsen mitten in der Endlichkeit hinein in die unendliche Freiheit und Glückseligkeit des Reiches der Wirklichkeit.

Wann wir diese Wandlung durchschreiten, liegt bei uns. Jeder kann sie hier und jetzt erreichen. Viele schon sind dazu gelangt. Buddha nannte das Reich der Wirklichkeit ›Nirwâna‹, das Ende allen Wähnens, Lao-Tse sprach vom Tao, Jesus vom Einsseins mit dem Vater. Tausend andere erfuhren es gleichermaßen als Durchbruch des inneren Lichts beseligender All-Bewußtheit, als Heimkehr in das göttliche Reich, das innen ist. Sie alle verheißen und beweisen, ›daß man, noch inmitten aller Begierden und Leiden der Ichheit, den Pfad der Befreiung betreten kann‹.

Daß einer ›auf dem Wege‹ ist, spürt er bald: Die Scheinhaftigkeit der Dinge enthüllt sich ihm, und zugleich erkennt er die Welt als Gewand und Wirkstatt der Gottheit. Er flieht sie nicht, sondern lebt gelassen und allvertrauend, sieht in jedem Wesen hinter der Hülle den Ewigen, und weiß:

Wir sind alle heimliche Königskinder, die das Schicksal, der Gesandte unseres Heimatlandes, heimsucht, um uns heimzuleiten in das Reich der Wirklichkeit, das uns von Anfang an gehört. Glücklich jeder, der das Ende des Innenweges erreichte und zu sich selbst gelangte: er hat heimgefunden ins Unerschaffene, ins Freie, Ewige, ist, als Selbst, zur Wirklichkeit erwacht.

Die Stimme der Stille

Im Selbst-Erwachen wird das innere Wort, sonst kaum gehört, vernehmbar. Die Stimme der Stille ertönt und leitet zu Lösungen, die dem suchenden Ich verborgen bleiben.

Suche nicht, sondern *erkenne!* raunt sie. Nur der Gelassene, der nichts mehr sucht, weil er alles in sich weiß, steht im Erwachen und schreitet aus der Stille zur Fülle. Im Schweigen des Innern berührt er das Größere Leben hinter dem des Alltags und verschmilzt beide zu einem.

In dieser Einung offenbart sich das Dasein als Traum, aus dessen Dämmer er zur lichten Wirklichkeit erwachte. Im Traume selbst erschien es seinem Traum-Ich als Ewigkeit; in Wahrheit ist es — für sein erwachtes Selbst — nur ein Augenblick der Ewigkeit, deren Träger er ist.

Auch dir ist es jederzeit möglich, diese Einung des Alltags des Ich mit dem All-Tag des Selbst herbeizuführen, den äußeren Tag durch den inneren zu verklären, zu durchsonnen und auszuweiten zu einem lebendigen Teil des ewigen Lebens. Der Weg dorthin führt über die Stille.

Werde still — und auch die lautesten Dinge schweigen! In der Stille erhebst du dich aus der Einsamkeit des Ich zur All-Gemeinsamkeit des Geistes — und wirst der Geistverbundenheit und Einheit der Schweigenden inne, die *Carlyle* pries:

»*Hier und dort sind sie zerstreut, die edlen Menschen der Stille, jeder in seinem Lande, und doch alle wurzelhaft miteinander verbunden. Sie denken im stillen, sie wirken in der Stille, und die Zeitungen berichten nichts von ihnen. Sie sind das Salz der Erde; das Land, das keine solchen Männer oder deren zu wenig hat, ist auf keinem guten Wege. Es ist ein wurzelloser Wald, der bei allem Blätterreichtum bald verwelken und kein Wald mehr sein wird.«*

Arm und ohnmächtig ist der Mensch, solange er nur um sein Außen weiß und seines Alltags trüber Spiegel bleibt. Mächtig und reich ist er, wenn er, zu sich selber findend, den Ewigen in sich als seinen höchsten Wert erkennt. Selbst im Chaos gewahrt und wahrt er die Harmonie des Innern und seine Unberührbarkeit von allem Wandel. Ist die innere Einheit erlangt, herrschen Freude, Glück und Vollkommenheit. Alle Dinge finden sich in Einmütigkeit, um ihm zu dienen.

Darum verwirkliche dein Einssein mit dir selbst! In dir ist der, der ohne Fehl ist und den du nicht verfehlen kannst, wenn du, deines Berufenseins zum Glück fortschreitender Selbstwerdung gewiß, gelassen im Reich der Stille weilst, bis die Sonne des Selbst sich erhebt. In ihrem Lichte gewahrst du deine Weltumfangenheit *und* deine innere Freiheit — und weißt: Auch ohne den Mantel der Welt bleibe ich, der *ich bin:* Erbe des göttlichen Reiches der Fülle und Kraft.

Wer das Göttliche immerfort in sich weiß und um sich spürt, ruft es überall ins Dasein. Indem er in jedem Wesen sein Selbst erkennt und in allem Geschehen das Ewige schaut und willkommen heißt, erhebt er sich immer wieder aus dem Staube des Alltags und schreitet ohne Fesseln aufwärts. Er bleibt dem ständigen Einstrom des Glücks in sein Leben geöffnet. Das Reich Gottes in ihm beginnt zu erwachen, und tausend Tore öffnen sich, durch die das Unsichtbare ins Sichtbare hinübertritt.

Innerlich wach und licht geworden, ruht er, während seine Hände unermüdlich tätig sind, unbewegt im Frieden des

Ewigen, weiß um den Sinn seines Seins und vollendet sein Dasein.

All-Harmonie

»Wie ein Vogel nachts, wenn durch seine Träume die Schatten des Tages leuchten, im Schlafe wenige klagend-frohe Töne dem warmen Glanze entgegensingt, um danach, den Kopf unter den Flügeln, dem Aufgang der Sonne entgegenzuschlummern, so ahnt der Mensch im Erdenleben dann und wann der Ewigkeit Gegenwart und Freude.«

Lagarde nennt den Menschen glücklich, der der Ewigkeit seines innersten Selbst und seiner Harmonie mit dem Unendlichen bewußt ward. Seiner All-Harmonie gewiß sein heißt im kleinsten Irdischen das große Kosmische wirksam, das Licht der Gottheit selbst im Staube leuchten sehen und gewahren, wie noch das letzte Sandkorn sich weitet zu einem Universum voller Welten und myriadenfachem Leben ...

In Harmonie mit dem Unendlichen sein heißt auf den Höhen des Lebens und des Glückes stehen, statt in Tälern zu verkümmern, in die die Sonne selten dringt. Wer zur Einheit seines Selbst mit dem All-Selbst, dem Geist des Lebens, erwachte, sieht sich, sein Leben und sein Schicksal unmittelbar in die unendlichen Harmonien des Allgeschehens eingewoben und vermag den Sinn seines Lebens bewußter zu erfüllen.

Er sieht die Dinge von innen her und erkennt sich als König eines Lebensreiches, das sich über die Allunendlichkeit ausdehnt, dessen beglückendste Wirkstatt aber jene ist, in der er in diesem Augenblick als Schöpfer tätig ist.

Mit dem Unendlichen in Harmonie, erkennt er sich — sein Selbst — als den Punkt, da Himmel und Erde, Endlichkeit und Ewigkeit sich immerfort vermählen. Tiefer, beseligter atmet er nun die linde Luft des neuen Morgens und die kosenden Strahlen der Allsonne in sich hinein. Und was ihm so beglückend gewiß ward, möchte er allen Suchenden sichtbar machen:

Von euch hängt es ab, wie weit ihr eurer All-Harmonie und Allgeborgenheit bewußt werdet! In Wahrheit weist und ragt ihr immer mit dem Haupt ins All hinaus, steht in jedem Augenblick an der Schwelle der Unendlichkeit und berührt die tiefsten Rätsel des Seins, wenn ihr nur den Finger bewegt.

In jedem Augenblick ist aller Welten Geheimnis in euch verborgen und bereit, sich zu enthüllen — wenn ihr euch willig dem ewigen inneren Tage zuwendet, in dessen Licht alle Dunkelheit eurer Schein-Armseligkeit zu nichts verweht und der Ewige in euch, euer zeitloses Selbst, erwacht! —

Was warten wir auf die Sternstunde unseres Lebens, die einmal kommen soll! In diesem Augenblick verhallt vielleicht der erste Schlag der Seelenuhr, der die Stunde unseres Selbst-Erwachens und Einsseins mit dem Geist des Lebens kündet.

Was warten wir auf die Offenbarung des Ewigen im Endlichen! Jetzt und allerorten leben wir im Ewigen — und der Ewige in uns.

Was warten wir auf den Himmel! Überall, wo wir sind, ist der Himmel — in uns und um uns. Immerfort drängt das Reich der Fülle des Glücks in uns und durch uns nach Offenbarung, soweit wir uns ihm öffnen, die Hüllen der Vergänglichkeit durchschauen und der Wirklichkeit inne werden.

Darum, edle Seele, laß dich nicht beirren, rät ein zur Wirklichkeit Erwachter, Jacob Boehme:

»Laß dich nicht narren, wenn man dir die Gottheit weit weg von dir zeigt. Nichts ist dir näher als der Himmel. Immerfort stehst du an der Pforte des Ewigen. Richte darum dein Verlangen auf dieses Reich und auf nichts sonst, dann dringst du mit Gewalt ein und gewahrst, daß das Reich des Glücks von Anbeginn an dein Erbe ist, auf dich wartet und mit Gewalt erobert werden will.«

Weitere lieferbare Bücher von K. O. Schmidt:

Bhagavad Gila – Das hohe Lied der Tal.
148 Seiten, kartoniert

Brücken der Einheit von Ost und West – Ramakrishna, Vivekananda und Omkar als Lehrer eines neuen Denkens, 144 Seiten, kartoniert

Das Abendländische Totenbuch (Bd. I) – Und der Tod wird nicht mehr sein
264 Seiten, Efalin gebunden

Das Abendländische Totenbuch (Bd. II) – Wir leben nicht nur einmal
432 Seiten, Efalin gebunden

Der kosmische Weg der Menschheit – Im Wassermann-Zeitalter
120 Seiten, kartoniert

Der Rosenkreuzer-Weg zur Selbstverwirklichung – Sei du selbst
172 Seiten, kartoniert

Die Goldene Regel – Das Gesetz der Fülle
87 Seiten, kartoniert

Die Religion der Bergpredigt – Grundlage rechten Lebens
200 Seiten, Efalin gebunden

Dreistufenweg zum Gral
72 Seiten, kartoniert

Du bist begabter als du ahnst – Anleitung zur Entfaltung latenter Talente
216 Seiten, kartoniert

Erfolgsdynamik – Der Schlüssel zum Glück
256 Seiten, kartoniert

INSPIRATION – Geheimnis, Sinn und Erfahrung – Ein Mabel-Collins-Brevier, 96 Seiten, kartoniert

In Dir ist das Licht – Vom Ich-Bewußtsein zum kosmischen Bewußtsein, Leben und Lehren von 49 Mystikern, 392 Seiten, Efalin gebunden

In Harmonie mit dem Schicksal – Wege zu neuem Menschentum
188 Seiten, kartoniert

Kinder des Kosmos – Friedrich von Schillers »Theosophie des Julius«
112 Seiten, kartoniert

Kraft durch Atmen – Einführung in die Praxis des bewußten Vollatmens,
108 Seiten, kartoniert

Lebe bewußt – Die Lehre vom Tao
96 Seiten, kartoniert

Macht der Mütter – Wege zu ihrer Verwirklichung
124 Seiten, kartoniert

Mehr Macht über Leib und Leben – Wegweiser zu geistiger Selbsthilfe
128 Seiten, kartoniert

Meister Eckeharts Weg zum kosmischen Bewußtsein – Ein Brevier praktischer Mystik, 204 Seiten, Efalin gebunden

Selbsterkenntnis durch Yogapraxis – Patanjali und die Yoga-Sutras
160 Seiten, kartoniert

Seneca – Der Lebensmeister
120 Seiten, kartoniert

So heilt der Geist – Wesen und Dynamik des geistigen Heilens
288 Seiten, kartoniert

Tao Teh King – Wegweisung zur Wirklichkeit
224 Seiten, Efalin gebunden

Thomas-Evangelium – Geheime Herren – Worte frühchristlicher Handschriften, 240 Seiten, Efalin gebunden

Universale Religion nach Vivekananda – Werden, Wesen, Wollen und Verwirklichung, 88 Seiten, kartoniert

Vorgeburtliche Erziehung – Kleinkind-Erziehung, Ehegestaltung
196 Seiten, kartoniert

Was ist Theosophie? – Wesen und Mystik der Theosophie, Ein Franz-Hartmann-Brevier, 136 Seiten, kartoniert

Wege zum Glück – Magie im Alltag
96 Seiten, kartoniert

Der Weg zur Vollendung durch Konzentration und Kontemplation
316 Seiten, Efalin gebunden

Wie konzentriere ich mich? – Konzentration leicht gemacht
124 Seiten kartoniert

Weihestunden der Seele – Herzgedanken für jeden Tag des Jahres, von J. F. Finck, Fra Tiberianus, J. C. Lavater und K. O. Schmidt, 384 Seiten, Efalin gebunden

Wunder der Willenskraft – Eine Willensschule für jedermann
232 Seiten, kartoniert

DREI EICHEN VERLAG
Etzstr. 43 a, D-8300 Ergolding